NAL

宁波学术文库

JD41.201404

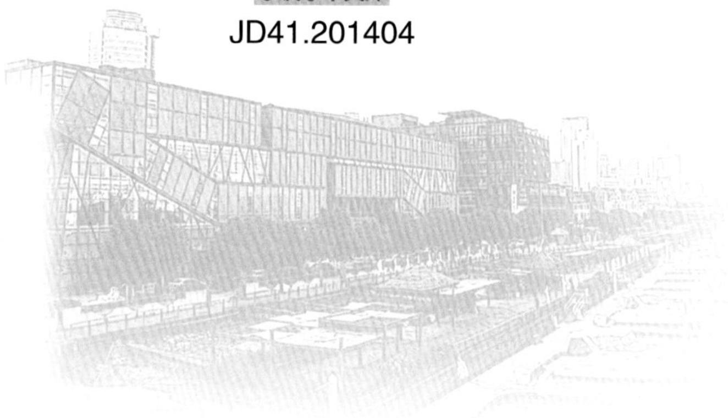

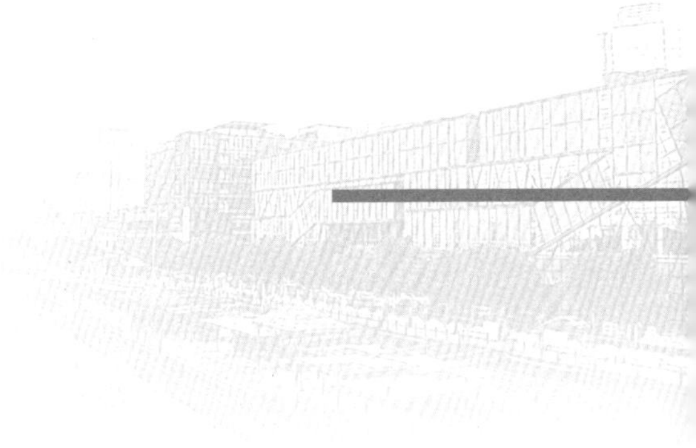

媒介融合时代的传媒集团企业文化建设

——以宁波日报报业集团为样本的研究

MEIJIE RONGHE SHIDAI DE CHUANMEI JITUAN QIYE WENHUA JIANSHE

YI NINGBO RIBAO BAOYE JITUAN WEI YANGBEN DE YANJIU

何 伟 朱春阳 主编

ZHEJIANG UNIVERSITY PRESS
浙江大学出版社

图书在版编目(CIP)数据

媒介融合时代的传媒集团企业文化建设:以宁波日报报业集团为样本的研究 / 何伟,朱春阳主编. —杭州:浙江大学出版社,2016.6

ISBN 978-7-308-16032-2

Ⅰ.①媒… Ⅱ.①何…②朱… Ⅲ.①报社—企业集团—企业文化—研究—宁波市 Ⅳ.①G219.245.53

中国版本图书馆 CIP 数据核字(2016)第 151588 号

媒介融合时代的传媒集团企业文化建设

——以宁波日报报业集团为样本的研究

何 伟 朱春阳 主编

丛书策划 责任编辑 吴伟伟 weiweiwu@zju.edu.cn
文字编辑 赵 莹
责任校对 张一弛
封面设计 春天书装
出版发行 浙江大学出版社
(杭州市天目山路 148 号 邮政编码 310007)
(网址:http://www.zjupress.com)
排 版 浙江时代出版服务有限公司
印 刷 杭州日报报业集团盛元印务有限公司
开 本 710mm×1000mm 1/16
印 张 13
字 数 224 千
版 印 次 2016 年 6 月第 1 版 2016 年 6 月第 1 次印刷
书 号 ISBN 978-7-308-16032-2
定 价 39.00 元

浙江大学出版社发行中心联系方式 (0571)88925591;http://zjdxcbs.tmall.com

目　　录

第一章　理论与背景：传媒集团企业文化建设研究分析框架

本章提要

当前，中国传媒业面临融合发展和改革转型，互联网思维、新媒体产品推动的传媒创新成为传统报业的发展趋势。在这样的背景下，我们需要研究的首要问题是：以宁波日报报业集团（下文简称“宁报集团”）为代表的报业强者，经历十多年黄金期发展而形成的竞争优势，如何在新的传播环境下得以持续？本研究认为，这一问题的实质是关于如何建立起一种以持续竞争优势培育为目标的传媒集团组织文化的问题。本研究发现在媒介融合的战略格局下，我国大众传媒产业正面临两个转变：其一，产业融合、媒介形态多样化导致原有产业领域内领军者的能力结构出现了缺口，要想持续竞争优势，必须寻找能力互补的合作伙伴；其二，针对我国传媒业而言，产业融合模糊了区域与行业的边界，原有行政力量赋予传媒集团的区域与行业垄断基础将逐步消解，这将迫使我国传媒集团由垄断向竞争，进而向合作演化。基于这样的转变，本章主要梳理已有的传媒集团企业文化研究以及相关研究的理论和经验，运用企业文化理论，确立起本书研究的分析框架和逻辑起点：“和而不同、合作开放”是报业集团转变为全媒体集团后组织文化品牌建设的基本原则；创新文化是报业集团保持竞争优势与活力的关键所在。

第一节 研究背景

一、"双转"背景下报业集团竞争优势如何持续

根据《中共中央办公厅 国务院办公厅关于深化非时政类报刊出版单位体制改革的意见》的设想，报业将在坚持正确舆论导向、确保文化安全的前提下，以资本为纽带，促进报刊资源重组和结构调整，打造我国报刊传媒业的骨干企业和战略投资者，从而优化我国报业结构，构建有利于报刊业健康发展的新格局；同时，报业集团要加快推进传统报业的数字化转型，积极采用数字、网络等高新技术和现代生产方式，改造传统的创作、生产和传播模式，加快从主要依赖传统纸介质出版物向多种介质出版产品共存的现代出版产业转变，积极发展数字出版、网络出版、手机出版等以数字化内容、数字化生产和数字化传输为主要特征的战略性新兴新闻出版业态，积极推进区域性报纸由单一新闻服务向报网一体化的综合性门户网站发展，积极推进专业性报纸建设提供内容服务、广告服务和各种数据增值服务的网站群，积极推进以手持阅读终端为载体的报刊内容服务。

对中国报业的上述现实，有学者将其总结为"双转"，即传媒的体制转轨和形态转型。体制转轨是指一大批传媒由原先的事业单位转变为企业单位，可称为"转企改制"；形态转型是指传媒从单一媒体的运作转为多媒体或全媒体运作。"双转"是一次制度性突破，将在相当程度上改变中国传媒业的版图。中国的传媒业将从过去的"事业性质，企业化运作"转变成为事业单位和企业单位分离的"双轨制"运作。传媒业将从过去单一的行政调控转变成为行政、市场的双重调控，重点将是通过市场的手段来重新配置传媒资源，整合传媒资产。①

在新的产业环境中，既有竞争优势面临类似"核心能力陷阱"的束缚，如果不能通过创新，实现核心能力与外部环境的重新匹配，既有竞争优势不仅无法得到持续，而且很可能因此成为传媒集团效率衰退的根源。传媒核心能力作为一种学识性的积累会给传媒带来较多的回报；反过来，会导致"行

---

① 李良荣：《双转——中国传媒业的一次制度性创新》，《现代传播》2010 年第 2 期，第 27 页。

动越是增加回报,就越是被更多地采用”的能力集聚态势。由于边际搜寻和路径依赖的作用,某一类知识被强调,另外的知识可能就会丧失,强化核心能力的同时可能会掉进“核心陷阱”(competency trap),从而把传媒“锁定”在某一特定能力积累的区域之内,促成“核心刚度”(core rigidities)的强化。因此,源于核心能力的边际搜寻与路径依赖一方面有助于传媒积累性学识的增长,使传媒在较低的试错水平上获得成长;但也容易导致传媒认识固化,难有创新,使传媒自觉不自觉地陷入某一战略范式之中,长此以往可能会导致传媒成长的效率低下,规避创新。基于此,类似于宁波日报报业集团这样的传媒集团,如何在传媒新版图的分割中保持既有的竞争优势呢?这是摆在目前强势的传媒集团面前的一个关键问题。

二、跨界、混搭推动合作创新为传媒集团竞争优势核心源泉

传媒产业已成为发达国家第四大产业。从经济总量上看,文化产业是新世纪的支柱产业,各国传媒产业进入一个新境界,不再是一般的服务业,而是经济的主体。20世纪90年代以后,发达国家传媒企业之间通过资本市场进行购并、扩张或重组的趋势愈演愈烈,强强联合,形成独步市场的“超级航母”。1996年,迪士尼公司以190亿美元并购美国广播公司的大都会集团,时代华纳以75亿美元并购特纳广播公司;1999年,美国维亚康姆公司以370亿美元并购哥伦比亚广播公司,美国电话电报公司以1100亿美元并购美国最大的有线电视经营者电信公司;2000年,美国在线公司又以1900亿美元的高价吞下时代华纳集团,组建“美国在线—时代华纳公司”。其他各国的文化产业巨头也不约而同地采取了一系列大手笔的并购重组,让人眼花缭乱。目前传播于世界各地的新闻节目,90%以上由西方七国垄断,其中又有70%由跨国大公司垄断。在电影业,美国好莱坞影片占了全球总放映时间的50%以上。世界许多超大型文化产业集团将不同行业的分散经营变成一体化、全球化经营,其产品在国际上都不同程度地取得了垄断地位,形成了跨国跨媒体的产业集团,涉及广播、电影、电视、图书报刊、音像制品、有线—卫星网络、音乐、娱乐、体育、网上服务等商贸一体化的多媒体经营,触角遍及世界各地。[①]

纵观我国传媒市场,经过10多年的高速发展,我国的传统报业市场竞

---

① 吴昀国:《知识经济时代的传媒企业文化初探》,《生产力研究》2009年第10期,第163页。

争愈演愈烈，目前已经从单一的“跑马圈地”升级为内容、渠道、终端营销合一的全面竞争。当前传媒业最大趋势被认为是“跨界”与“混搭”。跨界是对既往传媒业固有的业态边界的打破：传播者角色的跨界、传播渠道的跨界、传播内容的跨界、产业资源的跨界、媒介市场的跨界等等，主要是引入新的市场要素和功能因素之后，有助于实现相关要素的多重角色、多重使用，乃至价值多重开发，营造新的价值实现模式；混搭是人们在传播要素、市场要素的使用和配置上产生了一系列跨界之下的令人耳目一新和颇具想象力的种种“混搭”模式，可以拓宽原有传媒市场边界，谋取更大市场版图。① 传媒业出现了跨地域发展、跨媒体合作、跨产业融资的合作与融合趋势，例如深圳三大传媒集团牵手腾讯，湖北广电与乐视网共建网台联动。众多非传媒行业也尝试通过内容合作、资本投入的方式跨入传媒业。如中药企业与传媒业的合作开创了品牌推广和专业内容资源相结合的新模式。② 同类研究也发现，当前我国传媒业的格局与30年前的最大差异在于：国有资本尽管牢牢掌控着传统媒体，但民营资本已经借助新媒体这一通道进入传媒业领域，并且新媒体已经成为民营资本进军传媒业的主战场。同时，尽管国有资本也大量地进入了新媒体领域，但成长性并不理想。从传媒业经济增长量的绝对值来看，传统媒体还占有一定的优势；而就年增长速度来看，新媒体明显处于优势地位。因此，“十二五”期间，要保持我国传媒业经济持续快速增长，不仅要重视国有传媒集团的改造，也要积极引入竞争机制。③ 同时，区域与行业性的传媒业垄断是我国传媒业资源配置效率偏低的主要原因，并且是恶性竞争的根源，即现有恶性竞争产生的主要原因在于能够被准许进入的竞争空间相对狭小，导致在有限的空间内涌入过多的资源，进而形成恶性对抗的局面。传媒产业和区域的融合正逐步消解垄断的基础，使原有市场上的霸主不能继续保持霸主地位，要想保持原有地位，只有通过与融合市场上的那些能够提供独特价值的公司合作。④

① 喻国明：《跨界与混搭：中国传媒业当前发展的一道景观》，《新闻与写作》2011年第1期，第2页。

② 喻国明、宋美杰：《微电影、大数据、三网融合：中国传媒业跨入新传播时代的门槛——社会视角下的2012中国传媒业关键词》，《编辑之友》2013年第2期，第20页。

③ 朱春阳：《传媒业的创新特征与战略方向》，《新闻战线》2011年第3期，第49页。

④ 朱春阳：《传媒业的创新特征与战略方向》，《新闻战线》2011年第3期，第48页。

三、组织文化变革：报业集团核心竞争力持续战略中的生命线

20 世纪 90 年代所提出的"核心竞争力"概念中提及，企业的"核心竞争力"本质上是企业独有的、难以被他人模仿的能力，并可以同时给企业和用户带来价值和效用。企业的核心竞争力可以分为核心层（人力资源、企业创新、企业文化）、制度层（组织机构、经营战略、品牌、制度）、产品层（产品质量、营销能力、技术能力）。有学者经过数据分析后发现，企业文化在核心竞争力中所占的比例最大（达到 35%），企业文化是企业核心竞争力的重要组成部分，它们之间具有正相关性①。迈克尔·茨威尔在《创造基于能力的企业文化》一书中的研究也表明，组织成功建立于三大基石之上，即组织中领导层的能力、组织中员工的能力、企业文化是否能培育能力并使之最大化。由此不难看出企业文化对于塑造企业"核心竞争力"的关键作用。目前，众多国内的传媒机构渐渐也开始着手打造富有特色的企业文化，不少传媒企业的企业文化建设也从"企业"与"专业"的层面来展开：南方报业传媒集团企业文化的核心理念就是"担当、创新、包容、卓越"；重庆日报报业集团的企业文化的核心价值理念是"承担责任与勇于创新"。

报业集团在转型升级战略选择上的体制转轨和形态扩张，以及在经营趋势上的跨界和混搭，不仅对报业集团的核心竞争力的构建提出了很高的要求，也对报业的管理体制创新提出了挑战。不同类型的组织有不同的管理制度和管理模式，党报有党报的管理模式，都市报有都市报的管理模式，新媒体也有新媒体的管理模式。在传媒组织从单打独斗走向集团化之后，如何协调各个子系统与传媒集团的价值体系之间的关系成为影响传媒集团发展的关键。企业文化向来被认为是集团核心竞争力持续的生命之水。相关研究认为，企业文化会影响企业制度的安排和企业战略的选择，企业制度安排和战略选择体现企业文化的趋向。没有企业文化存在，好多制度安排根本谈不上。② 企业制度安排问题，就是对企业制度进行设计和创新的问题，它不仅是企业内构成的行为准则，也是其员工的行为规范，是企业赖以存在和持续发展的体制基础；企业战略选择，就是企业经营战略的选择问题，是指企业所有的经营活动的方略和策略，企业经营活动所采取的方式、

---

① 黎昀：《运用层次分析法（AHP）分析企业文化与核心竞争力之间的关系》，《企业家天地》2006 年第 1 期，第 60 页。

② 魏杰：《入世后中国的企业制度、企业文化和战略选择》，《中国信息导报》2002 年第 6 期，第 40 页。

方法和手段以及它们之间的有效组合，也是决定企业经营活动成败的关键性因素；企业文化作为企业制度和经营战略在人的思想上的反映，是企业制度创新与经营战略创新的理念基础，具体表现为企业行为规范的内在约束。我国传媒业要又好又快发展，除了运作方式上与国际接轨之外，更重要的是建立适合国情、适应现代市场竞争的传媒组织文化。组织文化的整合，既是对原有的企业文化模式进行整合的过程，也是多种文化相互交融的过程。在传媒组织文化整合的过程中，必须对现实困境有清醒的认识，处理协调好每个个体媒介的文化差异，包容和革新并举，从而更好地发挥企业文化和企业发展的协同效应。①

第二节　理论框架

一、组织文化理论研究

（一）组织文化理论的提出

特伦斯·迪尔和艾伦·肯尼迪是企业管理中"文化学派"的代表人物。他们两人在20世纪80年代合作出版的《企业文化——企业生活中的礼仪与仪式》一书被称为是西方企业文化研究的奠基之作。在该书中，他们提出了一个重要的论点：支配着当代企业组织的不是其他，而是企业文化，企业文化指的是企业根深蒂固的传统和广为接纳与共享的信念。企业文化的构成要素有：(1)企业环境：产品、竞争对手、客户、技术、政府影响等；(2)价值观：组织的基本理念和信仰；(3)英雄人物：体现着企业文化，并为员工提供了有形的榜样；(4)礼仪和仪式：公司日常生活中一些系统化和程序化的惯例；(5)文化网络：公司价值观念和英雄神话的"载体"。② 美国学者爱德加·沙因认为：企业文化是在企业成员相互作用的过程中形成的，为大多数成员所认同并用来教育新成员的一套价值体系。中国学者一般认为，企业文化是指企业全体员工在创业和发展过程中，培育形成并共同遵守的最高

---

① 张明海：《我国传媒企业文化整合的现实困境》，《中国信息导报》2008年第4期，第66页。

② 特伦斯.迪尔、艾伦.肯尼迪：《企业文化——企业生活中的礼仪与仪式》，李原、孙建敏译，中国人民大学出版2008年版，第14页。

目标、价值标准、基本信念及行为规范,是企业理念形态文化、物质形态文化和制度形态文化的复合体。[①]

从组织控制的视角看,企业管理控制先后经历了简单控制、技术控制、科层控制与协和控制四个发展阶段。简单控制是公司的管理者面对面地监督被管理者工作,是针对工人的直接的,通常是专制的个人控制。这种控制策略成本高,容易引起管理者和被管理者之间的矛盾。

技术控制源于科学管理理念,是运用技术手段代替管理者把员工固定在流水线上的控制方法。流水线作业枯燥、单调,也受到工人的抵制。这种情况下,科层控制应运而生。20 世纪 60 年代后,由于产业结构的变化,员工受教育水平的提高,生活更加富足,人们不再满足于被限制在局部生产线上从事单调的工作,从而出现了第三种控制方式,即科层控制,其实质是组织通过一整套有层级的权力系统和制度规则去要求人们按照既定规则做事,个人必须舍去个人情感,按照组织的制度和规则去工作。

但是,在企业管理实践中,科层控制也有明显的不足。有学者认为至少有三点不足:(1)严格的规章制度限制了员工的自主性,导致员工产生逆反心理并对抗制度的管制;(2)制度具有后摄性特点,总是在某些意外性事件出现后才会被制定出来,在市场、技术及其他环境的变化很难被预料时,员工无法通过制度去处理它们;(3)制度本身也会形成官僚主义,降低企业的效率和活力。[②] 也就是说,企业没有制度会导致员工行为的无序,有了制度又会把员工管得过死。事实上,自从现代组织诞生以来,很多理论家提出,分权的、参与的和民主的控制方式应该是限制性的科层制的替代方式。这就是继科层控制之后的第四种控制——协和控制,或称为文化控制。这种控制不是管理者对被管理者发号施令或者强制实施,而是让被管理者讨论和决定通过什么手段才能更好地达成企业的目标,逐渐形成某种共识,形成一种有利于组织的价值观。这种价值观需要员工遵循,逐渐地演变成规范的制度,也就形成了独特的企业文化,它优于以往任何一种管理控制方式,并对企业的竞争力产生了重大影响。[③]

---

① 吴昀国:《知识经济时代的传媒企业文化初探》,《生产力研究》2009 年第 10 期,第 162 页。

② 张志学、张建君、梁钧平:《企业制度和企业文化的功效:组织控制的观点》,《经济科学》2006 年第 2 期,第 122 页。

③ 岳玲:《基于协和控制的团队绩效管理》,《福建论坛》2009 年第 8 期,第 60—61 页。

企业文化是企业在成功适应外部环境和整合内部资源过程中形成的共享的基本假定。这套假定是被企业证明行之有效的，可以传达给新成员，影响他们如何认识、思考和解决问题。在环境迅速变化的年代，企业文化往往比制度更具有适应性，其特别的凝聚功能、导向功能和辐射功能，可以有效提升企业的竞争力。①

（二）组织文化的构成与作用

关于组织文化，Denison的OCQ(Organizational Culture Questionnaire)是西方文献中被经常提及且引用最为广泛的企业文化维度，而在华人世界里具有代表意义的研究有郑伯埙的VOCS(Values in Organizational Culture Scale)和忻榕等人关于中国国有企业组织文化维度的发现。

纵观国内外对企业文化构成的不同观点，企业文化主要由四个要素组成：(1)表层的物质文化，是由企业员工创造的产品和各种物质设施所构成的器物文化，主要表现为企业的产品和服务、生产技术、产品标识等。(2)浅层的行为文化，主要指企业在生产经营、管理创新、学习娱乐、人际交往中的活动文化。(3)中层的制度文化，指的是企业通过一系列规章制度和管理制度，使企业在界定使命、确定发展目标的条件下，利用环境中的各种机会，合理地调整企业结构和配置企业资源，保证企业经营管理的正常进行。(4)深层的精神文化，这是企业文化的核心层，指企业在生产经营活动中形成的独具本企业创新特征的意识形态和文化观念。它包括企业创新精神、创新价值观、企业创新目标和创新行为准则等，是企业文化的中心内容和灵魂。②

企业文化的四个要素是由表层到深层的有序结构。物质文化最为具体实在，居于表层，构成了企业文化的硬件外壳；行为文化是一种浅层的文化，构成了企业文化的软件外壳；制度文化是观念形态的转化，成为文化硬软外壳的支撑；而精神文化则是观念形态和文化心理，是企业文化的核心。③

徐尚昆得出了中国企业文化概念范畴的十二个维度：贡献/投入、团队精神、员工导向、领导、核心价值、沟通协调、顾客导向、组织学习、创新变革、战略/目标、诚信、社会责任，前六者属于内部整合，后六者属于外部适应。不同国家之间的组织文化既有相同之处，也存在差异。其中，团队导向、顾客导向、创新、协调与沟通四个维度的组织文化在不同的文化背景和制度安

---

① 岳玲：《基于协和控制的团队绩效管理》，《福建论坛》2009年第8期，第60—61页。

② 芮明杰：《管理学教程》，首都经济贸易大学出版社2004年版，第358页。

③ 芮明杰：《管理学教程》，首都经济贸易大学出版社2004年版，第358页。

排下具有很强的普遍性。另外，西方组织文化模型中出现的组织学习、目标、战略导向、能力发展以及核心价值观在华人研究中有不同程度的体现，这也表明这几个文化维度具有一定的普遍性。在西方普遍出现的授权、同意（一致性）以及远景这三个维度在华人研究中没有得到有效体现；而徐尚昆的研究得出的社会责任、诚信、贡献和领导四个维度在西方文献中不曾出现，却在郑伯埙及忻榕等人关于华人企业文化的研究中得到明显体现（社会责任在郑伯埙和忻榕等人的研究中均有体现，诚信在郑伯埙的研究中出现，贡献和领导在忻榕等人的研究中出现），上述结果进一步表明了中西方组织文化存在显著的差异。值得注意的是，那些在中西方共有的维度（即中西方都有的文化维度），也存在一些中国独有的特征。①

一般认为，企业文化是一柄双刃剑，有着良好效用，也有消极阻力，需要辩证对待。对企业文化的正功能研究，主要有以下几种：（1）导向作用。可以对企业的发展方向、价值观念和行为文化等起引导作用，包括目标凝聚和价值凝聚，前者通过企业的目标向员工和社会公众表明企业的意义，使企业成为全体员工的方向；后者通过共同价值观的塑造，使其成为员工的精神支柱。（2）激励作用。指企业通过一定的刺激，使员工产生一种情绪高昂、奋发向上的精神面貌。具体包括关心激励、信任激励和物质激励。（3）辐射作用。即将企业良好的精神风貌辐射到社会，实现社会对企业文化的良好认知。（4）规范和约束作用。通过制度文化和精神文化的规范作用，使员工按照既定的观念和规范行事，形成一种约定俗成的“道德自觉”。②

另一方面，文化的相对稳固性也是对组织的一种束缚，尤其当某种文化已经不再适应环境而必须加以调整的时候。强势文化对组织的效能也存在着潜在的负面作用。苏勇将其归纳为三个方面。首先是对变革的阻碍。在一个拥有强势文化的组织中，人们很可能被某种思维方式所主导，很难接受变革，因而缺乏变革的视角和变革的氛围。一旦内部发动变革，原先的管理人员很可能作为组织的代言人出来阻挠变革的进行。其次是多样化的障碍。对于跨国公司、中外合资企业而言，由于种族、民族等因素的差异，新老成员的观念差异很大。这时候，强势文化就会对员工施加较大的压力，员工的适应行为可能会导致多样化的丧失。第三是兼并和收购的障碍。在组织

---

① 徐尚昆：《中国企业文化概念范畴的本土构建》，《管理评论》2012 年第 6 期，第 130—131 页。

② 定雄武：《企业文化》，北京理工大学出版社 2006 年版，第 8 页。

间的兼并和收购中，应当更多地考虑文化方面的兼容性，如果两个组织的文化无法成功地整合，将导致组织发生大量的冲突、矛盾甚至对抗。[①]

二、传媒集团企业文化研究

（一）传媒集团企业文化的内涵

关于传媒企业的文化，各专家学者的阐述不一。以广播电视媒介为例，胡正荣认为其企业文化就是广播电视媒介组织在实现其目标的过程中形成和建立起来的，由组织内部全体成员共同认可和遵守的价值观念、道德标准、组织哲学、行为规范、经营理念、管理方式、规章制度的总和，以人的全面发展为最终目标，核心是组织的价值观。[②] 邵培仁则认为媒介文化是由许多要素构成的集合体，媒介文化对战略管理所起的作用也是这些要素共同构建的，这些要素主要是共同价值观、行为规范、媒介伦理和形象性活动。[③] 有学者用18个字总结出光线传媒的企业文化，即新锐、速度、效率、活力、沟通、服务、简化、忠诚、团结，其中新锐、速度和效率是光线最为强调的。[④] 刘年辉从传媒企业自身特性的多样性出发，认为其企业文化还可区分为新闻文化和经营文化。两者的差异主要体现在中层的行为层和深层的精神层，并更集中地体现于新闻理念和经营理念的差异上。在最本源的意义上，新闻理念的内核应该是一种使命感，而经营理念的内核是一种诚信精神。[⑤] 吴培明则将传媒企业文化的个性特征归纳为强调公众融入性、文化艺术性、技术前沿性三者最紧密的结合。所谓公众融入性，是指媒体战略必须以受众（公众）的需求作为出发点和归宿，具体表现在媒体要研究受众的精神文化需求和消费媒体产品的心理，要创造需求引导需求，要强化与受众各种形式的互动，密切联系受众。这其实也是“以人为本”理念的切实体现。比如，新闻媒体都强调新闻报道的“快”，为“抢”新闻不遗余力，就是为满足受众及时获取新鲜信息的需求；而争做独家报道，则是为满足受众信息消费多样化的

---

① 文崇坚、帅锦平：《传媒转型时期管理文化软实力构建》，《上海管理科学》2012年第1期，第109页。

② 胡正荣：《媒介管理研究——广播电视管理创新体系》，北京广播学院出版社2000年版，第150页。

③ 邵培仁、陈兵：《媒介战略管理》，复旦大学出版社2003年版，第285页。

④ 赵曙光等：《中国著名媒体经典案例剖析》，新华出版社2002年版，第114页。

⑤ 刘年辉：《组织资本：媒体核心竞争力的平台与内核》，《新闻界》2006年第6期，第18—20页。

需求。所谓文化艺术性,是指除纯新闻报道之外的传媒产品更追求艺术和文化的品位,从内容到形式都能使消费者(受众)更喜于接受。所谓技术前沿性,是指传媒都很重视不断提高传播手段的科技含量,为更好更快地传播信息提供可靠的物质技术保障。只有传媒行业才会同时重视公众融入性、文化艺术性、技术前沿性的紧密结合,只有牢牢把握传媒企业文化的这个特殊性,在三者融合的大框架下,才能正确地理解并建设好媒体企业文化。①

(二)传媒集团企业文化的功能

吴昀国的相关研究认为,传媒企业文化的功能包括六个方面:其一,传媒企业文化具有引导传媒企业实现目标的导向功能,企业文化可以聚集公司全体成员奔向同一个目标。其二,传媒企业文化具有激发传媒企业宝贵的创造激情的激励功能。现代企业竞争是人才的竞争,实际上是人的智慧力和心力所向的竞争,企业文化能调动并激发员工的积极性、主动性,能不断激活人们的"心智模式",能把潜在智慧开发出来,这就是激励力或推动力。其三,企业文化有着凝聚传媒企业宝贵的创造激情的凝聚功能,表现在员工对企业价值观念的共识性、企业发展前途与目标的吸引性、企业精神的共行性和企业利益关系的共存性。其四,企业文化有着保证传媒企业运行有序的规范功能。企业文化作为一种无形的、非强制性的约束力量,能够弥补规章制度的不足,尤其是知识经济的到来,员工行为越来越不容易监督。企业文化可以为企业提供免疫功能,是免疫力、约束力,有利于为企业的成长、成功排除潜在障碍。其五,企业文化具有全方位控制传媒企业发展的纽带功能。企业发展需要两种纽带,一个是物质、利益、权力的纽带;另一个是文化、精神、道德的纽带。企业如果只有前一种纽带,很难健康持续地发展。企业文化建设的功能就在于形成企业发展所不可缺少的精神纽带、道德纽带。其六,企业文化具有树立传媒企业良好社会形象的品牌功能。企业文化不仅在企业内部各组织之间、员工之间发挥作用,而且还会通过企业文化力、企业形象力对企业的相关利益群体、社区、社会发挥辐射作用。②

(三)对传媒集团企业文化认识的误区

企业文化建设日益得到媒体的重视,我国很多优秀的媒体早已开始探

① 吴培明:《传媒企业文化的特征及其建设思路》,《上海商业》2012 年第 12 期,第 40 页。

② 吴昀国:《知识经济时代的传媒企业文化初探》,《生产力研究》2009 年第 10 期,第 162 页。

索具有特色的企业文化，取得了不少宝贵经验。但是，对这个问题的认识仍然存在一些误区。有一种观点认为，企业文化是企业发展到较高层次以后才要去考虑的事情，处于初创时期的企业或者是规模很小的企业，生存都成问题，哪里还顾得上空谈什么企业文化建设。这种观点把企业文化看作虚无缥缈高高在上的"奢侈品"，是不可取的。企业文化从企业创立之日起就始终如影随形地伴随在企业左右。不同的企业有不同的文化。创业者个人修养、理念、意志、目标、眼界、智慧高低不同，从一开始就决定了其企业未来的前途以及向世人展现的面貌。所以，任何企业，包括传媒，从一开始就要明确企业的价值和目标，树立独特的文化精神，才能保证朝着既定的目标不断进取。还有一种观点认为，建设企业文化就是开展各类文体活动或思想政治教育，或者就是提炼企业的宣传口号和标语等。很显然，这是对企业文化建设的错误认识。虽然文体活动可以增强传媒的凝聚力和团队合作精神，但与企业文化是属于两个完全不同的领域，不能将两者等同或者混淆。还有一种更普遍的似是而非的观点是，将媒体发展战略、经营策略、管理制度、传媒定位等媒体经营管理方面的具体做法与企业文化建设相混淆，认为建设企业文化就是确定这些策略。经营策略与企业文化是表和里的关系，企业文化虽然总是渗透在媒体经营的各个方面，但毕竟与经营策略本身是有区别的。企业在不同的发展阶段会采取不同的战略和策略，战略策略会有变化，但企业文化始终不变。我们建设传媒企业文化所要研究的正是如何培育这种企业精神，而不是去研究传媒一个个具体的发展战略和经营策略。①

有学者研究南方报业传媒集团的企业文化后发现，南方报业传媒集团在我国市场经济体制改革、文化体制改革日益深入的背景下，不断改革创新，形成了独具特色的企业文化，其核心理念是"担当、创新、包容、卓越"。"担当"体现的是南方报业传媒集团的社会责任观，强烈的使命感和社会责任感能够促使企业勇于担负它对国家、社会、民族所必须承担的社会责任和应履行的承诺，从而使企业拥有广泛的公信力、影响力和生命力。"创新"是南方报业传媒集团传媒文化的基因。回顾南方报业传媒集团的创业史，它从产品创新起步，进而不断激发营销创新和经营创新；它从组织创新起步，进而拓展到制度创新；它从单个品牌媒体市场细分的创新起步，进而演化成

---

①　吴培明：《传媒企业文化的特征及其建设思路》，《上海商业》2012年第12期，第40页。

对品牌媒体群运筹帷幄的产业创新。“包容”是南方报业传媒集团企业文化的又一基本理念。包容是多元共存,兼容并包,有了这一点,南方报业传媒集团旗下的媒体既具有集团共有的精神特征和文化底蕴,同时又保留了自己鲜明的风格和特质。包容还是南方报业传媒集团的用人之道。南方报业传媒集团今天的成功是得益于大胆地起用新人,不仅鼓励他们发挥才智,而且敢于包容他们在前进道路上不可避免的失误。“卓越”体现的是南方报业传媒集团的业绩观。卓越是一种境界,也是一种永远保持积极向上的姿态。它要求员工积极进取,不断超越自我;它还要求企业发愤图强,在竞争中获胜。①

南方报业传媒集团的竞争优势,得益于企业文化软实力的塑造,正是这种独具特色的企业文化,融入了南方报业发展的血液中,渗透到它的传媒生产、销售、经营各个环节,使得南方报业传媒集团在创建各个子报报系上攻城拔寨。不管是《南方周末》报系,还是《南方都市报》报系,以及后来的21世纪经济报系,都可以在发展中看到南方报业的底蕴。这种底蕴就是企业文化的体现,为传媒集团整合内部资源、内塑媒介品质、外树传媒形象提供了无限生机与活力。当然,南方报业传媒集团这种企业文化建设在报业发展上取得了巨大的成功,但是在如何将这一文化认同扩散到集团所属的互联网组织方面,效果尚不够理想,尤其是在全媒体战略实施的过程中,更需要集团既有文化和新的组织架构之间的磨合与协调。

三、媒介融合与传媒集团核心竞争力研究

在当前我国报业集团转型升级过程中,传媒集团组织文化建设的研究还有下列领域:传媒集团组织文化研究,传媒集团核心竞争力研究,传媒组织文化与核心竞争力关系研究,全媒体战略研究以及媒介融合研究。

(一)传媒集团核心竞争力持续研究

核心竞争力理论由美国密歇根大学普拉哈拉德(C. K. Prahalad)和英国伦敦商学院的哈默尔(Gary Hamel)于1990年在《哈佛商业评论》上发表的《公司的核心竞争力》(*The Core Competence of the Corporation*)一文中提

① 吴昀国:《我国传媒企业文化建构现状及对策》,《中共中央党校学报》2009年第2期,第106页。

出。该理论[①]认为，在产品和市场策略的生命周期日渐缩短以及企业经营日益国际化的今天，竞争的成功不再被看作是转瞬即逝的产品开发战略和市场战略的结果，而被看作是企业深层次的、以企业竞争力形式存在的、能促进企业生产消费者需求的新产品的智力资本的结果。两位学者用著名的树型理论对企业核心竞争力进行了描述：企业可以比喻为一棵大树，其树干和主枝是核心产品，分枝是业务单位，树叶、花朵和果实是最终产品，而为整棵树提供养分、维系生命和稳固树身的树根系统是企业的核心竞争力，核心产品是核心竞争力的物质体现。该文对核心竞争力的特征作出了如下描述：(1)核心竞争力是组织中的集体性认知(collective learning)，尤其是那些协调不同的生产技能和整合各种技术流派的能力；(2)核心竞争力是指沟通能力、参与能力及跨组织间合作时深深的契约关系；(3)核心竞争力不会随着被使用而减弱，随着它的每一次被应用，它都会得到提升；(4)核心竞争力是一个企业竞争力的源泉，其他各方面的竞争力都来源于核心竞争力。同时，该文还提出识别核心竞争力的三个标准：(1)核心竞争力必须为市场认可，即提供企业进入多元化市场的潜在路径和机会；(2)核心竞争力应该提高企业效率，帮助企业通过降低成本或创造价值来扩大客户的利益；(3)核心竞争力是竞争对手难以模仿与复制的能力。

有研究者通过对我国报业集团核心竞争力的研究发现，我国具有代表性的报业集团核心竞争力观点主要有几种：(1)知识论。这种观点认为报业集团核心竞争力的基础是知识，报业集团在本质上就是报纸生产的知识体系，这种知识体系由生产成本、管理成本与社会成本构成，与三种成本相对应的是三种知识资本：人力资本、组织资本与社会资本。这一分析框架由刘年辉在《报业核心竞争力：理论与案例》一书中引进。其中，组织资本是报业组织核心竞争力的平台和内核，社会资本是报业组织核心竞争力的本质与背景，而人力资本则是报业组织核心竞争力的元件与表征。核心竞争力的关键是报业集团的知识资本，是组织资本、社会资本和人力资本协同形成的有机系统。(2)能力论。这种观点认为核心竞争力是报业集团一系列能力所构成的优势组合系统，以范以锦所著的《南方报业战略》为代表。该观点认为，核心竞争力是有价值的、稀缺的、难以模仿的、不可替代的知识和技能的组合，是在资源、能力和制度的某些方面占有的独特优势，或者有机结合

① 普拉哈拉德、加里·哈默尔：《公司核心竞争力》，《哈佛商业评论》1990 年第 68 期，第 79—91 页。

而形成的某种独特优势,报业集团的核心竞争力是报业集团各种能力形成的一个系统。(3)主业论。这种观点认为,报业集团的核心竞争力在于报纸本身,为此强调要将报纸作为主业,做大做强。(4)创新论。这种观点认为,报业集团的核心竞争力主要在于制度、体制、机制方面的重大改革和创新。(5)技术论。这种观点认为,报业集团核心竞争力在于报业技术战略的制定和实施。对于以上各种说法,研究者认为,成熟的、创新性的报业集团核心竞争力理论体系应该包括报业集团核心竞争力的内涵、报业集团核心竞争力区别于一般企业核心竞争力的特征、报业集团核心竞争力的实现途径以及报业集团核心竞争力的指标评价体系。①

(二)传媒组织文化与核心竞争力关系研究

企业文化是以企业价值观和企业精神为核心,凝聚企业员工归属感、积极性和创造性的人本管理理论。同时,它又是受到社会文化影响和制约的、以企业规章制度和物质现象为载体的一种经济文化,它是企业在长期生产经营实践中形成的并为全体员工认同和遵循的价值观念和行为规范的总和。相关研究表明,组织成功建立于三大基石之上:(1)组织中领导层的能力;(2)组织中员工的能力;(3)企业文化是否能培育能力并使之最大化。②企业文化是企业资产的重要组成部分,也是企业价值链中最难以模仿的部分,提升企业竞争力是企业文化构建和升华的目的。企业文化和企业竞争力之间有着密切的关系。

1. 企业文化是企业竞争力的核心

关于企业的核心竞争力,不同的时期有着不同的认识。"科技""人才""技术力量"都被人所重视、认可,慢慢地人们发现拥有这些要素的公司却不一定能发展起来,先进的科技会落伍,技术会被淘汰,人才会流动,企业的优势最终可能会失去。一个企业的客观存在优势再多,如果难以发挥出来,最终还是避免不了被淘汰的命运。优秀的企业文化克服了企业存在的困难与不足,使企业自身具备的优势发挥作用。

企业竞争力可以分为三个层面:产品层、制度层和核心层。产品层包括企业生产产品的成本控制、质量控制、营销企业服务能力;制度层包括经营

---

① 黄春平:《我国报业集团核心竞争力理论分歧探析——兼评当前的报业集团核心竞争力研究》,《中国报业》2009年第8期,第38页。

② 迈克尔·茨威尔:《创造基于能力的企业文化》,王中英、唐伟、伍卫译,华夏出版社2002年版,第1—2页。

管理要素的结构平台，包括企业的人事制度、企业运行机制、企业规模、企业品牌等；核心层包括以企业理念和价值观念为核心的企业文化、企业创新能力、差异化个性化的企业特色以及战略制定的远见卓识。这三个层面是逐级递进的，第一层面是表层的竞争力，第二层面是支撑平台的能力，第三层面是最基础的、最核心的能力。[①] 由此可以看出企业文化对企业竞争力的影响。

企业基本理念和核心价值观是企业文化的核心层，企业文化的目标导向最终将形成企业竞争力。现代企业的竞争已经从产品平台的表层竞争转向深层次的理念平台的竞争。技术可以学习掌握，规章制度可以照抄，但是全体员工形成的企业文化是很难被模仿和移植的。企业只有以其独特的文化来提升竞争力，才能使企业健康持续地发展，进入高层次的境界。从这个意义上说，以企业理念为核心的企业文化是最终意义上的第一竞争力。[②]

哈佛大学商学院约翰·科特教授和詹姆斯·L.赫斯克特教授在《企业文化和经营业绩》一书中指出，企业文化对企业长期经营业绩有重大作用，在21世纪，企业文化会成为企业成败的关键。落后、守旧、僵化的企业文化必将成为阻碍企业竞争力发展的绊脚石。

企业文化反映在企业战略上，是企业对其成长环境和发展经验的概括，是企业经营理论的人性化本质的反映。企业战略是企业在变化的环境下求得持续发展而形成的总体性谋划，企业经营战略在某种意义上可以看作是企业经营理论的反映。企业文化通过对企业经营理论的选择决定着企业战略的制定和经营模式的设计，而企业战略的实施过程又会促进和影响企业文化的变革和创新，企业文化和企业战略之间是相互约束、相互影响和相互促进的关系。

在此种意义上，优质企业文化即为报业组织核心竞争力的内核。实践证明，要想在竞争中处于有利位置，传媒业必须具备应对市场竞争的有力武器，培育自己的竞争优势。传媒组织文化建设通过对传媒企业内容建设、人才管理、经营控制等全方面的有效规划和整合，有利于传媒企业增强凝聚力，提升传媒企业外部形象的辐射度，从而形成更为广泛的受众群。国内许

---

① 朗诵真、朱晓峰、付林：《企业竞争力及其计算机评估系统研究》，《情报学报》1998年第12期，第455页。

② 王文臣：《论企业文化在企业竞争力中的作用》，《河南师范大学学报》2007年第1期，第110页。

多知名媒体企业已经着手打造各具特色的企业文化。

许多传媒企业已经意识到传媒文化对传媒业发展的重大作用,并努力营造出自己的传媒组织文化。高振强在《全球著名媒体经典案例剖析》中介绍道:路透集团有一整套的企业文化,其核心理念是与客户一起成长,为客户创造一流的产品和服务,让每个人都用上当时最好的技术;它的经营战略是使用最尖端的科技,走国际化道路;它的产业结构是以媒体为依托,以经营金融信息为支柱产业,向相关产业纵深发展;它的产权关系明晰,在所有权上实行股份化,在制度上实行现代企业制度。正是这种积极健康的路透文化成就了一个现代的国际传媒集团。

就报业的产业特征而言,该行业是一个创意密集型产业,创新是加快报业发展的助推器,是报业永葆生机的源泉。报业集团企业文化建设,必须把锐意创新作为活的灵魂,支持、鼓励新闻从业者不断突破自我,超越自我,从而推动报业集团在创新中不断领先竞争对手,不断发展壮大。当前报业集团已进入全媒体集团时代,行业竞争愈加激烈。报业集团要想成功制胜,就必须依托优质企业文化打造传媒品牌。事实上,凡是成功的传媒品牌无不体现了独有的报业文化。《纽约时报》原首席执行官珍妮特·鲁宾逊曾说:"阿道夫先生的理念今天仍然有效,我们的核心目标就是通过创造、采集以及发布高质量的新闻、信息和娱乐资讯来促进社会的发展……最高质量与最公正的新闻就是我们声誉的基础,同时也是我们满足公众期望和获得政府信任的途径。"①

南方报业传媒集团"龙生龙、凤生凤"的品牌发展战略建立在以包容、理性、创新、激情为特质的"南方文化"的基础上,下属子报《南方日报》的"高度决定影响力"、《南方周末》的"深入成就深度"、《南方都市报》的"办中国最好的报纸"、《21世纪经济报道》的"新闻创造价值"等理念则分别体现了各子报的文化价值观。事实上,正是"南方文化"以及以此为基础的各子报文化成功塑造了南方报业品牌。②

2. 企业竞争力需要企业文化予以整合

企业获取的独特竞争优势来源于其控制的资源。这些资源依次分为四

---

① 马克·唐盖特:《国际传媒巨擘品牌成长实录》,许怡勤等译,中国水利水电出版社2007年版,第93页。

② 陈长松:《论企业文化建设与报业组织核心竞争力的培育与提升》,《中国出版》2011年第6期,第34页。

个大类:(1)有形资产,包括厂房、设备、土地等。(2)无形资产,在传递客户价值时没有损耗的资产。(3)组织能力,将有形资产和无形资产转化为商品和服务的过程和活动。(4)核心竞争力,包括个人的活动技巧和才能、组织的凝聚力和学习能力,使得企业可以执行关键的流程和活动。[①] 在一个企业中,竞争优势的来源有多种因素,它不能归结于一个类型的资源,而是这四种不同的资源在一个竞争层面上的相互作用。

企业要创建核心竞争力,就要发挥好以上几种资源的作用,需要把各种资源进行有机的整合,既要注重从无到有的核心竞争力的创造与培育,又要采取有效措施整合已有的部分核心能力。整合有两种基本方式:创新和整合。(1)创新。企业的技术创新包括两个方面:一是有关产品和技术;二是产品生产工艺技术的创新。一般来说,企业存在着三种可供选择的创新途径:一是工艺创新能力先导型,二是产品创新能力先导型,三是协同发展型。[②] 实际上,企业技术创新是企业产品创新能力和工艺创新能力两者的耦合,因此企业要提高技术创新能力,必须建立在协同发展型基础上。这种协同发展的基础就是有良好的企业文化。(2)整合。技术创新是取得核心竞争力的基础,但在一般情况下创新的风险较高,所需要的时间较长,通过对已有的核心竞争力进行有效整合的方式培养新的核心竞争力,是一项投入小、见效快、风险小的活动。对已有的核心竞争力整合需要的不是大规模硬件技术方面的创新,而是如何寻找识别整合的机会,并从组织上予以保证。这种组织的保证也需要企业文化为支撑。对核心竞争力的整合有三种基本方式:一是技术复合。将两种或两种以上的技术结合在一个系统中,但不影响其原有的个别技术的特征。二是技术融合。指结合两种或两种以上的新技术开发出另一项创新的技术。三是功能性组合。核心竞争力的整合主要与技术有关,但是企业的核心竞争力并不完全局限于技术领域。功能性组合就是将技术功能方面的核心竞争力与其他方面的核心竞争力进行有机组合,从而发挥整体核心竞争力优势。[③]

---

① 克雷格·弗莱舍、巴贝特·本苏桑:《战略与竞争分析:商业竞争分析的方法与技巧》,王俊杰、沈峰、杨斌等译,清华大学出版社2004年版,第21—23页。

② 余来文、陈明:《企业竞争能力提升的路径研究》,《改革与战略》2006年第11期,第118页。

③ 余来文、陈明:《企业竞争能力提升的路径研究》,《改革与战略》2006年第11期,第119页。

传媒组织文化的整合,既是对原有企业文化模式打破的过程,也是新企业文化模式发展的过程,多种文化的相互交融,使得传媒组织文化整合困难重重。对此,需要根据传媒企业特殊的文化产业属性,协调好每个个体媒体的文化差异,包容和革新并举,才会使整合更有针对性,使企业文化和企业的核心竞争力发挥协同效应。①

(三)关于媒介融合的研究

"媒介融合"(Media Convergence)这一概念最早由美国马萨诸塞州理工大学的浦尔教授在1983年提出,指各种媒介呈现出多功能一体化的趋势。其终极目标是打破传播媒介的形态差异,走向媒介形态的大融合。其真正的本质在于消费者可以用无所不能的终端通过无处不在的网络,获取各自所需的服务。目前对媒介融合影响最大的产业群是广播电视产业和电信产业。作为革命性的媒介创新形式,媒介融合已经引起了西方发达国家学术界和政府部门的广泛关注;针对媒介融合的趋势,各国纷纷制定、出台或修改广播及电信法规和政策,变革传播管理机制。

目前对于什么是融合及其动因,尚没有一个较为一致的看法,但大体说来,学者们主要从三个视角来研究融合,即技术融合、经济融合和新闻融合。强调技术视角的学者们,着力于媒介的技术变迁,以及新媒体技术在传播领域的运用,简言之,即传播的数字化;经济视角取向侧重于研究融合对于媒介结构的影响,融合背后的经济考量和市场动力,如不同媒介之间的整合与兼并;新闻视角取向则侧重从媒介的生产角度来研究融合给新闻工作室带来的在日常实践、新闻价值观、新闻文化等方面的变化,可被称为"工作室融合"②。

国内对媒介融合的研究几乎与国外同步,相关研究最早出现于1998年。高钢将媒介融合理解为一个"人类在信息传播过程中追求的达及信息传播理想境界的过程"③。在这个过程中,新的传播手段、传播方式和传播形态会不断出现。为此,新闻传播业在传播技术体系、传播管理体系、教育体

① 张明海:《我国传媒企业文化整合的现实困境》,《中国信息导报》2008年第4期,第66页。

② APPELGREN E. Convergence and divergence in Media: different perspectiues[C]. ICCC International Conference on Electronic Publishing, Brasilia, Brazil, 2004.

③ 高钢:《媒体融合追求信息传播理想境界的过程》,《国际新闻界》2007年第3期,第54—59页。

系等方面已经到了一个变革的临界点。邓建国则从技术变革趋势、媒介融合实践、受众注意力转移等角度来阐明,为了满足受众碎片化注意力所带来的多样化需求,媒体必然需要仰赖"数字化的、大规模内容定制的,和跨平台发布的媒介融合"[①]。相反地,陈国权则坚决地反对融合,他一方面反对那种将网下内容照搬到网上,没有能够跳出传统媒体思维的,简单甚至有些僵化的融合,另一方面直接反对媒介融合本身,质疑传统媒体对新媒体优势的利用,认为日益细分化的市场认可的不是融合而是分化,以致断言"传媒融合违背了最基本的自然规律"[②]。

尽管众说纷纭,但总体来说,目前国内有关媒介融合的观点大抵可以分为四类:绝对融合论,认为融合是新媒体发展的必然趋势,代表学者如上文所述的高钢、邓建国;绝对分化论,以陈国权为代表;先合后分论,即信息企业在联合之后的融合、重组和再分工;[③]竞合螺旋论,认为融合的趋势是"融合一分化"的轮回发展与螺旋式上升。[④] 不过,现有研究中还存在着明显不足,比如,除了极少数对国外有关融合概念含义的介绍外,国内目前对融合这一概念缺乏深入的探究,从而使得"融合"在不少论文中的含义飘忽不定,运用有随意之嫌。正如赵星耀所言:"各种论断的全面性、逻辑性和系统性还不够强,缺乏必要的来自实践的支撑和检验。"[⑤]

不同新媒体形态在技术、运营和服务模式上趋同,形成如下几种融合模式:一是内容制作与集成机制的融合;二是媒介内容与服务分发网络的融合;三是媒介形态间信息服务机制的相互支撑;四是终端体验的渐进一致性。[⑥] 喻国明、戴元初认为,媒介融合可以提升新闻产品和新闻服务的质量,政府规制的限制和放松是合作能否进行的关键性因素。蔡雯、黄金在对世

---

① 邓建国:《媒介融合:受众注意力分化的解决之道》,《新闻记者》2010年第9期,第56—60页。

② 陈国权:《报纸网站不要融合——我的"反媒介融合"观》,《中国报业》2010年第5期,第37—39页。

③ 彭兰:《媒介融合时代的合与分》,《中国记者》2007年第2期,第87—88页。

④ 冉明仙:《"竞合螺旋":媒体分阶段发展趋势》,《新闻记者》2010年第9期,第61—65页。

⑤ 赵星耀:《认知媒介融合的既有理念和实践》,《国际新闻界》2011年第3期,第65—69页。

⑥ 黄艾、曹三省:《报业全媒体进程中的若干现实问题》,《传媒》2013年第3期,第12页。

界多国媒介管理现状的比较之后提出,规制变革是媒介融合发展的必要前提。[①] 肖赞军认为,在媒介融合背景下,现有体制因市场准入苛严、存量资源的肢解和资本经营受限等问题而制约了传媒产业的发展。在电信、广播电视、出版等产业,传统的纵向分业规制,是与其时纵向技术结构和产业结构相适应的。但在媒介融合情况下,新产业体系的技术结构和产业结构是横向的,严格意义上的传统纵向规制对象已不复存在。传统纵向规制框架与层级技术结构、横向产业架构之间产生冲突,造成了规制的不一致性、规制的不确定性、规制的不合理性、规制的不恰当性四个问题。[②] 进一步的改革思路可以是:基于横向结构放松市场准入,重塑市场主体,推进资本经营,建构传媒规制体系。规制框架需与规制动态化的发展趋势相适应,在现阶段仅可构建不太严格的(较弱的)横向分层规制,之后应基于行业规制向竞争规制演化的趋势组织规制,建立淡化规制框架问题的长期规制机制。[③]

互联网格局下的竞争从某种程度上来说是一种寡头竞争,媒体至少要在内容生产、技术支撑、用户洞察三个方面都做到极致,才能跻身市场前列。媒体要转变到互联网思维,从范围经济、分享经济、集成经济三个方面来创新盈利模式,在互联互通中作为一种中介,能够使某种资源的聚合形成一种资源和价值的中介,构建“众包”生产的运营方式,在一个更大范围之内,寻找合适的资源、要素,用一个规则把所有适用的东西集成以形成自己的生产力,从而形成对相关的社会需要的精巧的有效解决方案。[④]

四、对传媒集团企业文化研究结果的简要述评

从目前的研究分布来看,研究传媒集团竞争优势的居多,研究竞争优势持续的较少,研究传媒集团组织文化品牌构建的更少,而研究传媒集团组织文化与集团竞争优势持续关系的则少之又少。宁波日报报业集团表现出在这一研究领域的敏感性,这是构建一个理性发展的传媒集团所必需的战略眼光。

尽管有的学者对企业文化和企业核心竞争力的关系进行了研究,但是

---

① 蔡雯、黄金:《规制变革:媒介融合发展的必要前提——对世界多国媒介管理现状的比较与思考》,《国际新闻界》2007 年第 3 期,第 60—63 页。

② 肖赞军:《媒介融合引致的四类规制问题》,《当代传播》2014 年第 1 期,第 64 页。

③ 肖赞军:《媒介融合中的规制框架:两难抉择及应对思路》,《新闻与传播研究》2013 年第 10 期,第 82 页。

④ 喻国明、姚飞:《强化互联网思维推进媒介融合发展》,《前线》2014 年第 10 期,第 56 页。

这些文献多侧重于企业文化的作用、企业文化与竞争力的一般性论述，没有对二者的作用机理进行深入研究，也没有发现二者之间结合的原动力。

在研究传媒文化的文献中，大多是嫁接其他企业的文化建设情况，而没有具体到中国的新闻实践。在研究中也主要侧重于报业集团的经营模式、制度创新等方面，而没有结合具体的新闻改革实践，聚焦于报业集团转型升级期间的文化整合难题，也没有具体到报业转变为新媒体这一过程的企业文化整合研究，严重滞后于当前的新闻改革实践。

在涉及媒介融合和全媒体战略的研究中，更多是从传媒技术层面出发来研究传媒集团的扩张，而很少从组织文化层面研究。我国传媒业的特殊之处在于传统媒体与新媒体的体制与文化迥异——传统媒体是事业企业混合体制，而新媒体体制因上市诉求的导引相对单纯；同时，传统媒体内部又存在事业单位企业化管理的价值冲突，在转企改制的变革中，这一冲突也变得更加明显和直接；如果再加上新闻业既有的新闻专业主义精神与追求经营管理系统效率至上之间的冲突，由报社转变而来的报业传媒集团内部可谓文化与价值杂陈。很少有如此复杂的文化诉求存在于一个集团内部，而顺应媒介融合推出的全媒体战略所要求的文化品牌却是一种为各业务单元所认同的规范，只有这样才能使合作创新成为可能。因此，在这一时代背景下，加大对组织文化品牌的研究，促进领导能力和员工能力的最大化，是一个十分关键的选择。

第三节 研究内容与创新价值

一、研究问题的提出

基于当前传媒业面临“双转”的背景，以及传媒市场竞争需要“跨界和混搭”的趋势，我们需要研究的首要问题是：宁波日报报业集团经历新时期发展而形成的竞争优势如何在新的传播环境下得以持续？沿着这一逻辑我们需要追问的是：宁波日报报业集团既有竞争优势是什么？这一竞争优势当前面临的最大挑战是什么？我们认为，在传媒集团层面研究竞争优势持续问题，首先要考虑的问题是传媒集团各个业务单元是否具有传媒集团核心能力的DNA。尤其是全媒体战略主导下的传媒集团，如果各个业务单元之间形成冲突，最终只能导致传媒集团内部资源的自我损耗而已。关于核心能力的相关研究表明,不能被复制的竞争力才是传媒集团基业长青的保证,而对核心能力关键构件的研究中,组织文化作为传媒集团核心能力构建的生命线,是唯一不能被竞争对手复制的一个要素。

因此,课题组认为,关于宁波日报报业集团竞争优势如何持续的问题,其实质是关于如何建立起一种以持续竞争优势培育为目标的传媒集团组织文化的问题,即如何使组织文化这一无法被复制的传媒集团 DNA 成为宁波日报报业集团面向未来保持竞争优势的基石。如何在传媒组织文化与传媒竞争优势之间建立起良性互动关系是本书研究的根本问题。基于上述关系框架的调整,宁波日报报业集团组织文化革新是当前报业集团竞争优势持续的关键。这一变革的基本方向在于:如何在竞争性新媒体融合产业环境下培育组织的合作创新能力。

基于上述情况,本书研究的目的服务于宁波日报报业集团在经历 10 年的扩张发展,在宁波日报由单纯的报业生产组织转向全媒体生产组织的过程中,组织文化作为竞争优势持续战略的基石,如何推动既有竞争优势在新媒介环境下的持续,如何通过集团内部组织文化的构建,对外形成品牌感召力,对内形成员工与子品牌的自我规制准则,形成以服务于核心能力培育为目标的文化体系。

二、研究的前提判断与思路演进

编写组前期研究发现,转企改制与新传播技术的崛起正交互作用,改变着我国传媒业竞争不足、垄断有余、竞合效率低下的现状。我们认为,在全媒体的战略格局下,我国大众传媒产业正面临两个转变。

其一,产业融合、媒介形态多样化导致原有产业领域内领军者的能力结构出现了缺口,要想保持竞争优势,必须寻找能力互补的合作伙伴。因此,开放兼容、合作创新将成为全媒体战略推动下报业集团组织文化品牌构建战略的核心。如何从以竞争为主导价值的文化品牌打造转向以合作—竞争为主导价值的文化品牌的打造将是全球传媒业面临的共同问题。

其二,针对我国传媒业而言,产业融合模糊了区域与行业的边界,原有行政力量赋予传媒集团的区域与行业垄断的基础将逐步消解,这将迫使我国传媒集团由垄断向竞争,进而向合作演化。这将是传媒集团组织文化品牌革新的内在驱动力。

基于上述两个转变,我们沿着“国际视野、理论验证、落脚中国问题”这样的研究进路,通过对中外代表性的传媒集团如何通过组织文化品牌战略实现竞争优势持续进行考察，希望对以宁波日报报业集团等为代表的创新者在这一过程中的经验和教训进行总结，并提出面向未来的组织文化品牌创新战略与实现策略。

三、本研究的主要观点

基于上述研究综述，本研究的逻辑起点如下：

（一）“和而不同、合作开放”是报业集团转变为全媒体集团后组织文化品牌建设的基本原则

媒介融合将成为新一轮传媒业发展的方向，宁报集团“十二五”规划已经确立了打造现代传媒产业体系，推动报业跨媒体全媒体发展的目标。而新旧媒体的企业文化是不同的，其传播的特性决定了不能完全按照固定的模式进行操作，南方报业传媒集团在报纸主业上取得了很大的成功，但是在新媒体上乏善可陈，其原因之一就是单纯地把传统媒体的文化嫁接到新媒体上，从而导致“水土不服”的困境。

宁报集团全媒体战略的成功运营，关键在于其脱离了报纸，按照新媒体的操作模式进行了管理。这就说明要尊重新旧媒体不同的企业文化，在一个全媒体集团里面，要容忍不同的文化，各个子媒体在没有违背集团的核心价值观前提下，可以创造出适合自身发展的独特的文化。

（二）创新文化是报业集团保持竞争优势与活力的关键

创新是知识型企业发展的动力。所谓创新，就是建立一种新的函数，把一种从来没有过的关于生产要素和生产条件的新组合引入生产体系。企业的竞争优势就是在企业家不断创新中形成、维系和加强的。企业优势是创新的结果，创新则是企业优势的源泉。迈克尔·波特在1990年指出，公司通过认知或发现行业中更好的竞争新方法，并将其付诸实践来形成竞争优势，从而最终演变为创新。缺乏创新精神的陈旧的企业文化无法满足传媒企业日新月异的发展变化。随着传媒企业的发展，只有与时俱进、富有创新精神的企业文化才能匹配企业的进一步发展。[①]

另一方面，传媒企业作为知识型企业，需要塑造创新的企业文化。对于一个知识型企业而言，鼓励创新、容忍失败、共同学习和共享知识等企业文化氛围对企业的知识扩散、技术创新和能力改进都是不可或缺的。学习型

---

① 王娟、蒋洁：《中国传媒企业文化建设对策分析》，《东方企业文化》2015年第2期，第5页。

的企业文化对全媒体集团竞争优势的形成至关重要。只有创新,才能在第一时间把消费者需要的资讯送到;只有创新,才能真正做到以人为本,把吸引人才、留住人才当作企业的首要任务。持续不断的创新意识将为传媒企业带来强大的竞争力,为企业赢得广阔的发展空间。同时,创新意识必然要求对企业员工个性的充分尊重,留给每个人足够的张扬个性、施展才华的空间,从而进一步促成了传媒企业的创新。研发创新通常有三种途径:一是自主创新。媒体依靠自主研究,自主开发,不断改进老产品或推出新产品,保持自己在市场上的优势和领先地位。二是外引创新。媒体在构建核心竞争力时可以通过引进发展所必需的产品和技术来实现创新目标。三是联合创新。媒体与科研院所、咨询机构、文化传播企业之间联合创新,优势互补,从而形成双赢或多赢的局面。①

四、本研究的创新价值

本研究的创新价值主要在于运用多学科交叉比较研究中外传媒企业文化建构经验,紧扣中国报业集团的发展现状,有助于解决当下影响报业集团转型升级的核心问题:

第一,在新的制度环境和新媒体制度环境下,报业集团在转型升级为现代全媒体集团的过程中遭遇文化整合难题。在外部经济环境和新媒体传播技术环境变革加速的背景下,报业集团既有的竞争力正在逐步降低,唯有创新才是传媒集团获得高效成长的可行方式。创新的文化整合成为转型的关键因素之一。

第二,运用企业文化理论,通过实地调研,结合历史资料梳理、访谈、问卷调查,分析目前报业集团企业文化和竞争力的关系,结合全媒体集团对企业文化的要求,找出企业文化变革的阻力,为报业集团塑造和核心竞争力相匹配的创新型企业文化提供科学的建议,实现报业集团的规模扩张、产业结构优化、效益提升和资本增值。

第三,运用知识创新理论,通过对当前传媒治理现状的比较分析,以创新体制机制为重点,通过制度创新对传媒业智力资本进行激励,营造出尊重知识、鼓励创新的企业文化氛围,为报业集团发展文化产业,打造全媒体集团提供“软实力”。

---

① 陈兵:《媒体核心竞争力的内涵、特征与获取》,《中国出版》2010年第5期,第15页。

本章小结

当前的中国传媒业面临传媒企业的体制转轨和形态转型，跨界、混搭推动合作创新成为传媒市场竞争的趋势。报业集团在转型升级战略选择上的体制转轨和形态扩张，以及在经营趋势上的跨界和混搭，不仅对报业集团的核心竞争力的构建提出了很高的要求，也对报业的管理体制创新提出了新的挑战。在传媒组织从单打独斗走向集团化层面之后，如何协调各个子系统与传媒集团的价值体系之间的关系成为影响传媒集团发展的关键，而组织文化向来被认为是集团核心竞争力持续的生命之水。本章通过梳理已有的传媒集团企业文化研究的理论和经验，确立起本书研究的基本框架和逻辑起点："和而不同、合作开放"是报业集团转变为全媒体集团后组织文化品牌建设的基本原则；创新文化是报业集团保持竞争优势与活力的关键。

第二章　特征与趋势：当代传媒集团企业文化品牌构建研究

本章提要

第一章的内容奠定了本书理论分析的基本框架，提出要使竞争优势在新的传播环境下得到持续，实质是要建立起一种以持续竞争优势培育为目标的传媒集团组织文化。在此基础上，本章主要就当代传媒集团企业文化品牌构建的特征与趋势进行研究，首先研究如何依靠企业文化获得核心竞争优势。报业文化是企业文化的一部分，报业文化建设中的许多理念也是企业文化的理念。其次，放眼到传媒集团企业文化，针对传媒集团企业文化发展的现状与趋势进行梳理，尤其是强力型传媒集团文化的形成机制：强文化、价值观、传媒典范人物、礼仪与仪式、沟通。在网络时代催生新兴的传媒文化的背景下，行业、地域和时代是确立宁报集团企业文化建设的时代新坐标，突出人文关怀、担负社会责任成为共识。

第一节　企业文化与核心竞争力：竞争优势如何持续？

一、企业文化和报业文化的关系

企业文化是文化学在企业经营活动中的运用，它既有文化的共性，又因企业经营活动的特殊性而具有独特的个性。它是一个企业的经营风格的表现，代表了企业特定的人文修养，精神境界和美学品位。“企业文化是处于一定经济社会文化背景下的企业，在长期生产经营过程中逐步形成和发育起来的以企业价值观为实质，以企业精神为核心，以企业精神现象、规章制度和物质现象为载体的经济文化。”①企业的竞争日趋激烈，企业要想在竞争中取得胜利，在提高产品质量、努力满足市场需求的同时，还必须注重服务质量，积极塑造良好的文化品牌。企业良好的文化品牌可以引导并推动企业的长远发展，给企业带来更大的经济效益。

报业文化是指“围绕报业生产经营管理形成的，并为报业全体员工认同和遵守的报业精神、报业制度、报业形象等观念形态的总和，它是亚文化和管理方式相统一的综合体”②。报业文化是企业文化的一部分，报业集团的产业化属性和企业化运营，使之可以借鉴现代企业的管理理念，包括企业文化建设的理论和实践。如从传统的人事管理向人力资源开发转变，从传统的思想政治工作向报业文化建设转变，等等。报业文化是报业在长时期的生产经营活动中形成的，是广大员工在实际工作中真正践行的价值观念，是报业思想风貌和精神风貌的具体体现，它在报业和谐发展的进程中起着催化作用。③

此外，报业文化建设中的许多理念也是企业文化的理念。如企业使命和宗旨、企业愿景及发展战略、企业价值观及行为准则、企业识别系统和品牌推广，这些企业文化理念可以通过结合具体报业集团特点，直接嫁接到报业文化中。将报业文化融于报业的经营理念、管理方式、价值观念、群体意识和道德规范等诸多方面，会为报业深化改革提供精神动力和思想保证。

然而报纸是文化产品，它在生产与消费过程中都与传统企业生产的物质产品不同，因此报业文化与企业文化也有区别。报纸是文化产品的物质形态，但决定产品价值的是内容。报业企业具有特殊性，它既是社会的经济细胞，又是上层建筑中意识形态的重要组成部分。这一特点决定了报业集团需要着力追求综合效益最大化，即首先考虑社会效益，同时又考虑经济效

---

① 王文臣:《基于企业竞争力的企业文化理论和实证研究》，经济科学出版社 2008 年版，第 28—30 页。

② 梁瑞平:《浅议新时期报业文化建设》，《湖南社会科学》2000 年第 5 期，第 82 页。

③ 李福怀:《加强报业内部管理，构建和谐的报业文化》，《新闻知识》2007 年第 9 期，第 72 页。

益，才能使报业企业不断发展。而建设报业文化，能够使报业企业根据自己的发展目标，增强追求综合效益最大化的能力。

内容生产是创造性劳动，这决定具有创造力的人力资源是报业的第一资源。内容产品在消费过程中会影响消费者的思想、观念、行为，这决定了报业企业肩负着比一般企业更大的社会责任和使命。一方面，建设报业文化是报业发展的客观要求，现代报业集团需要更多的文化内涵和更高的文化品位。现代报业集团是植根于市场的企业，是独立的市场主体。报业集团走向市场，首先要建立起办报理念和企业管理理念，注重人的素质的提高，把塑造员工共同的理想、信念和价值观作为动力源，尊重人、理解人、关怀人、成就人，努力创造报业优良的人文环境，从而建立起新的管理机制，促使报业健康发展，这些都离不开报业文化的建设。另一方面，报业文化也要注重文化产品的对外影响力。企业文化的外部表现是竞争力，是企业拥有竞争优势占据市场份额的重要砝码。

二、依靠企业文化，获得核心竞争优势

企业要获得长远的发展，除了需要独特的企业文化，还应具备核心竞争力。一个组织的所有竞争力都来源于核心竞争力，它是能够确保竞争优势动态持续的能力，是独一无二、难以模仿、与众不同的竞争优势。

核心竞争力在不同的学派中有不同的解释，其中公认最权威的表述出自由美国密歇根大学的普拉哈拉德和英国伦敦商学院的哈默尔在《哈佛商业评论》上发表的《公司的核心竞争力》一文，他们将核心竞争力定义为“能使企业为顾客带来特别利益，使企业获得超额利润的一类独特的技能和技术，是企业获取或配置人力资源、核心技术、声誉，形成并能保持竞争优势的能力”[①]。核心竞争力理论研究经历了一个由企业外部逐步转向企业内部，由企业硬实力逐步转向企业软实力的过程。针对我国企业，朱国春在《核心竞争力与企业家文化》一书中对核心竞争力作出以下定义：核心竞争力是企业相对于竞争对手赖以生存和发展、具有独占或相对垄断性的竞争优势。[②]

核心竞争力是企业获得持续优势的源泉，一个企业只有努力培育和利用核心竞争力，才能进入多个不同市场并取得相对竞争优势，不断拓宽经营

---

① 陈兵：《媒介品牌论——基于文化与商业契合的核心竞争力培育》，中国传媒大学出版社 2008 年版，第 241 页。

② 朱国春：《核心竞争力与企业家文化——支撑企业运营的两大支柱》，中国物资出版社 2003 年版，第 6 页。

领域。对传媒行业而言，集团化已经成为目前的发展趋势，强强联合、以强带弱、多元经营等特点更需要其重视核心竞争力的发掘，使整个集团齐头并进。

企业发展要经历由小到大、由弱到强的过程，在企业建立之初，领导者将主要的注意力集中在产品生产和市场扩大层面，维持生存是企业发展初级阶段的目标，打造企业文化和核心竞争力都未被提上日程。此时竞争优势的获得主要来源于资源，比如政策倾斜扶持、社会消费需求、有限的市场、资金设备等外部支持，企业的竞争能力属于资源依赖型。然而当企业不断发展壮大，竞争优势的获得不只依靠外部资源，而且更多地由自身能力转化，市场的不断扩大使企业无法像过去那样依赖局限于一地的消费市场，竞争优势由外生型向内生型转变，企业开始逐步关注企业文化建设，挖掘自己的核心竞争力。在长期的生产经营中，领导者们会发现企业逐步形成了特定的文化观念、价值体系、道德规范、传统、风俗、习惯，同时在适应外部环境和内部融合过程中独创了一种为本企业独有的思维方式，它包含了组织成员共同拥有的、更深层次的基本假设和信念。虽然它们一直在无意识地产生作用，并且用一种基本的“认为是理所当然的”方式在解释组织自身的目的和环境，但这些思考是对企业团队在外部环境中的生存问题和内部融合问题的反应，领导者开始从以往的经验中逐渐摸索出适合企业发展的文化模式，如果运行良好并被认为是行之有效的，即成为新成员在认识、思考和感受问题时必须掌握的正确方向①，于是企业文化形成。

企业文化作为精神层的东西是最重要的，特别是企业做大后需要精神来弥补制度层所存在的缺陷，并与制度层形成紧密相连的共同体，做到琴瑟相和，软硬结合，共同为企业的发展承担好琴弦作用。② 企业更长远的发展则需要在不断完善企业文化的同时，发现企业的核心竞争力。

从企业文化和企业核心竞争力特征对比来看，企业文化具备核心竞争力的主要特征，企业文化渗透到企业核心竞争力的一切方面，因此企业文化属于企业核心竞争力的一部分。企业文化是核心竞争力培养、利用过程中的行为准则，极大地影响核心竞争力的价值取向；企业文化的先进程度决定

---

① 曾康霖、蒙宇：《核心竞争力与金融企业文化研究》，西南财经大学出版社 2004 年版，第 22—24 页。

② 常婧：《基于战略视角的企业文化竞争优势研究》，《商业时代》2011 年第 6 期，第 144 页。

了核心竞争力的先进程度。

企业文化是企业核心竞争力中无所不在的软因素,它贯穿于企业行为的始终。一个企业如果没有企业文化的支撑,只是凭借某一方面或几个方面的因素获得暂时的竞争优势,可能获得一时的成长,但绝不可能取得长久的繁荣。科特对美国200多家企业的企业文化和经营业绩进行了研究,发现企业文化力量强的企业,经营业绩都较好,反之经营业绩都较差。企业文化是核心竞争力其他要素发挥作用的基础。首先,企业文化是一种以人为本,以精神为导向的管理方式,它对人力资源管理和企业员工精神的重塑发挥重要作用,凝聚、激励、约束员工。其次,企业文化提升品牌的竞争力,品牌的价值离不开企业文化的培育,品牌的竞争除了是质量的硬性竞争,也是软性的文化之间的较量,企业在注重产品质量的同时,必须重视品牌的文化附加值,增加品牌的文化底蕴。最后,企业文化是人的活力之源,它激发员工的创新思维,激励员工的创新行为,同时优化创新环境,提供民主氛围。①

根据以往对企业文化的界定,企业文化可分为物质文化、制度文化、行为文化以及精神文化四个层次,有学者从而提炼出物质力、制度力、行为力、精神力四种企业文化软实力,它们在提升企业核心竞争力过程中发挥着不同作用。物质力包含企业形象、企业环境和企业业绩目标等,制度力包含企业制度与管理、企业组织机构以及企业民主,行为力包含企业素质、企业风格和企业影响力,精神力包含企业精神、企业哲学和企业道德。在这四个组合力——精神力、制度力、行为力和物质力中,由于精神力是企业价值观的核心,因此也是文化软实力的核心。精神力影响制度力、行为力和物质力的有效发挥,进而影响企业核心竞争力。制度力包括各项管理制度以及不成文的行为规范。企业的学习和创新能力取决于企业制度文化。通过制度改革与创新,企业可以根据内外部环境变化制定出适应公司发展和运营的规章制度、发展战略和运作机制等,因此制度力在提升企业核心竞争力方面起到了保障作用。从企业文化行为层面来看,大多数员工的行为方式体现了企业价值观。组织积累的学识决定了组织行为方式,而企业的行为方式又影响着企业拥有什么样的核心竞争力。企业行为力对核心竞争力的提升,必须建立在体现企业核心价值观的行为准则和行为规范上,还须在企业范围内对全体员工加强企业价值观的渗透。物质力可以看作是企业物质文化的体现,包括产品、品牌、技术、企业形象等因素。竞争方向的转变使得企业

---

① 刘图德:《企业文化的力量》,《企业文化》2006年第2期,第55页。

在文化和技术方面投入增加，由物质文化带来的差异优势替代了以往的价格优势。产品技术含量的提高，导致产品文化附加值也得到提升，企业一方面获得了较好的效益，另一方面为顾客提供了富有价值和文化的产品，提高了企业的美誉度和知名度，以文化为纽带促进和保证了企业的正常运转和可持续发展，形成了其他企业难以模仿的核心竞争力。这种文化所形成的文化力是推动企业长期可持续发展的深层力量。①

一流的竞争力源于卓越的企业文化，优秀的企业文化培育出持久的竞争力。核心竞争力对企业文化的完善和调整也起到了积极的推动作用，是企业文化创新的重要动力，直接影响企业文化的重心和内容。

三、企业文化类型：强力型、策略合理型、灵活适应型

文化作为企业的软实力，是企业核心竞争力的重要组成部分，它对企业的经营业绩和长远发展产生巨大影响。不同性质的企业往往需要不同类型的企业文化，比如，数码公司坚持创新技术，适应瞬息万变的市场竞争；而百年老字号的食品企业则需要传承、保护最初的味道。找到适合自身发展的文化内核，软实力可以直接转化为生产力。根据企业文化与经营业绩的关系，企业文化包含以下三个类型：

1. 强力型企业文化

在强力型企业文化中，“公司中几乎每一位经理都具有一系列基本一致的共同价值观念和经营方法，企业新成员也会很快接受这些价值观念和行为方式”②。在这样的文化氛围中，文化是联结所有员工的纽带，每个人方向一致，目标明确，员工队伍凝聚力对企业经营业绩的增长大有裨益。不会因为领导者的流动或离开，而使企业文化受到影响；根深蒂固的企业文化内化在每个员工的行为中。

强力型企业文化对企业有价值导向和行为导向的作用，统一的企业核心价值观与企业精神，能够为企业提供具有长远意义的、更大范围的正确方向与重要方法，从而把企业与个人的意志统一起来，使企业更快、更好、更稳定地生存与发展。

强力型企业文化普遍重视对员工的激励，尊重每一个个体的发展。企

---

① 秦德智、秦超、蒋成程：《企业文化软实力与核心竞争力研究》，《科技进步与对策》2013年第7期，第95—96页。

② 特伦斯·迪尔、艾伦·肯尼迪：《企业文化——企业生活中的礼仪与仪式》，李原、孙建敏译，中国人民大学出版社2008年版，第15—16页。

业文化所形成的文化氛围和价值导向是一种精神激励，能够调动与激发职工的积极性、主动性和创造性，把人们的潜在智慧诱发出来，使员工的能力得到全面发展，打破传统的企业科层制的限制，提高下属机构和员工的自主管理能力、经营能力及活力，增强企业的整体执行力。①

2. 策略合理型企业文化

不存在绝对好的企业文化，也不存在放诸四海皆准、适合所有企业的克敌制胜的企业文化，只有当企业文化适应于企业环境时，这种文化才是好的、有效的文化。按照这一理论的基本观点，与企业经营业绩正关联的企业文化必须是与企业环境、企业经营策略相适应的文化。企业文化适应性越强，企业经营业绩越好；企业文化适应性越弱，企业经营业绩越差。② 策略合理型企业文化适应的环境包括"外环境"和"内环境"，外环境是指企业所处的行业的环境状况，内环境是指企业内部的价值观和经营策略。

3. 灵活适应型企业文化

这种类型的企业文化是通过提倡发现、开拓新的发展机缘，注重和鼓励有助于一个企业适应市场经营环境变化的企业集体观念的文化。而且，企业领导者的领导艺术也十分重要。领导者的基本职能在于倡导改革之风，如果企业文化能在所有管理人员中提倡这种变革的力量，它就会激发出巨大的敢于冒险、勇于创业、广泛交流的工作热情和积极性。

灵活适应型企业文化要求企业各级管理者不仅能够随时满足公司股东的需求，满足顾客的需求，满足公司员工的需求，而且要以满足这三位一体的需求为宗旨，发挥领导才能和领导艺术，主导公司经营策略或战术上的转变。

第二节　当代强力型传媒集团的企业文化的特征

一、强力型传媒集团企业文化特征

传媒集团属于知识密集型产业，根据对南方报业传媒集团、深圳报业集

① 贺国利：《企业文化的力量——关于企业文化建设的思考》，《中国建设教育》2011年第5期，第94页。

② 特伦斯·迪尔、艾伦·肯尼迪：《企业文化——企业生活中的礼仪与仪式》，李原、孙建敏译，中国人民大学出版社2008年版，第29页。

团、《华尔街日报》《纽约时报》四家国内外传媒集团的企业文化分析，可以判断传媒集团企业文化属于强力型企业文化。传媒是一个“精神产品”生产企业，所以传媒企业文化不同于一般企业文化，它有着自己的特性，具体有以下四方面：

第一，集团内部价值观认同度高。传媒产品要想在市场上占有一席之地，必须有它的独特风格，倘若人云亦云则很快会被激烈的市场竞争淘汰。传媒集团内部也如同它的产品，风格统一，只有一群志趣相投、价值观念一致的工作人员才能保持传媒产品风格的完整一致。《纽约时报》创办 150 多年来，一直坚持严肃办报，风格古典庄重，长期以来拥有良好的公信力和权威性。在“黄色新闻”盛行的时代，它没有随波逐流，迎合市场大众的需求，转变报纸风格，而是在一批文化认同一致的员工坚持下，公开对黄色小报发起挑战，提出了响亮口号：“报纸不该弄脏人们早餐的餐巾。”强力型企业文化将集团的价值观准确传递到每位员工心中，从而实现了集团长远发展的目标。

第二，领导者的领袖魅力。强力型企业文化在传媒集团内部一以贯之，除了文化本身的魅力和软性约束之外，领导者的个人魅力也起到至关重要的作用，向员工普及集团文化，不仅要靠领导者的言语说服，更要靠行为感染。传媒集团文化的精髓不是简单的几句口号，而更要从领导者开始，体现在每个细节之中。马云在阿里巴巴就是一个传说式的英雄领袖，他个人的成长经历首先让员工佩服敬仰，树立了领导者的良好形象。马云曾经说过：“我认为，员工第一，客户第二。没有他们，就没有这个网站。也只有他们开心了，我们的客户才会开心。”有一个如此为员工着想并且个人魅力非凡的老板，员工们自然愿意接受集团文化，并且愿意努力工作。

第三，秉持职业精神。传媒集团生产的产品大多属于意识形态领域的东西，它的目标是向受众传达信息，深化受众对社会的认知。传媒集团犹如一个“传道授业解惑”的“师者”，它如何传达信息直接影响到受众的思想认识，因此传媒集团的从业者必须坚持职业精神，尤其是新闻媒体记者，他们观察社会现象的视角会直接通过传媒产品向受众展现，其内容是否属实，消息来源是否可靠；媒体要尽量把自身塑造的“拟态环境”和“真实环境”的差距减小，记者必须秉持职业精神，明确自己工作的特殊性和重要性。商场是各种利益博弈的地方，而主打财经新闻的《华尔街日报》一直秉持“独立办报”的职业精神，通过尖利的笔锋净化着商业市场，它的舆论监督让商业公司不能为所欲为。

第四，官僚意识淡薄。成功的传媒集团抛弃了传统上下层级森严的科层制度，把领导者与员工之间的领导与被领导关系，转化为气氛融洽的家庭式关系，员工与上司平等交流，彼此直呼其名，工作之余共同开展活动等许多细节就可以看出传媒集团企业文化的包容性和平等性，领导能够倾听到更多员工的真实声音，集团员工工作时也更富有激情和创造力。

二、强力型传媒集团企业文化的作用

强力型企业文化作为企业整体的强势价值观念，对传媒集团的有形资产和无形资产的增加有促进作用。

第一，形成独特文化品牌。优秀的传媒集团文化会对媒介外部形象产生影响，把它的文化内涵延伸扩展到整个社会，形成自己集团的独特标识。优秀的传媒企业文化能向社会展示其成功的管理风格、良好的经营状况和高尚的职业精神，从而为传媒塑造良好的外在形象，提升美誉度，强化品牌效应。例如在中国提到有责任有担当的媒体，人们首先想到的就是南方报业传媒集团下属的报纸——《南方周末》，自 1984 年创刊以来，以"在这里，读懂中国"为办报宗旨，敢于揭露社会负面新闻，向读者还原事实真相，三十年如一日地坚守报纸舆论监督的社会责任，对新闻行业甚至整个社会发展产生影响，形成了固定的并且日益扩大的读者群，树立了自己的文化品牌。

第二，增强内部凝聚力。将一种文化引入企业后，企业要将它拟人化，企业文化的拟人化是企业文化形成的基础。它应该通过细微的方式促进企业员工之间的情感交流，增强他们对企业观念的认同感和责任感。在企业文化的感染之下，员工会不自觉地加强对自我的认同感以及由工作带来的成就感，从而加强自己对企业的归属感。员工对企业认同感和归属感的构建，能够极大地增强企业的凝聚力和向心力。强力型企业文化是媒介内部团结的纽带、沟通的渠道，能自上而下地为所有员工提供共同的价值取向、共同的道德观念、共同的行为规范、共同的事业目标，使内部成员并肩作战、团结协作，形成一股共同努力的力量。强力型企业文化是以企业精神为核心的价值体系，是企业群体的共同心理定式和价值取向，是企业目标和企业价值观的高度概括和综合体现。任何一个企业想要成功，必须使企业目标成为企业职工的共同价值观和坚定的信念。企业文化是企业的上层建筑，深深根植于企业员工的心里，是企业的灵魂，表现为企业的内在活力。企业的活力最终来自员工，来自员工的积极性和凝聚力。

第三，促进集团经营业绩增长。传媒表面上是通过其产品——信息产品来吸引受众，实际上是通过自身的文化来赢得受众，因为其信息产品是其企业文化的物化，信息产品与其背后的媒体文化有着直接关系。强力型企业文化能够充分调动内部员工工作的积极性和创造性，他们在统一的价值观念引领下，团结一致为工作努力，直接促进企业经营业绩，使传媒集团的信息产品更多地凝结了员工的付出，提升了产品质量；同时传媒集团文化品牌的树立，在集团外部培育了消费者的消费积极性，从而使传媒集团不仅获得了美誉度和良好社会形象，还获得了经济利益。作为企业经营管理过程中一只看不见的手，企业文化通过全体员工的共识而对企业产生调节作用，对工作效率和经济效益产生增效作用。

第四，吸引人才，留住人才。强力型企业文化具有人力资源开发的功能，提供了必要的企业组织机构和管理机制，从而避免了企业对那些常见的、窒息企业活力和改革思想的官僚们的依赖[①]，集团平等的员工工作待遇、完整的人才培养模式和畅通的上升空间能吸引人才，并且能给从业人员提供一个尽情施展的舞台，促使出色的人才脱颖而出，让真正对传媒集团文化认同、热爱传媒事业的人可以更有激情地工作。

第三节　强力型传媒集团文化形成机制

一、强文化

每一个企业都有自己的文化，但在有些企业中，文化表现得支离破碎，员工缺乏凝聚力，各有不同的动机和目的，这便是一种弱文化；相反，在另一些企业中，企业文化有很强的凝聚力，员工都清楚企业的目标，并且愿意为这些目标而努力，这便是一种强文化。[②] 强文化是指企业核心价值观得到员工广泛而深刻认同的文化。接受这种价值观的成员越多，他们对这种价值观的信仰越坚定，企业文化的强度就越高。

强文化在传媒集团内部营造一种强烈的内聚力和对集团的忠诚感，使员工形成高度一致或高度和谐的行动。强文化作为成员的共同价值观并非

---

① 特伦斯·迪尔、艾伦·肯尼迪：《企业文化——企业生活中的礼仪与仪式》，李原、孙建敏译，中国人民大学出版社 2008 年版，第 16 页。

② 特伦斯·迪尔、艾伦·肯尼迪：《企业文化现代企业的精神支柱》，唐铁军，等译，上海科技文献出版社 1989 年版，第 5—8 页。

传媒集团与生俱来的。每一个员工进入集团之时,集团所标榜的价值观和其他员工的价值意识都是外在于自我主体的。因此,强文化必须通过对员工个体意识的改造和整合才能形成。

强文化主要通过两个方面实现指导员工行为的过程。首先强文化是非正式的规则体系,它明确指出人们在大部分时间里应该如何行为。其次强文化使人们对自己的工作感觉良好,因而更愿意加倍努力。[①] 人是传媒集团的主体和核心资源,协调员工的工作不仅要靠制度、规则这些硬性指标,文化也可以成为规范员工行为、统一员工理念的有效手段。

强文化是一种制敌于无形的柔性武器,更能充分体现出难以被人学习、模仿、照搬和移植的特性。而且先进的文化理念是一个持久的观念,不会轻易以集团高层领导的更迭而发生变异。拥有深厚的文化底蕴是传媒集团长盛不衰的真正秘诀,强文化力是传媒集团发展的一种恒久的支持力量。

强势的企业文化是强力黏合剂,是一种强制文化氛围,是员工对企业的认同感,是一种强大的内部凝聚力。企业激励靠物质刺激、靠外在控制,只能把人的行为部分纳入管理者所期望的统一轨道;靠内在引导,通过提高员工的思想觉悟和精神力量,才能形成协调一致上下同心的团队。

二、价值观

价值观是企业文化的核心,它为企业所有员工提供了一致的目标,并且可以直接指导于工作和生活。传媒集团是文化企业,它扎根于不同的文化框架之下,集团价值观的形成来源更广泛。

第一,传统文化。任何一个企业文化都是以本民族传统文化为基础的,被深深地打上了本民族文化的烙印。[②] 中国传统文化源远流长,影响着社会的各个层面,用传统文化的精髓指导传媒集团文化培育,会减少文化扩散和推广中的阻力。孔孟的儒家文化是当下被企业吸纳较多的传统文化,和谐观念是和谐人际关系形成的基础,员工共同的伦理信念和道德情感,使他们把自己的思想、感情、行为与整个企业联系在一起,从而使企业产生一种强大的凝聚力,发挥出巨大的整体效应。而就传媒集团来说,中国传统文化中的仁爱思想被广为接受,仁爱思想非常重视征服人心的作用。在集团内部,正确处理所有者、管理者和员工的关系,贯彻尊重人、信任人、依靠人这一基

---

① 约翰·P. 科特、詹姆斯·L. 赫斯克特:《企业文化与经营业绩》,李晓涛译,中国人民大学出版社 2004 年版,第 15 页。

② 朱成全:《企业文化概论》,东北财经大学出版社 2005 年版,第 13 页。

本的人文精神，通过对员工物质和文化两方面需求的满足，以激励员工工作的主动性、积极性和创造性。在外部形象塑造方面，传媒集团重视优质服务、讲求信誉、关心社会，承担社会责任感，这样才能在广大消费者心目中树立起良好的形象，吸引越来越多的消费者乐意对传媒集团予以有力的支持。

第二，地域文化。文化有地区的差异，对于传媒集团文化的发展，地域文化是需要考虑的关键因素之一。传媒集团必须适应客观的外部环境，集团文化不可能离开地域文化而孤立地存在，它必须有机地融合地域文化的积极因素，并作为地域文化的衍生而不断地发展，这样的传媒集团企业文化才会更具有生命力。

地域文化是民族文化在特定地域的积累。在传媒集团文化发展过程中，外界必然会对其产生重要的影响和作用，这反映在诸多方面。一是在地域文化与集团文化的互动过程中，集团文化逐渐培育出对待外部文化的开放式文化心理。二是集团文化与地域文化有机融合，必然带来一些新的变化，其中之一是促进作为文化载体的人的本地化。三是集团文化和地域文化的有机融合促进文化联系的"近距作用"产生。在文化联系所产生的近距作用下，加之适应客观环境的需要和当地风俗习惯的渗透，传媒集团文化往往会被深深打上地域文化的烙印，同时出现工作、生活习惯的融合等多种文化并存的格局。①

然而传媒集团文化与地域文化并不完全一致，传媒集团文化的土壤在集团内部，地域文化的土壤在某一特定地域，将地域文化特色融入传媒集团企业文化应该找准结合点，让地域文化服务集体文化和集团发展。

第三，行业文化。行业文化包含两个方面：一是价值观念，二是行为规范，即理念文化加上行为文化。② 行业文化的培育时间较之于企业文化所需时间更长，它是行业内部人员在长期的工作中逐渐形成的统一认识和价值判断。

人文关怀是传媒行业文化的内核。传媒集团文化体现出一种强烈的"铁肩担道义"的社会责任感，一种探求事实真相的执着和意志，一种与人民同呼吸共命运的人文情怀，它充分地考虑到人的发展、人的精神与人的处

---

① 祝贺香：《企业文化建设与地域文化的有机融合》，《企业文化与管理》2006 年第 9 期，第 84—87 页。

② 贾春峰：《开辟行业文化建设新路径——行业文化的定位、含义及其功能》，《中国电力企业管理》2011 年第 7 期，第 20 页。

境。媒介伦理是传媒集团文化不可或缺的部分。具有意识形态属性的传媒在追求经济利益的同时，承担着社会公器的作用，它对整个社会负有监测环境、教育启发与引导舆论的功能。因此媒介的伦理道德成为构筑具有竞争力的传媒集团文化的重要因素。职业精神是传媒行业文化的体现。传媒作为文化企业，生产的不是单纯的物质产品，而是传播文化和思想的精神产品，因此高尚的职业精神对传媒行业文化相当重要。只有对这一职业有真诚而强烈的热爱之情，才会有责任心，才会有好的从业风貌和职业态度，才能做到诚信、公正，为公众做好服务。

第四，内部价值认同。内部价值认同是传媒集团文化个性的来源，如何使集团文化成为核心竞争力，成为其他企业拿不走的独有优势，集团内部的价值认同发挥关键作用。倘若把传统文化、地域文化和行业文化比作建筑物的基石，内部价值认同则是露在地表上的建筑物主体，基石的坚固固然重要，但是建筑物本身的可识别程度和独特性才是它核心的价值。定量研究也证明，当员工高度认同组织的文化价值观时，会对传媒组织有较高的组织承诺（归属感、投入感与忠诚感），并且离职意向也较低。①

优秀传媒集团倡导共同价值高于个人价值的理念，强调集团价值认同的一致性，这样才能形成合力，转化为有力的竞争优势。然而共同价值的至上性绝不是否定个人价值。传媒集团共同价值的基础是个人，没有个人能力的发挥和价值的实现，共同价值也就失去了基础。不同的人有不同的价值观，不同的群体也有不同的群体价值观。作为一个现代化企业，其群体的价值应该是创造财富，服务社会。人的行为无不受观念和感情的驱使，只有员工群体协调一致地努力，企业才会赢得成功。协调一致的群体行为依赖于共同信守的价值观的培育。培育共同的价值观是凝聚人心、创造奇迹的关键所在。优质传媒集团文化将共同价值作为实现个人价值的保证，从而在真正意义上实现个人价值和企业共同价值的内在统一，形成员工和领导价值认同的统一。事实上，具有国际影响力的西方大报都很重视“软性”传播方式，其核心价值观也能够被大多数员工所认同。《纽约时报》采用的内部称为“交通规则”的管理方法，内容涉及对报纸和工作环境的态度，如“待人诚实，尊重他人和礼貌待人”“宽容大度，接受差异”“信息即力量，需要大家分享”和“我们所从事的是一项极其神圣的新闻事业”等。显然，这些“人

---

① 陈致中：《报社员工组织文化认同度及其影响之研究——以台湾联合报系为例》，《国际新闻界》2010年第5期，第84—87页。

性化”的“交通规则”促进了《纽约时报》员工对价值观的共享，《纽约时报》成为世界大报也有赖于此。

此外，时代特征也是当下传媒集团文化价值观的重要部分。传媒集团作为文化精神产品的缔造者，需要与时俱进、勇于创新。历史积淀的优秀文化可以加深集团的文化厚重感，与时俱进的新兴文化因素的引入则可以让文化更加容易被人们认同接受。网络时代的文化多元是目前社会价值观的时代特征，价值观的形成和传递不能离开网络平台，不同的文化观点和价值观在这个平台上碰撞融合，人们对文化的包容度和兼容性逐渐变大。传媒集团的文化价值观是社会价值观的有机组成部分，体现这两个时代特征的传媒文化才能更好地深入拓展。媒体的定位、风格、口号不能一成不变，例如《广州日报》由“好报要早出”到“比太阳更早，比往年更好”，到“追求最出色的新闻”，这些口号的转变体现了报纸从追求“早”的特色转变到追求高质量新闻的办报风格。

传媒机构企业文化的形成是一个经过充分酝酿的较为长期的过程，在传媒机构的企业文化中被该组织成员所共同认可的核心企业价值观念、行为准则等意识形态具有相对稳定性，这部分企业文化是不会轻易因为外部条件的改变而改变的。传媒企业的企业文化无论如何发展和创新，其核心部分都需要具有相对的稳定性，以使本企业区别于其他传媒企业并使企业文化得以在不断变化的管理层和员工群体之间相互传承。①

三、传媒典范人物

在特伦斯·迪尔、艾伦·肯尼迪的分析框架中，他们使用“英雄人物”来描述“典型模范”“优秀代表”，结合我国传媒业的现实语境，我们采用“传媒典范人物”来指代这一文化建设中的“人”的角色。“传媒典范人物”可以是企业的普通员工，也可以是企业的领导者、管理者，凡是能代表企业核心价值观念或者工作表现突出的人物都可以成为企业的典范人物。他们的存在加速了企业文化的形成，每个企业都有自己的典范人物，他们具有本企业文化所包含的那些最典型的思想、观念、品质、作风和性格风貌，他们是企业群体中出类拔萃的榜样，是代表本企业文化的典型人物，并因此成为集团内大家口口相传的传奇人物。因此，可以说，典范人物是企业价值观、企业精神

---

① 王娟、蒋洁：《中国传媒企业文化建设对策分析》，《东方企业文化》2015 年第 2 期，第 5 页。

的人格化。通常而言,传媒典范人物在传媒集团文化的建设中有三点作用:一是具象化了传媒集团的价值观;二是典范人物的示范与布道,有助于形成传媒集团的行为和业绩标准;三是典范人物象征着传媒集团的精神与气质。在外界,人们一提到某个典范人物的名字,便想到这个传媒集团和它的产品。

这些典范人物首先都具备某些特点,使他们在组织机构中以传奇的方式存在下去,进而成为人们效仿的榜样,其中最显著的特点是——无论在新产品方面、企业经营的新方法方面,还是全新的组织方面,他们总是创新精神与专业精神的代表。其次,这些典范人物是执着坚忍的。他们痴迷于把自己的梦想变成现实。他们的奋斗故事增加了他们的个人魅力,并使他们的成功过程蒙上了一层神秘色彩。这些典范人物的第三个特征是,有一种要使企业不断成功的责任感。通过善待员工并向他们灌输一种持久价值观,可以使企业强大起来,并使这些具有远见卓识的企业家区别于其他管理者。即使在这些人离开之后,他们所灌输的价值观也依然存在。①

彰显企业领导人的个人魅力就是表现出了企业的文化魅力。企业的文化、精神和凝聚力在很大程度上都是通过企业领导人的非凡魅力来传播的。只有企业内人心凝聚,团结一致,传媒企业才能得到更好的发展空间,传媒文化才能更熠熠生辉。盛大网络的陈天桥、雅虎中国的杨致远、阿里巴巴的马云等风云人物在他们初创网站的时候,他们个人的价值取向、道德风范、决策风格、经营理念都给自己的员工以深远的影响。正如外国学者所言,组织文化力量雄厚的公司的价值观念出自公司的发起人或企业初创时期的其他领导人士。这些成功网站以骄人的业绩为国人所瞩目,尤其是2003年非典时期,马云的淘宝网实现电子商务跨越式发展。阿里巴巴由最初18人发起,短短10年时间,员工发展到1.4万余人,这与阿里巴巴勇于开拓的企业文化息息相关。

有人认为,企业文化实质就是企业家的文化,而企业精神,实质就是企业家人格精神的延伸。企业家通过企业的经营管理活动,把自己的人格和文化融入企业行为之中。有学者认为,应该在管理伦理中提出“企业家人格”这一概念。企业凝聚力、向心力的强弱在很大程度上取决于“企业家人格”的魅力。企业家人格的内涵包括优良的道德品质如富有理想、廉洁奉

① 特伦斯·迪尔、艾伦·肯尼迪:《企业文化——企业生活中的礼仪与仪式》,李原、孙建敏译,中国人民大学出版社2008年版,第45—46页。

公、崇尚荣誉、尊重员工、遵纪守法、公正待人、坚忍不拔等。[①] 这样才能团结员工、凝聚人心。传媒界领袖人物需要彰显个人魅力。传媒业的高层领导个人魅力在一定程度上影响传媒企业的团队精神和企业文化的培植。传媒人相信他们的领导人是一个非凡的舵手,能够带领团队在商海的惊涛骇浪中驶往成功的彼岸。

在我国新闻史上,历来就有"报人"与"报格"的说法。优质的报业文化,可以通过典范人物,吸引一大批优秀人士加入企业,从而为企业提供永不枯竭的人力成本优势。因为,传媒企业的领导人的精神魅力对整个企业文化和员工的工作态度具有深远的影响。传媒管理文化往往发端于少数领袖人物和先进分子的倡导与示范,启发并带动传媒单位的文化模式。传媒高层人物孕育并形成本单位的基本价值观、基本理念与行为准则,通过各种方式诱导教育,为广大传媒人所理解与接受,使其自觉运用到言行举止之中。这就是传媒文化的精神实质所在。传媒集团不仅应当认可和奖励典范人物们在组织中的地位,同时也应有意识地培养某种类型的人,使他们成为企业文化的灵魂与核心。

四、礼仪与仪式

礼仪与仪式是企业文化中表现最为突出的部分,强文化公司通过明确的沟通,让员工们知道公司希望他们如何行动,它们制定恰当可行的礼仪标准,使来公司参观或在公司工作的人们在任何地方都能够了解他们的期望。[②] 人们的传统认识中企业文化的概念也大都是公司庆典、新年晚会之类的活动或者企业员工统一的做事风格,礼仪与仪式广泛地影响着企业的所有员工。

礼仪与仪式看起来十分普通,但它的意义重大,企业文化通过这些具体的形式表达宣扬,它是企业文化的标志,使重要价值观对人们产生影响。新员工在初进企业时,会第一时间接受企业文化相关的培训。要把这种企业的文化理念贯彻到员工的行动当中,往往是通过各种活动和仪式来加深加快新员工对企业文化的理解和认同,使其在正式投入工作中进一步学习企业中的各项礼仪,进一步内化企业文化。由此可见知名度高、发展迅速的企

---

① 文崇坚、帅锦平:《传媒转型时期管理文化软实力构建》,《上海管理科学》2012 年第 1 期,第 105 页。

② 约翰·P. 科特、詹姆斯·L. 赫斯克特:《企业文化与经营业绩》,李晓涛译,中国人民大学出版社 2004 年版,第 60 页。

业不惜花费大量时间、精力和财力举办庆典、培训等礼仪仪式活动的意义所在。

五、沟通网络

沟通是为了把一个组织中的成员联系在一起，以实现共同目标。沟通网络是企业文化和共有价值观传播的途径，企业文化纵使有提升凝聚力、提高工作效率等优势，但是不依靠完整的沟通机制传达和反馈，企业文化无法形成。

随着全国各地传媒集团的迅速崛起，它们对自身文化价值的认识不断深化，越来越多的传媒集团把企业文化的发展和完善，作为未来影响其持续成功的重要因素。从最初在全国有广泛影响力的媒体重视企业文化发展到各省级传媒集团同时把文化建设当作工作重点，传媒集团必须设计出与社会环境发展相和谐、与集团发展需要和员工社会需要相一致的集团文化，企业内部良好的沟通交往发挥着巨大的作用，将有效的沟通过程作为传媒集团构建企业文化主体的过程，在满足企业需要与员工个人社会需要的基础上，通过多样、丰富的交往活动，完成工作任务。

这需要管理者通过开会、制作通讯录、定期举行活动仪式等形式上的工作形成企业的文化网络。文化网络实际上是组织内部信息沟通的主要手段，它把公司各个部分联系在一起，这个网络之所以重要，不仅因为它能传达信息，而且因为它能向员工解释信息的真正含义。[①] 传媒集团中文化网络应该担负着强文化传播的功能，传播集团的信念和价值观，通过文化网络多元的传播渠道把集团文化和价值观念渗透到每个员工的心中。现代传媒企业的文化建设，要将企业发展和员工的发展，企业愿景和员工自我价值的实现结合起来，建立有效机制，实现合力创业、兴衰与共、责任共担、利益共享，让员工成为企业财富和价值观的创造者、获益者和传播者。[②]

第四节　当代传媒集团企业文化发展的趋势

纵观中国传媒集团企业文化，除了少数几家集团较早重视，大部分都是

---

① 约翰·P. 科特、詹姆斯·L. 赫斯克特：《企业文化与经营业绩》，李晓涛译，中国人民大学出版社 2004 年版，第 87 页。

② 杨寅华：《现代传媒企业文化的新特点》，《传媒》2012 年第 6 期，第 70 页。

近年才开始研究自身的文化建设，呈现出一定的滞后性，报业生存的社会环境、核心价值观以及沟通呈现机制等企业文化要素都存有一定的问题。报业集团企业文化建设的薄弱性已经成为报业集团发展的短板。根据本书选取的以阿里巴巴为代表的新兴传媒集团，以及南方报业传媒集团、《纽约时报》报业集团、《华尔街日报》报业集团和深圳报业传媒集团四个中外传媒集团文化发展的现状分析，不难发现当代传媒集团文化品牌构建的得失和今后主要的发展趋势。

一、网络时代催生新兴传媒文化

传媒产业是网络高新技术与文化紧密结合的产物。一方面，近年来，电子排版、网络传输、数字化等技术在传媒产业的广泛应用，使传媒文化产品大量生产并投入服务，各种传播媒介之间也不再泾渭分明，报纸、杂志、电视、广播等媒介形式都可以同时在网络中呈现。另一方面，网络技术创造了新兴传媒文化，新兴传媒文化为文化产业注入了新的元素，多种文化声音和需求的聚集使人们的价值观交互和融合，使传媒集团文化丰富多元，体现集团文化的创新之处。

网络使人类精神交往活动——信息传播活动以及相伴随的物质交往活动在最大程度上实现了全球化。在互联网出现之前，传统的大众传媒虽然从内容上说参与了世界信息的沟通，但是从信息发布范围来讲基本上是地域性的或传播性的传播系统：印刷传媒一般是地方性的或全国发行的，广播电视信息的发布大多没有超越国界；虽然卫星电视直播的兴起意味着超国界的电视节目播送，但是毕竟卫星电视只是电视中的部分，而且卫星电视的“落地”需要准入，对此进行控制相对容易。传统的大众传媒称不上是全球性开放的传播系统。而互联网则是连接世界各地的用户使之共享网上信息资源的传播系统，是面向全球开放性的交互式电脑网络。在互联网上，信息交流的时空限制在最大程度上趋于消失，因而，互联网就同全球化的交往活动的普遍化相伴随。[①] 其本质在于，传统媒体的优势是建立在传播渠道垄断的基础之上，但是在信息技术革命的背景下，传播渠道已经不再是稀缺资源。传播渠道转型的核心是数字化、网络化以及由此带来的受众市场的进一步细分，对传播终端客户资源的精细了解和牢牢掌控，成为下一轮传媒产

---

① 刘文辉：《传媒的“文化力”——关于中国20世纪90年代以来传媒发展的文化学考察》，《东南学术》2010年第7期，第91—97页。

业经营中的制胜点。[①]

网络带来的信息更新传播极速化，使受众对传媒文化产品的消费从文字变为画面，读图时代到来。当代传媒相互竞争愈演愈烈，这种竞争在相当程度上就是视觉性或视觉资源的竞争。将当代中国传媒文化的核心竞争称为“眼球经济”或“注意力经济”竞争，乃是一个非常形象的说明。[②] 印刷媒介如果没有图画，既是一种缺憾，也降低了对公众的吸引力。传媒集团在建设自身企业文化时既要顺应读图时代的潮流要求，满足人们快速消费的需求和眼球刺激，创造出有新意、有冲击力的画面，同时也要适时引导公众文化偏好向文字、内涵等方面发展，提升传媒文化产品的社会意义和受众的文化价值追求。

此外，以网络为代表的传播新媒体出现，尤其是微博这种架构在新的“熟人社会”基础上的传播方式崛起，它真正的社会效应是一种基于关系资源的构建所导致的“社会资本”在社会成员间重新分配的重大的“关系革命”[③]；未来传媒发展的三大关键词是“嵌入圈子、功能聚合、跨界整合”[④]，今天的中国传媒业发展的关键就在于认识这种关系价值、利用这种关系价值和开发这种关系价值。传统的以大众化方式的媒介生产已经进入到一个平稳发展的时期，未来的重点开拓市场是个性化、分众化的信息需求市场，这就更要求传媒集团以用户为核心不断创新。[⑤]

新兴的传媒文化衍生出新兴传媒集团。阿里巴巴公司代表了以网络媒体为主题的新兴传媒集团，它产生于互联网兴起的时代，创新精神和服务客户是企业文化的核心，以此为中心形成的集团强文化自始至终影响着每位员工，公司的“武侠”文化，也使文化在发挥对员工的管理作用和争取公司全体价值认同时，略带娱乐和创意色彩，营造了轻松的工作氛围和文化气息，集团形象无论是对内还是对外都更加具有标识性。

---

① 李怀亮、罗霆：《城市传媒集团在文化产业发展中的定位与经营管理创新》，《现代传播》2010年第1期，第20页。

② 周宪：《传媒文化：做什么与怎么做》，《学术月刊》2010年第3期，第6页。

③ 喻国明：《“关系革命”背景下的媒体角色与功能》，《新闻大学》2012年第4期，第28页。

④ 喻国明：《嵌入圈子　功能聚合　跨界整合——“关系革命”背景下传媒发展的关键词》，《新闻与写作》2012年第6期，第55页。

⑤ 喻国明：《现阶段中国传媒业发展的基本面分析——来自〈中国传媒发展指数蓝皮书(2013)〉的报告》，《新闻与写作》2013年第3期，第85页。

二、融入地域特色成为新潮流

地域、地区和区域，都是与空间因素相关的概念。区域是地区的泛指或抽象，地区则是特指；区域的范围有大有小，而地域的范围一般比较大，且更强调地方性、景观性。①

愈来愈多的传媒集团倚靠地域文化的精髓发展自身企业文化，使其文化底蕴有据可依，有源可寻，融入地域特色成为传媒集团文化的新潮流和发展方向，从借鉴的角度审视地域文化的优秀因素，为传媒集团文化提供崭新的思维空间和总体建设方向。首先，城市传媒文化能监测城市文化环境。城市文化是市民生息过程中创造的文明的现实体现。城市传媒文化以特定的实践形式对人们的感观需要和消费欲望作出合理性的肯定与理性的判断，同时将之作为媒介生态的因子进行衡量，评测城市人在地域文化中的生活价值、方式及感受。其次，城市传媒文化能享用和传播城市文化的真实镜像。在利用地域文化制衡、纠正一元化、格式化的文化倾向方面，传媒通过挖掘城市的文化积淀可达到这一目的，并使城市文化在更多方面不致丢失自身的文化基因。再次，优秀的传媒集团文化逐渐发展成为城市形象和地域特色的标志，演变为地域文化的重要组成部分。传媒集团文化能促进形成新的城市文化风尚。②

中国的社会变革和市场经济追求自由平等，人口流动加速形成了众多移民性城市，移民所带来的各种文化更容易交汇成一种新文化。这种新文化又成为城市的文化标志。移民性城市的文化风尚往往显出其开放、包容与大器。这种新生文化风尚也是我国传媒文化的自主领地。如深圳率先提出了“文化立市”的文化抱负，在战略实施过程中，地方传媒无不彰显出自己的力量，同时自身也得到了加强。深圳报业集团依托深圳开放的经济环境，经过一年多的经营实践，在2003年创造出瞩目的“五个之最”：深圳报业集团的资产总额已经超过50亿元，成为“中国规模最大的报业集团”；深圳报业集团的自有物业总量达到30万平方米，是“中国自有物业总量最大的报业集团”；2003年1—11月份，深圳报业集团的广告总收入已经超过21.43亿元，成为“中国广告收入最多的报业集团”；深圳报业集团的四份主报，即《深圳特区报》《深圳商报》《深圳晚报》和《晶报》在深圳平面媒体的广告市场占有率已达到90%以上，是中国一个城市中“广告市场占有率最大的报业集

① 邓宏兵：《区域经济学》，科学出版社2008年版，第1页。

② 王再承：《当代中国城市传媒文化的特征与趋势》，《南通大学学报》（社会科学版）2011年第3期，第134页。

团”；同时，本集团四主报的年广告收入均在亿元以上，是“中国拥有广告收入过亿元报刊最多的报业集团”。开放的城市文化给予它发展空间，传媒集团的成功成为深圳市的新的文化标志，两者互相促进。深圳报业集团的成功与集团的经济收入和深圳特区经济的发展密切有关。尽管与其他报业集团相比，它的集团企业文化的独特性略显不足，而且在深圳这样一个相对垄断、一家独大的报业环境下，它的成功有历史和环境的偶然性，但它取得的成就依然体现出传媒集团文化建设的发展方向，即与地域特色相融合。深圳报业集团的长远发展，需要进一步担好深圳城市文化的建设的重任，发挥舆论引导的作用，重塑深圳的社会形象，结合深圳作为国家第一个经济特区的开放、包容、新兴的特点，不仅把报纸的文化名片推向全国，同时提升深圳的文化内涵，把深圳的城市文化推向全国。

中国有一句古话：一方水土养一方人。推而广之，传媒的发展、传媒的品质、传媒的个性也是其所在城市人文环境影响的结果，湖南卫视的案例可见一斑。湖南在中国近现代历史上写下了辉煌的篇章，作为湖南的省府，长沙是一座拥有三千多年历史的文化名城，从近现代开始，就领中国风气之先，以海纳百川、兼容并蓄之胸怀，与时俱进。根植于湖湘文化沃土和长沙这座历史文化名城，湖南广电人继承“敢为人先”、不拘一格的创新品质与充满激情的浪漫气质，并将创新、激情与浪漫融入艺术创作之中，打造了一个快乐电视品牌，让所有观众都参与其中，创造并享受电视带给他们的快乐。从 2003 年至 2011 年，在中国近 40 家省级卫视频道中，湖南卫视的收视率和广告创收连续 9 年稳居第一名。2011 年湖南广播电视台实现经营创收 151 亿元。其中，湖南卫视单频道创收突破 50 亿元。因为湖南卫视的存在，中国传媒界记住了这些名词：快乐中国、快乐旋风、电视湘军、还珠格格、全民选秀、海选和 PK、粉丝和粉丝节。长沙为湖南卫视的成长发展提供了文化基因，反过来，湖南卫视又给这座城市注入了新鲜活力，改变了这座城市的气质，提升了这座城市的形象。湖南卫视成为中国电视娱乐节目的策源地、风向标之后，长沙的“歌厅文化”“酒吧文化”“茶楼文化”一派欣欣向荣，引领消费潮流。在长沙，歌厅的上座率达 90%以上，远远超过酒店的入住率。长沙的高端消费市场以每年 30%的速度增长。2010 年，LV 限量包长沙专卖店的销量在全国 37 家门店中排名前三位。长沙一跃成为中国的时尚之都、娱乐之都，被评为中国最具幸福感的城市。[①] 可以说城市的文化和气质决定

① 王维：《现代传媒与城市文明》，《新闻战线》2012 年第 10 期，第 29—30 页。

传媒的高度，传媒品牌也是改变城市的力量之一。

三、突出人文关怀，担负社会责任

价值观念的多元化是社会进步的产物，但这种价值观念的多元化同时也往往带来了价值观念规范的丧失。传媒集团作为社会核心价值观念的守望者，应该是去塑造、引导社会良好的价值观念，而不是去误导、迎合低俗的价值观念，甚至去摧毁良好的价值观念。传媒集团要坚持以人为本，担负起社会责任，成为社会文化价值观念的引导者和监测器。

在当前激烈的市场竞争下，传媒集团生存的同时还要担负起对社会责任的规范与引导的确是件比较艰巨的任务，但由于大众传媒在社会中的重要作用，使之成为传媒集团不能推卸的责任，也是传媒集团的光荣任务。复杂多元的社会文化观念需要秉持主流文化价值观的传媒集团进行调控，传媒集团最终还是要依靠核心文化产品的内容来引导社会舆论，监督社会组织的运作。

具有责任意识的传媒企业文化能够对社会产生良好的影响，这种良好影响可以提高传媒的社会声誉，具体表现为：高质量的媒介内容传递的不仅是信息，更传递了传媒的价值观，受众在接受传媒产品的同时，也接受了媒体内容所附着的媒介价值观；集团员工尤其是记者的社会形象也反映着媒介的价值观，优秀的传媒集团员工通过更为专业的表现赢得社会的肯定。[①] 这一切都有利于提高传媒的公信力，提高传媒集团的经济效益和社会效益。

南方报业传媒集团的企业文化在国内传媒集团的企业文化中独树一帜，凭借对新闻专业主义的追求成为无数新闻工作者心目中的“新闻圣地”。传媒集团无论增加多少以期提高集团整体收益的附属产业，都始终不能放弃集团最初成功的核心产品和理念，而要尽可能地延续发扬核心产品的内涵和价值。南方报业传媒集团的核心产品便是高质量新闻内容和担当社会责任的《南方周末》。集团成立后，坚持社会责任成为整个集团最为核心的价值观，自集团用人之始，它就要员工本身就是对此价值观高度认同的人，进入集团后在他人工作态度和作风的强化下，把理念层面的认识贯穿于行动之中。仪式也是传媒集团人文关怀文化构建的重要路径，《南方周末》的新年致辞和年度致敬集中彰显其价值观，对于《南方周末》的员工而言，获得年度致敬奖励是比中国新闻奖都高的荣誉，足以见一个成功的仪式的重要

---

① 陈长松：《传媒集团企业文化建设的实践与探索》，《中国报业》2014 年第 9 期，第 20 页。

分量。当前国内主流报业集团的企业文化中都强调“责任”二字,反映了担负社会责任已经成为传媒集团文化建设的发展趋势之一。

《纽约时报》和《华尔街日报》是两家历史悠久的报纸,经过100多年的发展至今依然占据美国报业相当大的市场份额。这两家报纸保持各自竞争优势的方法之一便是对企业自身文化传统的传承,而且采用同样的方法,即把报纸的价值观和信念用文件确定规范下来,随着时代的变化适时做出修改。企业文化的发展和落实离不开人际网络间的口口相传,但用文字准则确定下来,可以使代际之间能够更好地沟通和传承文化,这对一个历史悠久的报纸而言意义重大。然而近年来报纸受到多方面的冲击,如纸张价格的上涨、廉价甚至免费的网络信息爆炸,《纽约时报》《华尔街日报》等传统大报也在这些冲击下,面临销量下降的危机。国外报纸由于其商业性质和私人所有的属性,受到的威胁比国内媒体更大,如何在网络时代寻求报纸长远的发展,打破“网络取代报纸”的预言,除了依靠报纸与网络积极多元化的互动,打造平面媒体和网络媒体结合的集团,还要将报纸核心价值观进一步外化,用高质量的报纸内容和深刻的报业文化巩固读者群。

传媒集团企业文化有很大的个体差异,因此文化建设不能千篇一律,应该根据集团自身的特点和经营环境,进行具体的设计定位。优秀的传媒集团企业文化无不是从实际出发,在明确自己的优势和不足的基础上,结合时代的要求,尤其是在互联网时代数据驱动内容生产的形势下,找出能形成优势的文化氛围,并从传统文化、地域文化、行业文化和其他传媒集团的优秀文化中找出可以对集团经营目标形成正面影响的部分大力弘扬,实现文化的提炼和传媒集团长远发展战略的结合。

本章小结

本章主要针对传媒集团企业文化发展的现状与趋势进行梳理,确立宁报集团企业文化建设的时代新坐标。企业文化的主要类型有强力型、策略合理型、灵活适应型;报业文化是企业文化的一部分,报业文化建设中的许多理念也是企业文化的理念。强文化、价值观、传媒典范人物、礼仪与仪式、沟通网络是强力型传媒集团企业文化的形成机制。在网络时代催生新兴的传媒文化的背景下,行业、地域和时代是确立宁报集团企业文化建设的时代新坐标,突出人文关怀、担负社会责任成为共识。

第三章 环境与基础：企业文化建设与宁报集团竞争优势持续

本章提要

本章主要以宁波日报报业集团竞争优势持续的视角考察传媒集团企业文化建设的价值。和全国传媒集团发展历程与趋势相一致，宁报集团在发展的过程中也经历了外生、粗放的多元化扩张阶段，从单一党报扩展到了党报、都市报以及文化创意产业园区等多产业并举的大文化传媒集团，并形成了全媒体主导的集团发展战略，在区域市场当中聚合了丰富的产业资源，并以此支撑了传媒集团竞争力的扩张。但是在媒介融合背景下，尤其是在“互联网＋”的产业发展趋势下，原来基于区域垄断而形成的、以资源禀赋为基础的传媒集团竞争优势面临消解，融合的趋势使得各个业务单元之间的关系从疏离走向合作，一体化的企业文化建设成为传媒集团获得发展的必需条件，而传媒集团竞争优势的持续也由以资源禀赋为基础转向以核心能力为基础，企业文化作为核心能力的核心要素，严重影响着传媒集团未来发展的空间及可能性。基于此，本章讨论了宁报集团竞争优势持续中企业文化建设的价值，以及过去发展中沉淀的企业文化特质和当前企业文化建设面临的内部冲突与挑战等。

第一节 竞争优势持续:宁报日报报业集团企业文化建设考察的价值取向

传媒集团产业链战略规划的核心使命是为传媒集团提供面向现实与未来的存在理由,这种理由往往被称为“竞争优势”。迈克尔·波特认为,竞争优势“归根结底来源于企业为客户创造的超过其成本的价值”,“企业拥有的各种竞争优势可以归为两种基本类型:低成本和歧异性”,[①]即竞争优势就是一个企业在有效的“可竞争性市场”上向目标用户提供具有某种价值的产品或者服务的过程中表现出的超越其他竞争对手,并且能够在一定周期内造就市场势力和超额利润的属性或者能力。具体到传媒产业而言,竞争优势是指传媒面向内容用户和广告用户两个市场所形成的在资讯内容和影响力提供方面具备的超越竞争对手的素质和能力。

传媒竞争优势往往表现为传媒对特定目标市场和特定竞争者结构而形成的一种优势。在某一时间点上,我们可以说,某一传媒是具备竞争优势的,为传媒在特定的环境中提供了存在理由。但是,传媒的生存和发展及至成熟都要经历一个周期,传媒在这个周期某一点上的竞争优势无法为传媒在较长的周期内提供存在的理由。因此,传媒集团常常面临的问题不是培育静态环境下的传媒竞争优势,而是要能够保证该竞争优势具备较好的连续性,在前后优势转化的过程中保持较好的柔性,并尽可能地降低竞争优势的刚性。

持续竞争优势把传媒竞争优势培养看成一个动态的适应市场环境与结构变化的过程,是传媒核心能力与现实市场的随动契合关系的外在表现。特定的竞争优势是不存在的,只是在较为稳定的经济环境和市场结构中,由于竞争优势的演化过于缓慢而被误以为是特定竞争优势发挥了作用。传媒市场环境与结构的任何变动都有可能消解竞争优势的存在基础。因此,竞争优势的存在实际上是一个不断消解而又不断建构的过程,持续竞争优势的提出就是促使传媒集团在发展战略规划过程中注意到消解性市场力量的存在,并在市场随动原则下关注建构性市场力量的培养。一方面,和传统社会不同的是,当代社会经济环境表现出更多的跨越式演变,技术力量的作用

---

① 迈克尔·波特:《竞争优势》,陈小悦译,华夏出版社2001年版,第2页。

使人们的消费观念和形式都处于不断的更新和急遽的变革当中,尤其是互联网的出现,对传统传媒竞争优势的冲击日益显现。另一方面,社会政治、经济的全球融合趋势使得任何一个区域市场的变革都将波及全球,传媒集团外部经济环境的波动频率已经远远高于以前。在这样的背景下,固守特定传媒竞争优势无异于刻舟求剑,而持续竞争优势的培养也变得尤为重要。

这里"持续"一词包括两个层面的含义:

其一,"持续"是相对于所有竞争者的模仿和侵蚀而言。一个传媒集团所要面对的竞争者,不仅包括其所在区域市场上现有的竞争者,还包括未来可能进入该市场的所有潜在竞争者。只有当传媒集团所实施的价值创造性战略不能同时被其他任何竞争者模仿时,传媒的竞争优势才可以被认为是"持续"的。

其二,"持续"是一个相对的时间量。很难衡量一个传媒到底持有多长时间的竞争优势才算"持续",只要传媒作为一个整体能够在环境变革过程中保持竞争优势,那么就可以认为它拥有持续竞争优势。尽管时间长短对于传媒维持竞争优势显得十分重要,但传媒竞争优势的持续与否并不只是以时间的长短作为衡量标准,而是还要看竞争优势转换成本的高低,以及目标市场本身的结构变化情况。

持续竞争优势的来源主要包括三个方面:产业环境、战略资源以及持续性创新。[①] 其中,传媒集团所处的产业环境是传媒获得持续竞争优势的外在条件;传媒集团发展战略所依托的资源水平是持续竞争优势形成的物质基础;而持续性创新能力则是将上述两个因素提供的可能性转化为现实竞争优势的关键所在,同时也是竞争优势持续的内生型动力来源。如果传媒集团所处的产业环境较为稳定,具备良好的成长空间,那么,它所具有的战略资源在与产业环境匹配度较高的时候,就可以为传媒集团提供持续竞争优势的可能。但是,当传媒环境与市场结构处于不断的波动状态,例如,我国传统媒体自2005年以来受到互联网发展的影响非常大,以至于到目前提出了"互联网+"的颠覆性发展战略。在这样持续、快速的产业变革过程中,传媒集团就只有凭借优秀的持续创新能力才能够实现资源与环境的高度对位性调整,不断以新的竞争优势取得既有竞争优势,以此形成持续的竞争优势,为传媒提供长期生存的现实理由。从2005年以后我国传媒集团的演化来看,这一点非常明显。传统媒体集团对行政垄断的依赖程度过高,创新动

① 蒋学伟:《持续竞争优势》,复旦大学出版社2002年版,第27页。

力明显不足。以腾讯、新浪为代表的新媒体集团由于缺乏行政力量的保驾护航,更多依赖于用户的认同。受用户需求变动的影响,新媒体集团创新的频率和持续创新的能力明显高于传统媒体集团。

通常而言,竞争优势的获取分为内生来源和外生来源两个途径。其中,外生来源由基于外部产业资源的可得性确定,属于典型的资源禀赋型竞争优势,通常表现为在有利可图的市场空间占据有利可图的市场地位,进而跑马圈地,形成由资源的丰富程度而决定其大小的竞争优势。这一竞争优势生成方式的成效基于粗放式的发展与扩张所聚合的资源的多寡,而这又受制于传媒集团所处的区域社会经济发展状况。内生型来源,又称为核心优势的打造。这一竞争优势的获取方式主要表现为两种情况,一种是当外部资源的获取成本相对比较高时,传媒集团通过内部核心能力的构建,形成高效率的资源配置能力,这常常是成熟的产业市场的要求。另外的一种情况是区域产业资源相对匮乏,传媒集团形成核心能力突破了资源禀赋的既有限制,形成面向更宽广的市场空间参与竞争、并获得竞争优势的能力。很显然,无论是哪一种情况,竞争优势的获取与发展都会面临一个从以资源禀赋为基础的竞争优势发育模式转向以核心能力为基础的竞争优势发育模式。尤其是在"互联网＋"的产业发展模式背景下,互联网思维体现出"开放、交互、合作"的特征,即使独占资源,如果没有很好的资源配置能力,往往资源也无法成为竞争优势的支持体系。媒介融合带来垄断边界的日益模糊,通过对资源的垄断而获得竞争优势的可能性空间日益狭小;更多时候传媒集团需要面临竞争与合作的挑战。因此,核心能力成为传媒集团实现竞争优势持续更为重要的要素。

传媒集团如何获得核心能力呢? 这需要培养两种更为本质的组织能力。其一是学习能力。核心能力定义中的"learning"一词在英语中是一个动名词,既可以表示在某一时间点的状态或静态的学识(名词性),也可以表示某一过程或动态的学习(动词性)。[①] 基于学习能力培养的组织成长的代表性理论是"第五项修炼",其目的是把组织锻造成为一个具有共同愿景的学习型组织。眼下国内外正在兴起的"组织学习热"也正是关注该能力的现实表现。其二是创新能力。传媒核心能力常常被认为是核心竞争能力。但暂时性的竞争优势对于传媒成长来说只能提供短期的利益,只有获得持续性竞争优势才可以使传媒成长获得长期优势,而持续竞争优势的来源在于

---

① 蒋学伟:《持续竞争优势》,复旦大学出版社 2002 年版,第 78 页。

产业环境、战略资源和持续性创新，其中环境变革中的持续性创新是竞争优势持续也就是组织成长的关键所在。[①] 另外，“创新是企业的灵魂，学习是创新的灵魂”[②]，学习能力作为基础性能力的培养，其目标也在于为创新能力提供支持，即学习的目的就是为了创新的实现。就传媒组织而言，学习能力和创新能力都是以提高信息供给能力和影响能力为目的，游离于这两项目标能力形成的学习和创新的价值将大大降低。

相关研究同时发现，企业的核心竞争力本质上是企业独有的、难以被他人模仿的能力，并可以同时给企业和用户带来价值和效用。企业的核心竞争力可以分为核心层（人力资源、企业创新、企业文化）、制度层（组织机构、经营战略、品牌、制度）、产品层（产品质量、营销能力、技术能力）。有学者经过数据分析后发现，“企业文化”在核心竞争力中所占的比例最大（达到35%），企业文化是企业核心竞争力的重要组成部分，它们之间具有正相关性。[③] 迈克尔·茨威尔在《创造基于能力的企业文化》一书中的研究也表明，组织成功建立于三大基石之上，即组织中领导层的能力、组织中员工的能力、企业文化是否能培育能力并使之最大化。由此不难看出企业文化对于塑造企业核心竞争力的关键作用。

具体到传媒集团而言，企业文化的价值更是伴随着近年来传媒集团业务的扩张显得日益突出。以1996年广州日报报业集团成立为开端，我国目前已经逐步完成覆盖中央、省、市三级的传媒集团体系，2013年10月，上海报业集团的成立标志着新一轮更高程度的集中化的发展趋势的形成。不同的业务组合具有不同的发展定位，甚至是不同的运营体制。不同的体制存在不同的使命。例如，在传媒集团化发展初期常常有“党报抓导向、子报抓市场”的说法。总体而言，传统媒体业务之间的文化冲突还相对有限。2005年后，伴随着互联网普及率的提高，新媒体业务的逐步普及，在传媒集团内部居于主导地位的传统媒体的企业文化与新媒体业务企业文化之间形成日益明显的分野。企业文化之间的冲突阻碍了传媒集团内部各个业务单元之间的相互认同，以及归属感、向心力的形成。这在传媒集团转型，尤其是“互

---

① 蒋学伟：《持续竞争优势》，复旦大学出版社2002年版，第27—28页。

② 李品媛：《企业核心竞争力研究——理论与实证分析》，经济科学出版社2003年版，第20页。

③ 黎昀：《运用层次分析法（AHP）分析企业文化与核心竞争力之间的关系》，《企业家天地》2006年第1期，第60页。

联网+”发展战略背景下的转型过程中,将会造成新的冲突。

2014年8月18日,中央全面深化改革领导小组第四次会议审议通过了《关于推动传统媒体和新兴媒体融合发展的指导意见》。《意见》指出,整合新闻媒体资源,推动传统媒体和新兴媒体融合发展,是落实中央全面深化改革部署、推进宣传文化领域改革创新的一项重要任务,是适应媒体格局深刻变化,提升主流媒体传播力、公信力、影响力和舆论引导能力的重要举措。推动媒体融合发展,要遵循新闻传播规律和新兴媒体发展规律,强化互联网思维,坚持正确方向和舆论导向、坚持统筹协调、坚持创新发展、坚持一体化发展、坚持以先进技术为支撑。《意见》强调,推动媒体融合发展,要将技术建设和内容建设摆在同等重要的位置。要顺应互联网传播移动化、社交化、视频化的趋势,积极运用大数据、云计算等新技术,发展移动客户端、手机网站等新应用新业态,不断提高技术研发水平,以新技术引领媒体融合发展、驱动媒体转型升级。同时,要适应新兴媒体传播特点,加强内容建设,创新采编流程,优化信息服务,以内容优势赢得发展优势。《意见》还指出,推动媒体融合发展,要按照积极推进、科学发展、规范管理、确保导向的要求,推动传统媒体和新兴媒体在内容、渠道、平台、经营、管理等方面深度融合,着力打造一批形态多样、手段先进、具有竞争力的新型主流媒体,建成几家拥有强大实力和传播力、公信力、影响力的新型媒体集团,形成立体多样、融合发展的现代传播体系。要一手抓融合,一手抓管理,确保融合发展始终沿着正确的方向推进。

媒介融合的发展趋势消解了区域传媒集团垄断的空间边界和行业基础,这将使传媒集团未来处于竞合一体化的发展主流中。在之前垄断的行业发展背景下,传媒集团各个业务单元之间的企业文化的分离与冲突所造成的影响力相对有限。但是,当媒介融合时代到来后,如果各个业务单元之间相互冲突,尤其是内在深层次的企业文化之间存在冲突,这将导致媒介融合无以为继,即便各个业务合并在一个传媒集团内,也是貌合神离,无法实现媒介融合所要求的协同发展的目标。尤其是在“互联网+”的总体发展目标下,企业文化层面的冲突将使“互联网+”变成“+互联网”,最终因为互联网思维与传统媒体企业文化之间的内在冲突而导致新的传媒集团发展战略遭遇挫折。

第二节 企业文化建设的环境分析：宁报日报报业集团核心竞争力的构建与持续

一、核心产品：宁报集团传统传媒产品布局分析[①]

在现阶段，我国传媒集团化发展路径主要表现为两种方式：垂直产业模式，围绕核心业务开展业务相关产业，打通原有业务的上下游产业链；多元化发展模式，制定集团长远发展战略，多元化的项目建设不仅要满足直接利润增长的需求，还要能够依照战略目标调整集团的发展模式和组织结构，使资源能够得到更有效率的运用。

垂直产业链的发展，一方面是对现有核心能力的再开发，另一方面也是传媒产业依照现有政策环境做出的选择。如《国务院办公厅关于印发文化体制改革中经营性文化事业单位转制为企业和进一步支持文化企业发展两个规定的通知》(国办发〔2014〕15 号)规定了多项转制后的文化企业的扶持政策："通过政府购买、消费补贴等途径，引导和支持文化企业提供更多文化产品和服务"，"中央财政和地方财政应安排文化产业发展专项资金，有条件的应扩大专项资金规模，创新资金投入方式，完善政策扶持体系，采取贴息、补助、奖励等方式，支持文化企业发展"，等等。根据国家扶持的政策环境，报业集团逐渐拓展主营业务：报纸出版业务拓展为图书、期刊、报纸一体的出版业务；广告刊发业务拓展为广告代理、广告设计业务；印刷业务拓展为商务包装、文具设计生产等业务。

多元化发展模式，是出于集团长远发展目标和结构调整的选择，是弥补广告依赖型盈利结构的不足和规避经济波动带来的风险。传统媒体的商品既是信息也是受众，将受众注意力出售给广告商是传统报业主要的盈利模式，而这种依赖型的盈利结构很容易受到广告行业发展形势的影响。而且单一的垂直产业链，也不利于分散新竞争者带来的风险。现有的国家政策允许社会资本以多种形式投资文化产业，参与国有经营性文化事业单位转企改制，也允许报业集团充分利用金融资源，进行投资、注股。在这种发展

---

① 本节数据来源如无特别说明，来自于宁波日报报业集团内部资料(数据来源截至 2014 年 12 月)。

模式和政策的指导下,许多报业集团通过投资、入股企业的方式,拓展自己的多元业务。比如 2013 年河南日报报业集团战略投资信阳银行,以增资扩股的方式注资 4.4 亿元,占 20%股权,成为该行第一大股东;《湖北日报》进军房地产,2012 年实现房地产方面的净利润超过 1 亿元。

宁波日报报业集团的竞争优势培育战略则表现为上述两类战略的混合互补模式,一方面以传统媒体业务为核心拓展上下游产业链,另一方面不断拓展多元化的经营单元,降低单一盈利方式的风险。宁波日报报业集团是国家新闻出版总署于 2002 年 6 月 20 日正式发文批准组建的,同年 8 月,集团正式挂牌成立。10 年来,集团致力推动从粗放型增长向集约型增长转变。为了做强主业,集团先后兼并了 4 家县市报,创办了《新侨报》,实现了报业的"四提一降",即新闻提量、广告提值、发行提速、印刷提能和广告占版率下降。报业的经营规模、质量和效益明显提高。到 2009 年,集团 3 张主报广告营业额均超过亿元大关。2011 年,《宁波晚报》改为早上出版后广告营业额逼近 2 亿元,进一步确立了在宁波报业市场的"领头羊"地位。

目前,宁报集团的报刊板块由《宁波日报》为旗舰,《宁波晚报》《东南商报》为骨干,以及四家县市报、一家都市时尚类周报和五家杂志组成。2013 年,《宁波日报》的日发行量为 26 万份,《宁波晚报》为 40 万份,《东南商报》为 30 万份,《新侨报》为 15 万份。《宁波日报》入围"中国百强报刊",《宁波晚报》入围"中国城市晚报十强",《东南商报》获"中国十大影响力都市报"称号,《慈溪日报》获"中国最具影响力地市区域报"和"中国最具品牌价值县市区域报"称号。

《宁波日报》是宁波市委机关报,创刊于 1949 年,复刊于 1980 年。60 多年来,和着港城发展进步的历史脉搏,《宁波日报》在中共宁波市委和市委宣传部的正确领导下,以办报为中心,以报业为主业,不断提升新闻宣传水平,不断创新党报品牌,人才队伍不断壮大,报纸质量显著提高,经济效益逐年攀升,走上了一条良性循环的发展道路。在采编方面,《宁波日报》要求采编人员做到"守土有责、守土负责、守土尽责",加强对采编人员舆论引导能力的教育和管理。2011 年,《宁波日报》已有新闻采编、广告经营、人力资源管理等中高级职称人才 100 多人;历经多次改版扩版,报纸也已从当初的 4 开 4 版发展为现在的对开 12 版至 24 版彩报,日发行量突破 25 万份;广告营业额突破 1 亿元。

《宁波晚报》创刊于 1995 年 1 月 1 日,2010 年 12 月 1 日改为早上出版。创刊以来,《宁波晚报》以"心系平常百姓,可读可亲可用"为办报宗旨,立足民情民生，贴近性强。2011 年 2 月 15 日再次改版后，提出了“深入心灵现场，办一张有温度的报纸”的新思路，实现了从传统晚报到新型都市报的华丽转身。目前，《宁波晚报》的日均发行量高达 40 多万份，日均版面有 48 个，是宁波市读者人数最多、覆盖面最广、广告版值最高的报纸，也是信息量最丰富、报道风格最亲民、都市文化特色最鲜明的报纸。

《东南商报》是宁波日报报业集团主管主办的一张都市类早报，为 4 开 32 版，每周出七期，发行量 30 万份，年广告额逾 1 亿元。从 2001 年 1 月 1 日创刊起，《东南商报》就以“满腔真情，贴心服务”为办报宗旨，努力践行“三贴近”，实现了新闻报道、社会活动、社区服务诸方面的品牌影响力，迅速打开市场。《东南商报》在办报思路上突出与同城其他类型报的差异化。探索采编改革，推出特稿记者岗位，鼓励部分记者写“慢新闻”，深入揭示社会现象和社会热点问题，以更清晰的定位获得了更广阔的发展空间。

《余姚日报》创刊于 1956 年 5 月 1 日，1961 年 2 月 15 日起停刊，1989 年 7 月 1 日正式复刊，为日报。2010 年，报社经营总收入为 3899.02 万元，实现净利润 565 万元，其中广告收入为 2418 万元，发行收入为 435 万元，印刷收入为 1012 万元，报纸发行量为 3.3 万份。策划各类新闻报道及专题善抓亮点，抓目标读者，注重提升文化、人文内涵，推出一系列活动和特色报道。

《慈溪日报》原名《慈溪报》，创刊于 1955 年 1 月 1 日，是宁波地区首张县级党报，1961 年 2 月停刊，1991 年 6 月 22 日正式复刊，每周一期，4 开 4 版。1994 年 12 月重新更名为《慈溪日报》，周六刊，一年后每日出版。2004 年 1 月 1 日起，为适应文化产业体制改革，《慈溪日报》改由宁波日报报业集团主管，慈溪日报社主办，其性质由机关报改为区域性的综合报。2005 年 10 月起，《慈溪日报》改为对开 8 版彩印；2008 年 1 月起，周二增出对开 12 版；2010 年 8 月 1 日起，周二、周四、周五出对开 12 版，每周共 60 版，比 2004 年增加一倍多。

《奉化日报》为对开彩色 4 版周六刊(其中周三、周五 8 版)。近年来，每年新闻作品在宁波市级以上新闻奖评比中获奖均有 60 多件(次)以上。2010 年日发行量 1.7 万份，广告营业额 850 余万元。2005 年 11 月 7 日起承办奉化新闻网。新闻网日新闻更新均在 300 条以上，其中本地新闻均在 200 条以上。在频道设置上，注重浓郁的地方特色和强烈的时代气息。

《鄞州日报》近年来以“新闻立报，经营强报”为共识，直面市场、创新机制、激发活力、提升实力，保持了各项事业持续、稳定发展。新闻宣传方面，抓住“本土、创新、品牌”三个关键词，努力打造县市区域党报新闻独特的竞争力,采编质量逐步提高,在各类新闻奖评比中屡创佳绩。《鄞州日报》的经营运行能力也逐步增强。2009年《鄞州日报》迁入鄞州新城区,翻开了报业发展史上新的一页。2010年,全年实现营业总收入3820.9万元。

《新侨报》于2008年4月18日创刊,是宁波日报报业集团主管主办的宁波市第一份时尚休闲类周报,以"引领甬派时尚,共享品质生活"为办报宗旨,以"时尚、宁波、白领、原创"为办报特色。既有报纸的特色:内容新鲜、触角灵敏;又有杂志的风格:内涵丰富,便于传阅。《新侨报》核心读者年龄圈介于25岁至45岁,报纸面向具有较高社会地位、较高文化素养、较高消费能力的社会精英、成功人士、都市白领,兼顾追求时尚的年轻人。采用当今国际最风行的休闲报型,装订成册,全彩印刷,其中封面和封底等8版至16版采用铜版纸,每期56至64个版,每周五出刊。

新媒体的发展带来了传播渠道、传播方式的全方位革命,促使传媒的定位进行相应的调整与提升。现代传媒需要从地域文化、读者群、内容生产、报道风格等多个角度切入,针对自己的目标群,找准自己的定位,强化个性特色,创立自己的理念识别系统。除此之外,为了避免集团各子报纸的同质化和内部竞争消耗,宁报集团采取了产品差别策略。爱德华·张伯伦在《垄断竞争理论》一书中,提出了产品差别的概念:"如果存在一个显著的依据用来区分一个销售者和另一个销售者的产品或服务,那么,一般的产品种类是有差别的。"[①]这种依据可以是真实的,比如包装、质量、颜色等;也可以是想象的,比如信誉、礼貌、效率等。只要对消费者来说,这种依据具有价值,能够进而导致消费者的偏好取向,都可以算作产品差别。

对于一个大型的报业集团来说,产品差别会影响市场集中度。"市场上规模较大的企业,通过扩大产品差别,保持或提高市场占有率,从而维持或扩大市场集中度。"[②]宁波集团对市场的占有率并不是仅仅依靠数量来实现的,而是通过对旗下各个报纸的差异化经营来提高市场占有率。产品的同质化在一定程度上只能带来细分市场的浪费和同一领域的过度竞争,从而造成集团资源的浪费。

宁报集团的产品差别策略体现在区域、定位和目标人群上。首先,细分读者市场,明确每个读者群体的需求;其次,根据每个细分市场的需求,进行

---

① 爱德华·张伯伦:《垄断竞争理论》,周文译,华夏出版社2009年版,第59页。

② 吴辉:《报业集团信息产品差异化发展的理论与实践》,《新闻大学》2012年第5期,第123—128页。

具有鲜明特征的内容设计、版面设计等，实现集团内部的差异化发展。就晚报、都市报这样面向都市大众的报纸而言，其采用了内容丰富、信息量大的“厚报”经营模式，信息的种类多种多样，贴近日常的民生新闻是重中之重，报道语言生活化。就党报这样面向政府机关的报纸，则以时政新闻和政策解读为重点，发挥其舆论引导力，选题应有指导性、前瞻性、重要性，内容严肃，主题重大，声音权威，以吸引各行各业的决策者。财经类报纸面向中高端知识分子和白领精英，内容以财经新闻和经济政策解读为主，加强对经济现象和各行业投资趋势的深度分析，报道要体现专业报道精神，力求做到观点独特，具有参考价值和实用价值。时尚消费类报纸则是面向青年群体，内容以潮流、购物、饮食、休闲为主，内容要生动活泼，形式要新颖、有吸引力，更要站在时尚的前沿，报道和演绎社会生活的新潮流和新趋势，吸引白领和潮流人群（见表 3-1）。

表 3-1 宁波集团旗下报刊定位一览表

区域	名称	定位	目标受众	内容差异
宁波市	《宁波日报》	宁波市委机关报	党政机关	守土有责、守土负责、守土尽责
	《宁波晚报》	都市报	市民大众	信息量丰富，报道亲民，具有都市文化特色
	《东南商报》	都市报	市民大众	鼓励“慢新闻”，揭露社会热点
	《新侨报》	时尚休闲类周报	面向 25 岁至 45 岁，具有较高社会地位、较高文化素养、较高消费能力的社会精英、成功人士、都市白领，兼顾追求时尚的年轻人	内容新鲜、触角灵敏，引领甬派时尚，共享品质生活
宁波市下级县	《余姚日报》	区域性综合报	余姚居民	极具地方特色
	《慈溪日报》		慈溪居民	
	《奉化日报》		奉化居民	
	《鄞州日报》		鄞州居民	

《宁波日报》是市委机关报，新闻报道内容的着力点是各类重大报道（包括重大主题、重大典型、重大事件和重大活动等报道），适时加强理论和评论，内容既有政策高度、引导力度、社会热度，又有理性深度。进入新世纪以

来,《宁波日报》还加强了对民生与公共服务的报道。宁报集团以《宁波日报》为旗舰,发挥其作为党报的巨大品牌影响力,建立起读者心中具有公信力的品牌形象,并以此来吸引广告商。公信力与品牌形象,是报业集团最为重要的产品,也是集团寻求发展的坚固基石。

在都市报方面,《宁波晚报》于2010年改为早上发行,与《东南商报》同为早上发行的都市报,但是为了有效地实现有差别的产品布局,《宁波晚报》和《东南商报》在版面设计和内容设计上存在着一定区别。《宁波晚报》坚持信息量丰富这一特征,日均版面多达48个,作为一份综合性城市晚报,内容以"心系寻常百姓,可用可读可亲"为特色。《东南商报》同作为综合都市类早报,共有32个版面,一方面推出特稿记者岗位,鼓励部分记者写"慢新闻",深入揭示社会现象和社会热点问题。月均保持四篇以上"慢新闻"特稿,打造出"程钟婧鼓"品牌栏目。适当减轻专门写特稿的记者的日常采访任务工作量,以此减轻他们面对繁重采访任务的压力,使他们能静下心来,写出深入社会热点的好稿子。另一方面,《东南商报》的板块设计由本土新闻、经济新闻、国内(综合)新闻、国际(综合)新闻、原创新闻等五大版块,及民营经济周刊、情感周刊、证券周刊、周末消费周刊、车周刊、家周刊等七大周刊组成,特别强化报纸的服务性和财经特色,内容上偏重财经报道和商贸经济新闻,突出"商"的特色。财经版面的主要读者对象为私营企业主,企业单位的管理层,医生、教师等专业人士,公司职员,公务员,等等,在商界、白领阶层和其他社会精英中亦有广泛影响。这就在对象上,与《宁波晚报》无差别的市民受众有了区别。针对大众读者市场的《宁波晚报》采用大众营销战略,新闻报道致力于满足读者的共同需求,新闻选题须突出大众的共同兴趣和共同利益,并且采用厚报策略,尽可能提供更多的信息量;针对企业管理人员和财经职员读者市场的《东南商报》和针对白领读者市场的《新侨报》采用差异营销或细分营销战略,针对自己读者的需求,设计出有特色的产品。

这样的产品设计可以实现功能互补、差异发展、特色鲜明,避免同质化竞争造成的资源浪费和市场浪费。报纸的差异化既体现在内容上,也体现在形式上。面向高端和年轻人群的《新侨报》采用当今国际最风行的休闲报型,装订成册,全彩印刷,其中封面和封底等8版至16版采用铜版纸,每期56至64个版,每周五出刊。

二、面向未来:宁报集团全媒体业务集成

全媒体战略是2008年前后形成的传媒集团面向未来的主导战略。我

们认为，全媒体战略的所谓“全”，是指以用户为中心的媒体战略布局，即“全”的价值在于用户利益的实现，而不是目前部分传媒集团所认为的以传媒产品为出发点而形成的传媒集团业务布局的大而全。由“全媒体”向“全服务”转变，就是因为在传媒的价值链中，真正能为用户提供价值的是服务，而非媒体本身。[①] 全媒体战略的精髓不在于追求渠道和终端的齐全，最重要的不是媒体形态本身，而是如何借助各种渠道和终端，使原有的资源优势（新闻采编人才资源、信息资源、公信力和品牌资源等）更好地转化为竞争优势，为用户提供其最需要的内容产品。有学者总结出中国报业全媒体转型的三大路径：第一，以宁波日报报业集团为代表的全媒体生产路径，注重不同属性的内容往同一渠道输出；第二，以南方报业传媒集团为代表的全介质传播路径，注重同一属性的内容往不同渠道输出；第三，以《南方都市报》全媒体集群战略为代表的全方位运营路径，注重不同属性的内容往不同的渠道输出，加以概念包装。“全媒体生产”“全介质传播”“全方位运营”三种路径是报业集团从不同侧面、不同需求入手，为自身打造的全媒体解决方案，难免存在一定的局限性。全媒体生产模式侧重于文字、图片、音频、视频等全媒体的生产能力的构建，渠道占有不全面，属于传媒集团在起步阶段容易采用的路径；全介质传播侧重于对平面、网络、移动、广电、户外等所有传播渠道的占领，产品形态基本齐全，对流程重组也有不同程度的涉及，但普遍尚未建立全媒体运营的协调机制，也属于传媒集团在发展阶段常用的路径；全方位运营基本上都考虑到了全媒体的产品形式和全介质的传播渠道，以用户需求为中心开始成为主流，但新媒体的经营收入占比还相当小，运营效果有待评估，在产品和渠道的融合度方面有些还不如全介质传播路径，需要全媒体流程再造以强化融合度，属于深化阶段的路径。[②]

从全媒体的实践来看，宁波日报报业集团的全媒体战略是国内较早提出这一发展目标的具有标志性的传媒集团。2009 年 1 月 13 日，宁报集团成立了全国首家全媒体新闻部，首批 15 名记者每人配备高清摄像机、数码相机、录音笔和笔记本电脑，实行 24×7 全天候的多媒体信息发布模式。同年 5 月初，宁报集团新设立基于手机报纸、手机电视的 3G 事业部，实现多媒体、即时和互动的移动新闻播报。同年 6 月上旬，集团投资 3000 万元，历时

① 朱春阳、张亮宇：《从封闭对抗到开放合作——2000—2012 年我国都市报竞争力持续的战略转型》，《中国报业》2012 年第 19 期，第 16 页。

② 柳剑能：《中国报业全媒体转型的三大路径》，《传媒》2013 年第 3 期，第 17 页。

一年多建设的全媒体数字技术平台通过新闻出版总署的评审和验收。宁报集团运用报纸、广播、电视与网络等媒体手段和全媒体数字平台来试水全媒体综合性新闻内容生产体系,进行从单终端、单形态、单向的传播模式转到多终端、多形态、多向的传播模式的尝试。[①] 2009 年 10 月 16 日,时任宁报集团社长何伟在一次论坛中介绍说:"宁波日报报业集团致力于发展数字报业,是顺应数字化、网络化传播技术的要求而产生的传播形态和媒介形态的变化,它不是简单地把传统报业,或者传统报业的产品进行数字化的处理。"[②]因此,宁报集团的全媒体战略,绝不是简单地将纸质媒体内容搬运到网络上,而是从技术和机制着手,为全媒体内容生产提供统一平台和战略构架,服务于数字化的生产、销售和管理,从而实现媒介产品的多介质、多层次、多频次的销售,根据受众需求进一步细分市场,拉长产品价值链,提升效益。

2001 年 6 月 1 日中国宁波网创立,至今已发展成为宁波主流新闻媒体之一,同时也成为集团新媒体发展的综合平台。2004 年获得国家广电总局批准,开办网上视听业务;2008 年获得国家新闻出版总署互联网新闻出版许可证,获得网络数字出版运营资质。目前,中国宁波网主要以四个平台作为自身发展的方向:一是新闻宣传平台,作为新闻网站,以新闻宣传为网站的基本内容,尤其突出新闻性;二是区域咨询服务平台;三是以新媒体的开发和应用推广作为主要内容的数字报业发展平台;四是商务经营平台。在中国宁波网的基础上,宁报集团全面开展新媒体开发,逐渐形成了如今的媒体结构。目前,中国宁波网的多媒体新闻体系已经初具规模,形成了"网视宁波""对话""城事热线""天一红人堂"等多媒体品牌。中国宁波网成为全媒体新闻的主要运营者和发布载体。[③]

2005 年 6 月,宁报集团在国内推出首批收费订阅的宁波手机报。开发手机报的原因,一是由于手机是现在最普及的通讯工具,二是手机通讯技术发展的速度非常快,手机报的发展前景应该很大,同时经济效益较好。在手机报业务整体出现滑坡的形势下,宁报集团加大分众手机报开拓力度,目前

---

① 田勇:《全媒体运营:报业转型的选择——宁波日报报业集团的全媒体实践》,《新闻与写作》2009 年第 7 期,第 8—10 页。

② 卢剑锋:《宁波日报:剑指全媒体》,《传媒》2010 年第 6 期,第 33—35 页。

③ 田勇:《全媒体运营:报业转型的选择——宁波日报报业集团的全媒体实践》,《新闻与写作》2009 年第 7 期,第 8—10 页。

已有宁波手机报、人才手机报、红绿灯手机报、民企手机报以及专业手机报，手机报增值业务在全国仍保持前列。在多方努力下，近年来，手机报业务回暖趋势明显，移动终端和宁波手机报用户达50多万人。

2006年1月24日，宁报集团在国内率先推出新编辑形态的电子纸《宁波播报》。作为中国原创数字报的先行者，在2008年北京奥运会召开之前，宁报集团对《宁波播报》进行了改版，新版《宁波播报》虽然形式类似于报纸但不等同于报纸，而且内容不再是从报纸照搬过来而是由网站自行编辑。《宁波播报》下载量超过10万人次。

《宁波播报》的推出在当年曾被评为中国报业十件大事之一，其特点是在具体技术设计中集聚桌面互联网和移动互联网的多媒体技术形式，读、听、视、查、说、录等功能均可顺利实现，如稿件内部嵌入式图标、视音频广告的开发和应用、超链接跳转广告的适配等。图像、声音、视频等多种多样的广告节目可随时随地随身播放，达到全方位传播的效果。

2007年7月1日，宁报集团全线推出"宁报动码"，乃国内首次成规模启用报刊跨媒体平台。

2007年底宁报集团推出户外电子屏报。集团借此由平面媒体进入电视领域，实现跨媒体传播。它主要是集新闻、视音频、图片和广告内容为主的为社区服务、为科学普及服务的大型电子屏幕。目前宁报集团已经制作了60余个户外电子屏，利用中国宁波网联网播出。每块屏大概4.5×2.5米，造价30～40万元。

2007年，宁报集团制定了数字报业的五年发展规划，规划明确了2007年到2010年的发展目标。同年，宁报集团在全国各大报业集团中率先建设集新闻采编、经营管理于一体的全媒体数字技术平台。该平台融合数字生产能力和全媒体传播为一体，是一个满足报业集团全方位需求的数字平台，也是报业集团新闻传播的生产基地。各个渠道进来的所有消息经过编辑输入多媒体成品库，然后通过不同媒体发布到报纸、电子报、网站、户外电子屏、手机乃至未来可能出现的新的介质上。同时，这一数字技术平台也能够将报业集团的经营、管理活动纳入其中。

宁报集团全媒体数字技术平台的结构可以归纳为"两网""三库"和"五平台"。"两网"即内网和外网，"三库"即多媒体内容库、业务运营库和管理库，"五平台"即内容生产平台、业务运行平台、客户服务平台、决策管理平台和网络支撑平台。其中，在内容生产平台上要实现对信息的全媒体的采访、编辑、制作、发布和管理；业务平台目前做的主要是广告发行和网络营销；客户服务平台收集读者的资料和各种信息,进而提供客户服务,实现服务对象由读者到客户的转变;决策管理平台主要提供对报业集团整个业务运行的监控和决策分析,也包括人力资源管理和财务管理;网络支撑平台是上述四个平台的技术基础。

至此,宁报集团形成了"四报一码"的数字新媒体方阵。其中互动多媒体报、电子纸报和《宁波播报》3个项目入选首批中国数字报业创新项目。

2011年3月,宁报集团又开发推出"手机远程发稿系统",实现手机终端与数字报业技术平台的无缝融合。

2011年8月9日,宁波日报报业集团由中国宁波网自行设计的iPad新版《宁波播报》正式登陆苹果公司iPad平台,向全球发布。这是宁报集团继手机报之后,拓展终端业务的又一重要举措。"报业要树立'内容产业'和'服务增值'的观念,掌握新媒体的'互动''移动''多终端''多媒体'的主流形态,主动适应报业的数字化变化,探索报业新的发展途径。"[①]作为《宁波播报》的3.0升级版,iPad版《宁波播报》最大的不同是,其内容组织及版面形式很好地适应了iPad传播终端的特点,在版面内容展示、在线互动、延伸浏览等方面操作更加快捷简便,功能设置更加人性化。在报道内容上,iPad版《宁波播报》设有全天候发布的新闻版块和便于评论、投票等互动版块;注重受众的实用需求,除了天气、交通等日常生活提示外,还与中国宁波网的《房产》《汽车》《金融》《义务红娘》《法院执行》等板块直接相连,为读者提供最便捷的实时信息服务。而且,通过这个客户端,读者还可看到与《宁波日报》《宁波晚报》《东南商报》《新侨报》及宁波手机报一模一样的数字版面,且可下载阅读当天以及最近三天的这些报纸,实现了更便捷、更新颖的报网互动。

在新媒体的运作方面,宁报集团致力于实现传统媒体和新媒体的融合,从体制和机制上为数字化生产、传播、营销、投资和管理搭建统一平台和战略架构,从而实现媒介产品的多介质、多层次、多频次的销售,根据受众需求进一步细分市场,拉长产品价值链,提升经营效益。2009年,集团依托全媒体数字技术平台,对内容生产流程进行了重造,逐步把旗下各报新闻资源与中国宁波网进行深度融合。一些未能见报的稿件可以第一时间在中国宁波网进行发布。集团鼓励纸媒记者采制音频视频新闻,实现了新闻信息的多

---

① 田勇:《iPad报指尖魔术——以iPad版宁波播报为例》,《新闻实践》2011年第11期,第74—76页。

渠道编制和多媒体发布。

《宁波晚报》打通晚报网、手机客户端、微博、微信四大平台，打造网上读者圈。2013年，其微博在新浪和腾讯平台上的粉丝合计达84万人，居全国所有报纸微博前30名，处于非省会城市报纸微博粉丝量的首位。其微信服务在台风“菲特”造成洪灾期间推出“微信查询公交”服务，洪灾当晚查询量达4000多人次。《宁波扫描》《微博汇》《宁波同学》等微博平台都发挥出信息互动和服务民生的作用。

《宁波日报》开通官方微信、微博，微博的月度媒体影响力连续数月进入全国50强。同时《宁波日报》加强报网互动，注重传递正能量，关注民生，做好微博上的读者互动。在台风“菲特”造成的洪灾期间，第一次大规模地将传统媒体与新媒体进行融合联动，在报纸不能送达订户的情况下，所有的采访稿第一时间发到微博网络，使宁波日报网成为抗洪救灾新闻报道的第一发布平台。

2012年《宁波日报》吸收了微博的视野开阔、耳听八方的公开性优势和微信的圈子社交、紧系熟人的私密性特点，在手机移动端搭建起了新闻线索搜索寻找平台，实现了获取新闻线索手段的创新。具体的方法是：网络新闻部和社会新闻部每天把搜集到的新闻线索，通过桌面微信平台，即时发送到分管副总编手机微信里，分管副总编根据线索时效的缓急和内容的轻重，再用微信转发给各采访部室主任并留下采访指导意见，采访部室主任接到线索后再用微信分配给跑线记者去采访。跑线记者在采访过程中再把沿着线索了解到的最新情况用微信或私信等方式与线人和室主任保持着相互沟通，从而保证采访任务能快捷顺利地完成。《宁波日报》记者已借助微信线索平台写出《台风中爱意涌动——“宁波户外应急救援队”义务接送路人》《“双闪”照亮“海葵”肆虐之夜——我市上百志愿者开私家车送被困者回家》等报道。①

同一集团内不同媒体的内容互动和整合，可以发挥协同效应，使媒体资源用途多样化，同样的信息通过不同的形式，被包装成适合不同媒体的产品，一品多用，扩大了市场，以相对节省的成本获取较大收益，提高了经济效益；更重要的是，子报子刊很好地结合自身的定位优势，开拓细分市场，并结合本身品牌优势和资源优势，起到很好的舆论引导作用，并构建出新的格

---

① 温兴邦：《微信搭台，纸媒和微博唱戏——〈宁波日报〉与社交媒体相互借力的实践》，《新闻实践》2013年第6期，第19—22页。

局。与此同时,以党报为龙头,发展多种形式的新媒体,使新兴媒体成为主流媒体的放大器。

我们这里需要专门介绍一下宁波日报报业集团中"互联网＋"的典型案例:中国宁波网。

早在2001年,宁波日报报业集团成立了中国宁波网,迈出了全媒体建设的第一步。中国宁波网是由宁波市委宣传部和宁报集团联合主办,宁波市唯一一家经国务院新闻办公室批准建立的综合性新闻网站。目前,全网分为11个中心(室),分别为:办公室、新闻中心、首编中心、新媒体中心、总编室、互动中心、经营发展中心、传媒公司、技术中心、民生服务中心、政企服务(广告)中心。经过15年的发展,中国宁波网主流新闻媒体的作用和影响力进一步提高。在主题报道、重大活动、典型宣传、热点引导、舆论监督等方面成效显著。近年来共获得5个中国新闻奖,10多个浙江新闻奖一等奖,并打造了《对话》《网上发布厅》等品牌栏目。中国宁波网是宁报集团媒体融合的基础平台。2004年中国宁波网获得了国家广电总局的批准,开办网上视听业务;2008年又获得了新闻出版总署网络数字出版运营的许可证;2010年宁波网传媒有限公司通过国家软件企业认定;2010年中国宁波网荣获全国十大媒体网站品牌;2010年、2011年连续荣获全国最具商业价值的出版业网站;2010年获"影响中国最具品牌传播价值新闻网站";2004年起至今担任中国城市新闻网站联盟理事长单位。中国宁波网在全国副省级及以下同等新闻网站中,新闻宣传、精品创优、论坛互动、手机报微博多媒体等处于前三甲,人员规模、事业建设、经济创收属于中等偏上水平。

目前,网站日均综合访问量700万人次,新闻、频道信息发布量4500条以上。天一论坛注册用户已超80万,日点击量达到250万人次。近年来,天一论坛在网络舆论引导方面发挥了独特作用,舆情信息服务开始产生非常积极的影响。法人微博和协助承办的"宁波发布"政务微博,已有超过180万受众关注。天一论坛微博粉丝近80万,中国宁波网法人微博粉丝50万,"宁波发布"粉丝53万。手机报发行量达60多万户。2012年以来,网站加大分众手机报开拓力度,目前已有宁波手机报、红绿灯手机报以及专业手机报,手机报增值业务在全国保持前列。

在产业经营上,中国宁波网走出了一条以广告、政企服务、移动增值、信息多元服务为主要亮点的产业发展之路。其中,拓展经营创作主要通过三个途径,一是经营网络广告业务,二是政企服务,三是移动增值业务,特别是近年来加大了政府服务力度,搭平台、办活动,探索多样化的广告和服务。

2012 年，网站在整体经济形势下滑的不良形势下逆市发展，仍实现收入超过 2000 万元。

在平台打造上，中国宁波网打造了网上发布厅、“对话”平台、“民生 e 点通”等政府服务平台。与此同时，结合政府服务，举办各类大型活动，搭建了一批有影响力的垂直平台，如《宁波金融之家》理财平台，金融频道机构合作覆盖率达到 70%，与中国银行、农业银行、光大证券等 25 家金融机构建立起联系，与 16 家建立起深度合作关系。为打造多媒体平台，中国宁波网与土豆网展开视频内容合作，并结合了宁波网自有视频、本土视频。建立宁波高校传媒联盟，先后举办高校宣传推广活动 552 次。2012 年 12 月第二批高校加盟，基本覆盖宁波所有高校。

按照中央外宣办的要求，从 2013 年起，中国宁波网转企改制，联合《新侨报》和宁报传媒公司，共同组建了宁波新传媒有限公司，力求做大做强新媒体，加大媒体融合发展力度。公司注册资金 2500 万元，现已完成公司组建基本工作。

中国宁波网宁波新传媒有限公司成立后，加快创新体制机制，推进项目的股份制和市场化改革，集团鼓励公司大胆尝试、大胆开拓。目前，宁波新传媒有限公司已经启动了三个项目化运作项目。地产网、教育和新媒体项目以有限责任公司的形式进行项目化(股份制)运作。各项目在宁波新传媒有限公司内实行一体化经营，整合旗下各单位现有相关资源，形成平面媒体、网络媒体、户外媒体等全媒体、多终端一体化经营合力。同时为加快推进项目化运作，确保各项目运作更为积极稳妥有序，项目详细运作方案按成熟一个上报一个的原则进行操作。在下一步发展中，中国宁波网要利用新媒体的媒体特性和科技优势，充分利用报业集团的传媒资源优势，在文化产业和数字传媒领域立足大市场、搭建多平台，推进深度合作，做强做优网络主流媒体，做大做实网络经营产业。

三、范围经济：宁报集团文化创意产业的拓展

自从美国经济学家 Panze 和 Willing 于 1975 年首次提出范围经济的假说之后，范围经济成为多元化战略的主导性的价值解释框架。通常，经济学意义上的范围经济(economies of scope)指由厂商的范围而非规模带来的经济效应，即当同时生产两种产品的费用低于分别生产每种产品所需成本的总和时，两种产品之间就存在范围经济效应；反之，则称为是范围不经济效应。因此，我们通常认为，只要把两种或更多的产品合并在一起生产比分开

来生产的成本要低,就会存在范围经济。文化创意产业,从更高层面来说,是宁波日报报业集团实现范围经济效应的新选择。近年来,进军文化创意产业成为传媒集团发展的"标配战略"。宁波日报报业集团也在这一大潮中确立了以报业为主业,同时介入文化创意产业的相关多元化发展模式。2003年11月,宁波出版社加盟宁波日报报业集团。2004年3月,宁波市新华书店进入报业集团大家庭。从报刊业到出版、发行业的延伸,宁报集团成功跨越了集团多元化扩张的第一步。2005年,集团涉足文化商业,出资8亿元投资宁波书城,2010年,宁波书城建成投入使用。2012年,集团决定,在东部新城和南部商务区分别投资建设总部大楼和数字媒体产业园,总投资16亿元,对文化商业进行深度开发。同时,吹响进军资本市场的号角,寻求资产资本化、资本股权化。2011年,报纸主营收入(广告、发行)在集团收入结构中的占比下降为50%左右。随着集团多元化战略的推进,可以预见的是,多元收入对集团主营收入和利润的贡献率还将不断增加。

在出版方面,2013年,宁波出版事业稳步发展,在社科、文化、教育和少儿四大重点图书板块上深耕,各种业态的出版均保持良好态势。全年出版图书1077种,其中新书722种;销售收入增长13.49%,完成利润630万元,增长9.95%。宁波版图书的社会影响力、市场占有率均有提升。推动数字出版业务扩展,天一阁藏古籍项目数字工程完成项目分解和落实,确定项目的具体进程、数字化的各个环节以及产品实现的各种形态。寻找一般图书和专业图书的数字出版领域盈利模式,达成与10余家公司的合作。收购盛世原创文学网站,为接入三大运营商阅读基地打下平台基础。顺应数字化趋势,宁波出版社安排专人负责微博、微信等新媒介渠道,以产品为依托,通过微博、微信发布预热活动吸引读者,以和大型图书卖场合作举行图书签售和校园讲座等方式促销图书,提升出版社的知名度。

在印刷方面,宁波报业印刷发展有限公司是浙江省首批文化体制改革试点单位,是一家集报纸、书刊、纸质品印刷为一体的综合性现代化印刷企业,成立于2005年5月,由宁波日报报业集团控股。公司位于鄞州投资创业中心,占地50亩,建筑面积4.7万平方米,注册资金6000万元。拥有现代化印报车间、商务印刷车间、大型纸库与配套的员工宿舍楼和员工活动室。公司致力于发展商务印刷,截至2014年年底,拥有5台进口Heidelberg与Manrdand四色胶印机、1条Martini骑马钉联动生产线、1条Martini胶装龙生产线、2条KOLBUS进口精装龙生产线、4台进口ASTAR高速锁线机、1台Martini高速锁线机、1条全自动线环本生产线、4条柔印铁钉本生产线等设备，规模化生产无线胶装本、圆背软精装图书、对裱书、异形书和纸品文具产品，已形成日产铁钉本80万本、胶装本15万本、精装本5万本的综合笔记本和精装图书的生产能力，产品出口欧洲、中东、美国等市场，打入联合国教科文组织文具产品采购链。2011年实现纸品文具出口产值突破亿元大关，2014年实现出口精装书600万册。2013年度总产值达3.7亿元，利润超2000万元。

近年来，宁报集团通过资源合作、项目合作、资本合作或收购参股一些具有良好市场前景的项目和企业，将触角深入教育、文化、出版、电子媒体、房地产开发、公共交通等多种产业领域，拉长产业链，增强抗风险能力，实现国有资产的保值增值和立体化经营的效益。在非传媒相关产业方面，宁报集团将推行完全公司制运行，集团逐渐放宽其管理，使其变成完全意义上的市场主体，参与市场竞争，在人事管理、财务管理、考核管理等方面逐步放开，只通过控股的形式进行管理，从而理顺产权关系和资本关系，为更好地引入社会资本参与运营铺路。

四、宁报集团发展模式的转型方向：从资源依赖到能力打造

过去的三十几年来，宁波日报报业集团从单一的《宁波日报》发展到目前覆盖各个报刊类型、全媒体业务类型以及文化创意产业项目的大型现代化的文化传媒集团，从我国文化传媒产业繁荣发展的时代机遇中获得了大发展的扩张空间。从文化传媒业的空间布局来看，宁报集团几乎涵盖了现有相关业务的全部品类。如果没有互联网的出现，这样完善齐备的传媒集团业务结构布局能够依托区域垄断的先天优势基础成就宁报集团区域霸主地位；同时，宁波地区良好的社会经济文化资源也能够为集团发展提供足够耀眼的业绩与收益。但是，集团化的发展终归是有边界的，否则只剩下规模这一核心指标成为衡量传媒集团发展绩效的标准了。我们在调研中发现，基于以下两个方面的原因，宁波日报报业集团需要从目前的资源禀赋依赖型竞争优势持续模式转向核心能力依赖型竞争优势持续模式。

其一，多元业务的整合与相互价值的认同必须成为宁报集团多元化发展当前迫切需要解决的首要问题。经过30多年的扩张，传媒集团内部形成了文化各异、价值目标也千差万别的各类业务单元，原来单一党报主导的管理理念与文化价值无法整合新型业务的价值体系。这导致多业务组合之间价值冲突不断，集团层面的归属感与认同感相对较低，形成“集而不团”的散乱局面，由此，对集团化效应的发挥形成了非常大的障碍，甚至会反过来影

响各个业务单元竞争力的持续与发挥。对这一状况的评价常常是以如下的情景作比喻:千万条小舢板捆绑起来虽然有了航空母舰的吨位,但却无法形成航空母舰的战斗力,甚至连小舢板灵活机动的优势也会丧失殆尽,更容易受到“火烧赤壁”式的打击与威胁。因此,应以文化上的链接带动传媒集团内部各个业务单元的认同,在各个分散的业务之间建立起协同的关系,以促进资源从效率低的环节流向效率高的环节,形成以核心能力为支撑的竞争优势,这是对经“跑马圈地”粗放发展而形成的大型传媒集团的现代化的改造过程,也是传媒集团资源得以发挥更高效率,而非沦为资源负担所必需的发展路径的转变。

其二,传媒业发展的严峻状况迫使宁波日报报业集团以文化改造为先导,推动核心能力战略的实施。近年来,媒介融合的趋势势不可挡,不仅消解了区域传媒集团的垄断基础,而且对于传媒集团各个业务单元之间的协同有了更高程度的要求,尤其是在“互联网+”的产业发展趋势下,业务单元之间是否具有良好的合作协同经验决定了“互联网+”战略能否成功。如果不能以统一的文化理念协调各个类型的业务单元之间的价值判断,使集团内部各个业务单元形成共识,沟通效率将大大降低,合作与协调也会成为无源之水、无本之木。近年来传统媒体效益的下滑,与其说是业务系统的先天不足,倒不如说是垄断环境下各自为战、缺乏协同创新经验导致的危险的具象化。核心能力作为一种“集体性学识”,一定需要符合时代与产业要求的企业文化作为价值理念的先导,为这一集体性学识的形成打开可能性的大门。

我们可以来看看传媒集团近年来面临的发展困境。2012—2013是中国报业发展的转折点,根据中国新闻出版研究院的《2013年新闻出版产业分析报告》,2013年我国报纸的出版形势非常严峻,多项指标显著下滑。全国共出版报纸482.4亿份,与2012年基本持平;总印张2097.8亿印张,减少113.2亿印张,降低5.1%;报纸出版实现营业收入776.7亿元,减少85.7亿元,降低8.9%;利润总额87.7亿元,减少11.6亿元,降低11.7%。这反映了数字化阅读进一步普及、信息传播与获取方式深刻改变对报纸出版的冲击进一步显现。同时,不同类型报纸出现分化:全国性报纸总印数增长5.3%,总印张数增长5.6%,省级与地市级报纸总印数与总印张数减少,一些有全国影响的地方报纸总印数出现不同程度的“滑坡”。

同时,根据CTR媒介智讯的趋势数据,自2012年报纸广告由增长转为下降后,降幅逐年扩大,2014年降幅急剧由上年的8.1%扩大到18.3%,三年来报纸广告累计下降了29.6%。广告下降在报纸广告版面的减少上表现得更为明显，2014年报纸广告资源量下降了20.9%。从广告资源的行业分布来看，2014年报纸主要行业的广告投放全面下降。房地产从上年增长17.5%急剧转为下降，降幅达到23.8%；商业零售业下降22.1%；汽车降幅高达35.6%；娱乐及休闲下降10.3%。降幅较大的还有个人用品下降23.5%，酒类下降29.5%，家用电器下降31.6%。

传统报纸广告投放的下降，一方面是受国家国民生产总值增长放缓的影响。2014年，我国国民生产总值同比增长7.4%，增速滑落至1990年以来的新低。受整体环境的影响，全国房地产在2014年上半年开发投资50381亿元，同比增长13.7%，增速比1—6月回落0.4个百分点，创59个月新低。房地产一直是报业广告中的大户，其自身增长速度的放缓，直接影响了其对报纸广告的投放规模。另一方面，则是来自数字化内容与新媒体的挑战。

与报纸出版的严峻形势相比，数字出版收入在全行业占比继续提升，新型数字化内容服务收入增长迅猛。数字出版实现营业收入2540.4亿元，较2012年增加604.9亿元，增长31.3%，占全行业营业收入的13.9%，提高了2.3个百分点。其中，电子书、互联网期刊与数字报纸营业收入增长速度仅为7.0%，远低于行业整体增长水平，发展空间待进一步开拓。

根据艾瑞咨询的调查显示，2014年中国在线视频市场规模中，整体市场规模为239.7亿元，同比增长76.4%，高于2013年的48.0%；广告市场规模为152.0亿元，同比增长55.1%，高于2013年的47.2%。广告仍是最主要的盈利模式，广告市场规模占整体市场规模的比例为63.4%。其中，移动端广告市场规模为32.1亿元，占整体广告市场规模的21.1%，较2013年的4.8亿元同比大幅增长572.0%，这主要得益于2014年部分在线视频企业开始全面进行移动端的商业化。而在用户规模方面，在线视频移动端用户规模保持持续快速增长态势，2014年11月，其规模超过3亿人，达3.1亿人，较2013年11月同比增长高达83.4%。

上述传媒产业发展的困境已经很明显地投射到宁波日报报业集团。我们在调研中也能够明显感受到弥散在集团内部，无论是领导层，还是普通员工身上的焦虑与危机感，以及渴望通过创新改变现状的迫切感；传媒集团从资源禀赋依赖的竞争优势持续模式转换到核心能力依赖型的竞争优势持续战略也迫在眉睫。企业文化建设作为核心能力的一部分，尤其是作为在媒介融合发展中制约融合效率的首要因素的价值特征要求我们必须对这一问题给予特别的关注。

第三节　宁波日报报业集团企业文化建设的基础

在2011年宁波日报报业集团成立10周年之际,集团总资产达21亿元,净资产12亿元,实现年利润1.26亿元,分别是2002年年底这三项数据的2.9倍、3.2倍和20倍,集团报刊日总发行量超过120万份,年销售收入近10亿元,资产结构不断优化。2013年,宁波日报报业集团实现营业收入10.83亿元,利润总额0.1亿元,至年底,报业集团总资产为24.85亿元,净资产为13.80亿元。在宁波市加快推进文化产业发展工作会议上,宁报集团获2012年度市文化产业发展"510"奖励工程最佳成就奖。截至2015年,集团共有21件作品获得中国新闻奖,106件作品获得浙江新闻奖一等奖,获奖数量名列全国地市党报集团前列。2014年,集团实现营业收入12.53亿元,总资产达25.33亿元。

企业文化是核心竞争力的重要组成部分,企业文化按照层次主要分为精神文化、制度文化和行为文化三个方面。精神文化包括企业的目标、企业的价值观和企业的精神观念等;制度文化指企业为实现精神文化所倡导的内容而在管理模式和管理方法上作出的制度性规定;行为文化则是规范企业内部人员的具体行为。精神文化是基础,决定了企业核心竞争力的定位和价值取向,制度文化和行为文化则是精神文化的保障,以此来实现竞争优势的持续。

2012年1月,经过广泛征集和严格评选,宁波日报报业集团正式确定"文化凝聚力量,传媒成就价值"作为集团主题口号。这个主题口号简洁凝练、意味深远,富有前瞻性、感召力,既体现了宁波的地方文化底蕴,又彰显了宁报集团由新闻出版集团向文化传媒集团转型的内涵与外延。这个口号体现了宁报集团的发展使命与价值取向,体现了传媒的社会责任与文化担当。传媒企业文化的关键和核心是企业精神、企业价值观和发展理念,是经过传媒企业长期倡导和全体员工的积极认同、实践与创新而形成的。在长期的媒体实践中,通过立体化、多层面的内部建设与培育,宁报集团已经初步形成了自己的文化价值理念。这些价值理念既是集团成就辉煌的文化基因,也成为集团未来跨越发展的价值共识与精神动力。开放包容是新媒体时代思维方式和传播方式的特征,也是由宁波这座港城特有气质决定的。宁报集团作为宁波文化精神的传承者,始终蕴涵着开放包容的城市文化底蕴。

一、营造企业竞争意识:在发展战略中的价值传承

宁波日报报业集团的改革路径从增量到存量,从表层到深层,从局部到整体。

其中,重塑市场主体,从事业法人向企业法人转变是改革的突破口。集团成立之初,确定了采编经营两者分离的体制,明确报业经营要符合市场经济规律。集团加快了经营业务市场化的步伐,逐步完成广告、印刷、发行等经营性部门的转制工作。

2003年,宁波日报报业集团激活内部运作机制,在集团内部全面推行二级单位经济独立核算,在集团统一的发展布局和核定的人员、办报、运营资金定额之下,大胆放权,给二级独立核算单位充分的经营活动自主权,极大地调动了二级核算单位的积极性、创造性,收到显著成效。2003年底,各独立核算单位都超额完成利润指标,集团利润率与上年同比增长100%,职工收入也明显增加。其基本的出发点和指导思想是:遵循新闻生产关系和新闻生产力之间的矛盾运动规律,探索并建立一种适应报业生产力要求的报业管理关系,建立一种既能壮大集团实力,又能促进各子报跨越式发展的集团管理模式。

体制转型讲方法,总的运作思路为:成本核算、预算管理、基数承包、超额分成。以目标考核为主线,集中管理,分级运作;以资产资源为纽带,集约经营,分类核算;以分配调节为手段,优化组合,促进流动。在操作层面上让子报和实体自主经营,自负盈亏,自管分配。成本核算就是所有单位主要算三个成本,即人员经费、管理经费和生产经费(印刷成本)。预算管理就是年初的时候各单位要做出年度收支预算表,收入到底是多少,然后几项成本分细,大项都要列好,由财务处审核,党委讨论通过后,各独立核算单位在预算范围内自主管理。基数承包,集团有些单位是创造利润的,如报纸,它的基数就是完成多少利润;有的是消耗单位,比方说物业管理公司,报业新大楼造好后,大楼物业管理费用是1000多万元,这是用钱的,用钱的单位就要省;发行中心也是用钱的,不是说它有多少利润,而是说它能省多少钱。各单位都有个基数,这个基数是必须完成的。超额分成就是各单位按照经济责任书的要求超额完成指标的钱,也可以分成。完成指标任务后,按比例与报业集团分成,即二八分成,1000万元利润,集团拿800万元,二级独立核算单位拿200万元,多创造利润可以多分成,节约下来的钱也是二八分成。

为了使独立核算制度能落实到位,集团经过反复论证和研究,确定对日报、晚报、商报、侨讯、出版社、宁波网、印务中心、发行中心、物业中心和新文宾馆 10 家单位,实行二级单位独立核算的方案,并抓住主要环节,迅速付诸实施。后来又增加了余姚、慈溪、奉化、鄞州和新华书店等 8 个新的二级独立核算单位。

集团根据日报、晚报、商报、出版社等近年来的经营发展状况,把思路放在"放水养鱼"上,确定各报各核算单位的人员定额和工资、奖金总额、办报成本基数以 2002 年为准,上交集团的利润指标也以 2002 年各报的实际利润略作调整为基数,超额部分与集团二八分成。选准基数,三年不变,给各二级核算单位充分的过渡时间,大大激发了它们的干劲和积极性。

在落实经济责任时,宁报集团要求各独立核算单位承担办报质量、政治导向、版面数量、财务制度、固定资产管理等责任,在确保完成分配的经济指标的同时,给予各二级单位经营管理的自主权,包括经营权,由其自主决定在经营管理上的一切重大问题,如经营方向、重点、投入等,具体经营操作都由各独立核算单位安排;用人权,除了事业编制人员有核定人数需经过集团审批之外,集团放开用人权,只控制工资总额,由各二级单位自主负责用人的费用开支;经费使用权,各核算单位负责人可以自主审批预算范围内的经营开支;分配权,各单位在预算规定的范围内,能自主决定工资总额基数和超额利润流程分配方案,对效益显著、贡献突出的部门和人员,可以予以重奖。如果超额完成利润指标或节支费用,各单位的超额分成可以用于职工奖励,并允许"以丰补歉"。集团提倡各单位收入同工作绩效挂钩,拉开差距。

经济责任制提高了各方面各部门的积极性与创造性,给集团发展注入了强劲活力。经济责任制经过不断完善,一方面,强调利润指标与战略引导相结合,在确定各单位利润指标时,又综合考虑到各单位的可持续发展;另一方面,强调数量指标与综合考评的结合,注重考核媒体舆论引导力、市场竞争力,关注员工收入的提高和福利的改善。

放权调动了各二级核算单位积极性和创造性。收益与工资挂钩,激励它们努力开拓市场,大大拉动了集团的销售收入和利润。2003 年,所有创利指标全部完成,其中《宁波日报》《宁波晚报》《东南商报》和印务中心实现了利润总额同比增长 50%的佳绩。《宁波晚报》实现利润 5200 万元,《东南商报》实现利润 600 万元,印务中心实现利润 1550 万元,集团利润增长 5000 余万元。[①]

在经济责任制的基本原则下，宁报集团拉开了体制改革的序幕。

2003年，原隶属事业单位的集团印务中心被列为浙江省文化体制改革试点。

2003年，宁报集团在各经济独立核算单位中实行经济责任制，总体思路为“成本核算、预算管理、基数承包、超额分成”。

2004年，集团引进雅戈尔集团资本参股，设立东南商报经营责任有限公司，负责广告和发行等经营业务。

2005年，印务中心转为企业，并实行员工持股，成为独立的市场主体。

2005年，宁波市政府决定对宁报集团实行国有资产授权经营。

2005年，《东南商报》被列为浙江省文化体制改革试点。《东南商报》的采编部分实行“三脱钩一挂钩”的方法，采编内设机构与行政编制脱钩，职工与事业身份脱钩，干部身份与行政级别脱钩，所有人员收入分配与岗位、业绩挂钩，完全打破了事业企业的身份界限。

2006年，经市委批准，以报业集团全部经营性资本出资组建国有独资公司——宁波日报报业集团有限公司。经过不断探索，集团公司建立集团董事会和监事会，组织架构分为决策、管理、运营三个层面。决策层就是集团党委和集团公司董事会。集团的主要经营职责分别是对授权经营的国有资产承担保值增值责任；对投资的企业依法行使出资人的权利和承担责任。集团同时被授予4项权力：产权转让权、资产担保权、受益处置权与投资决策权。

2009年，宁报集团下属的宁波出版社注销了事业法人，在工商部门注册登记成为宁波出版社有限公司，原先的员工从事业员工身份转变为签订劳动合同的企业员工身份。

2012年，集团按照新的战略导向来重新配置资源，以建立现代企业制度为导向，深化体制机制改革。集团将宁波出版社有限公司与宁波市新华书店优化重组，成立宁波出版发行集团，以此激励宁波出版发行集团能够加快做大做强的步伐。集团又启动了中国宁波网的转企改制。整合新媒体资源，组建联合体，探索有利于提高传播效能与赢利能力的新媒体运营模式。

宁报集团通过改革来促进集团产业结构的调整和增长方式的转变，通

---

① 张秉礼：《激活机制　大胆放权　宁波日报报业集团实行二级单位经济独立核算的探索》，《传媒》2004年第9期，第46—48页。

过改革来提高发展质量和效益,激发经济增长的内生动力,从生产关系层面解放和发展文化生产力。这些被中国新闻界称作“宁波模式”的路径设计,得到了实效的验证。总体看来,“宁波模式”既提高了集团的管控力,有效避免了集而不团、统分矛盾的困境,又增强了各市场主体的活力和经营层面的动力,同时调动了各方面积极性,形成了良性的利益传导机制。

在管理上,宁波日报报业集团采取分开经营、独立发展模式,各子媒体均作为经营实体,分开运作,由集团公司进行集约经营。这种模式,在专业化分工的基础上,二级单位享有法人财产权,并负担资产增值保值责任,是自主经营、自负盈亏、自我约束、自我发展的市场竞争主体,从而既有效地实现了集团的统一领导,又保证各成员企业的独立性,保证集团的有效运作。

二、以人为本:重视人才发展战略

透视集团这种健康成长状态,其中最重要的一点就是,适应集团化发展的需要,始终抓住人才队伍建设这个战略工程不放,不断投入,不断建设,使人才队伍建设与集团建设同步发展,从根本上保证了集团化建设与发展的需要。

2002年集团成立之初,共有事业编制职工1476人,企业编制职工90人,编制外用工798人,其中570名是发行员。在这2364名员工中,拥有本科以上学历240人,占18%;专科学历112人,占8%,二者合计才占员工总数的26%。人才组成和集团发展间存在着几个矛盾。[①]

第一,报业规模与媒体覆盖面显著扩大,人才队伍的办报把关能力不适应。集团成立后,为适应市场竞争的要求,集团下属的《宁波日报》《宁波晚报》《东南商报》都相继扩大了发行量和每天出版的版数。矛盾很快出现:一是原有的采编人员工作效率没能迅速提高,版面增加后,很快出现“稿荒”;二是观念碰撞,报纸在扩版与改版过程中涉及对原有一些版面格局的调整,一些同志不能从全局出发考虑问题,墨守成规,各自的那块“奶酪”谁也动不得;三是把关能力跟不上,差错明显增多。

第二,集团化管理职能发生变化,人才队伍管理能力不适应。原来几家报纸自成一体,集团成立后,为了改变报办集团的现状,调整了内设机构,在集团层面,设立了一批综合管理部门,对人、财、物实行适度“三统一”的管理

---

① 胡振:《媒体“软实力”的硬道理——关于宁波日报报业集团人才培育工程的报告》,《新闻实践》2008年第11期,第3—6页。

模式。同时，在媒体层面，建立了以经济责任制为基础的独立核算单位。一些相关的问题很快随之而来，特别是“统”与“乱”的矛盾尤为明显。一方面，集团管理层面的人员不适应综合管理的要求，在人力资源管理、新闻与经营管理等方面都难以达到集团化的要求；另一方面，集团下属单位的管理者不能适应分层次管理的要求，不能妥善处理分权和统一的关系。

第三，经营范围扩大，市场竞争加剧，人才队伍经营能力跟不上。同大多数报社一样，原先集团只有报纸发行与广告经营这两块，在试图创办“三产”公司，进行一些资本运作项目时，面对激烈竞争的市场难以打开局面，不只是有些小公司不赚钱，还做了一些赔本的买卖。

为了不断消解随着集团化运作集团出现的由人才短缺而造成的人才队伍与集团化运作不配套的问题，宁报集团创新机制，促进“三提”(提速、提量、提质)。在开展“策划创新年”的同时，开展“队伍建设年”活动，加强人才队伍建设，为“三提”提供组织保障、机制保障、人才保障。集团压缩开支，挤出 600 万元作为员工培训经费，制定了专业化分类、小众化常态、科学化精细的三项原则，加强了培训的针对性、实用性。仅 2011 上半年，就举办各类培训 20 余次，4000 多人次受益。

为了逐步建立一支与集团发展相匹配的人才队伍，在人才队伍建设上，宁报集团坚持做到“三严三关”。一方面，对人才要坚持严格教育、严格要求、严格管理；另一方面对人才要关爱、关怀、关照。在严格的前提下，体现对人的关爱，帮助人，激励人，为人才铺架通往成功的阶梯。

2004 年，集团拨出 120 多万元，与复旦大学合办硕士学位进修班。在“宽进严出”的就学机制下，集团放手让一线员工报名，不搞论资排辈，不划等级界限，只需按照校方规定：一要具有学士学位，二要通过外语测试。

2005 年，集团决定分批选派员工出国培训，每期三周，地点是世界著名的美国密歇根州立大学。除了集中听课、座谈之外，还将考察当地电视台、报社和政府新闻办公室等。为了保障公平公正的原则，打破常规“排座座，吃果果”的培养方法，不让年龄、职务、工龄成为人才培养的阻碍，而是知人用人，集团张榜公布培训计划，面向所有采编人员，公开选派培训对象。公平、公正、注重能力，按照这些原则集团确定一个出国名单。

2007 年，宁报集团继南方日报报业集团、广州日报报业集团之后，正式成为第三家拥有博士后科研工作站的报业集团。成立博士后科研工作站，是宁波日报报业集团为培养、造就新闻采编与报业经营管理人才，着力提升集团发展软实力的一个重大战略举措，是集团人才培养链条中的重要一环。

集团先后与社会科学院新闻研究所，中国人民大学、复旦大学、浙江大学的新闻传播学院与研究机构等建立了战略协作伙伴关系，请这些单位的专家为集团进行前沿课题研究，请他们为集团的规划发展做项目。2007 年，集团与复旦大学新闻学院合作成立了新闻研究所，是国内第一家由高校专家任所长的媒介集团新闻研究所。

与此同时，集团采取以下几个措施。

一是及时对管理部门干部进行调整，将一些在工作实践中表现出较好管理能力的同志及时调到重要管理岗位；对采编人员实行竞聘上岗，提高采编产量定额。

二是对现职干部进行基本管理能力集中培训，逐步规范集团管理。

三是集团领导率领相关干部分期分批到组建早的报业集团取经学习，在机构设置、管理职能、规章制度等方面虚心求学，努力消解集团化后出现的相关问题。

四是建立人才培养机制，加强对员工的政治思想培养、专业培养和学历培养，全员培训要均衡用力，人人签到，刷卡听课，甚至不惜“强按牛头喝水”。

五是加强对高学历和高职称人才的引进，集团每年都引进 1 至 3 名博士，3 至 5 名硕士，改善集团干部队伍知识结构。

六是集团实施名记者、名编辑与优秀管理者计划，将近些年在实践中涌现出的骨干有计划地放到重要岗位，在实践中锻炼。建立激励机制，比如写业经批准的作品期间，不参加本部门的业务考核，不规定考核定额，不规定办公地点，常规工作时间可由自己根据具体情况灵活掌握。

集团从 2007 年开始实施“双百”人才工程，即集团重点培养 100 个报业发展的业务骨干，拥有 100 个硕士以上的高学历人才。到 2012 年，通过培育、引进，集团共有各系列专业技术人员 1195 人。其中，18 人成为市宣传文化系统的“六个一批”人才，5 人成为省宣传文化系统“五个一批”人才，4 人获浙江省“飘萍奖”，1 人入选省“151 人才工程”，4 人入选市“4321 人才工程”。集团拥有正高职称的人才达到 24 人，副高职称达到 86 人，研究生以上学历达到 79 人。①

---

① 张秉礼、朱学文:《着眼集团发展战略构建人才高地——宁波日报报业集团近年人才队伍建设新探索》,《中国记者》2006 年第 12 期，第 7—9 页。

三、社会责任:宁报集团发展战略的价值核心

宁报集团的社会责任体现在其对传统核心业务的坚守和改进,也体现在其对新媒体业务的塑造。

2011 年,宁报集团开展了“策划创新年”和“队伍建设年”活动,不断促进新闻提速、提量、提质。提速意味着提高新闻传播的效率:一方面要推动报网融合,构建全媒体格局,面向各种终端加强即时传播和互动传播,努力突破传统报纸时间和空间的限制;另一方面,通过上下游产业链的优化管理,在上游印刷公司实现印能扩张,在下游发行公司实现发行提速,保障报纸的投放效率。

提量意味着实现有效信息的扩容:扩版增容,《宁波日报》从 2010 年底扩为每天 16 个对开版(周六、周日除外),加大了本地新闻版的容量,特别是加大了经济报道和社会民生报道的容量。《宁波晚报》于 2011 年 2 月 15 日进行了改扩版,新闻版增加到 32 个,其中本地新闻版在 20 个左右,细化了本地新闻的版面结构,拓展了新的报道领域。《东南商报》推出“东南财金”版块,扩充了经济报道的容量。

提质意味着坚持精品新闻的道路:宁报集团提出,《宁波日报》要办成主流政经大报,努力实现领导满意、读者喜欢、专家认可的“三统一”,加强权威性和影响力;《宁波晚报》重新诠释“心系平常百姓、可读可亲可用”的办报宗旨,以“办一张有温度的报纸”为改进目标;《东南商报》围绕“满腔真情、贴心服务”进一步提升内容品质。

精品新闻不仅体现在选题要关乎社会民生,还体现在不断创新报道的表现形式,不断加强报道的社会影响力。“重大报道的深度,是发挥党报优势、增强影响力的关键所在,也是增强实际效果的关键所在。如何提高重大报道的深度、体现党报高出一筹的水平?《宁波日报》的做法是尽可能站在时代高度、大局高度有针对性地提炼出有全国意义的主题,揭示事物本质,回答人们普遍关心的问题,引发人们深入思考,使报道真正起到指导、推动实际工作和引领社会舆论的作用。”[①]在这样的观念指导下,2007 年 11 月 9 日《宁波日报》刊载了文章《285 万外来工免费享受五大保险》,从外来农民工参保难这一切入点入手,以小见大,引出了对宁波外来工社保政策调整的具

① 徐正:《发挥党报优势 致力精品创新》,《中国新闻出版报》2010 年 6 月 8 日,第八版。

体介绍，深化主题，扩大了新闻报道的影响力，荣获第十八届(2007年度)中国新闻奖二等奖。2008年12月29日《宁波日报》刊载的《宁波"放水养鱼"活了10万民企》则是从民企减负的角度分析了宁波市财政政策对促进民企发展的重要影响，题目形象生动、内容清晰易懂，荣获第十九届(2008年度)中国新闻奖三等奖。

新媒体方面，中国宁波网在加强政府网络新闻发言人和网络问政制度化方面将进一步加大力度。在台风"菲特"期间，宁波日报网第一次大规模地将传统媒体与新媒体进行融合联动，在报纸不能送达订户的情况下，将所有的采访稿第一时间发到微博、网站，使宁波日报网成为抗洪救灾新闻报道的第一发布平台。

《宁波日报》还注重传统媒体和新媒体的结合，促进报道影响的持续性，在进行重大报道时，一直比较注重运用整合传播理念，通过"四动"来增强规模效应，即主题滚动，报网互动，受众互动，消息、主打通讯、言论评论、主题专版等多载体联动。

四、和而不同:各个子公司的多彩文化

目前集团产业主要由报纸杂志、出版发行、数字新传媒和文化产业四大板块组成。报纸杂志板块主要包括《宁波日报》《宁波晚报》《东南商报》《华侨报》《余姚日报》《慈溪日报》《奉化日报》《鄞州日报》等；出版发行板块主要包括宁波出版社、宁波市新华书店、东海岸电子音像出版社等；数字新传媒板块由宁波新传媒有限公司所辖，主要由中国宁波网、宁报传媒、悦报传媒、宁波网传媒有限公司等组成；文化产业板块主要由宁波书城、宁波报业传媒大厦、宁波数字传媒基地、报业印刷发展有限公司、宁波智慧产业发展有限公司，以及公益性质的宁波音乐厅、邵洛羊艺术馆等组成。目前，宁波日报报业集团已成为国内传媒产业链最长的党报集团之一。不同营业单元的多彩文化构成了宁报集团和而不同的宽松氛围。

宁波出版社于2002年初步改革，挂靠在宁报集团，在随后的10多年中，不断积累、塑造出了既具有宁报集团共性，也具有出版社特色的企业文化。追忆七千年历史，记录五千年文明，是出版社坚持的文化理念，也是其承载的历史使命。

宁波出版社的企业文化提炼为八个字:崇德、尚责、乐学、善进。这样的总结贴切地形容了出版社的行业特点。而为了更好地使企业文化深入人心，出版社开展了五大活动作为支撑。(1)连续开展四届的"五小"活动:小

创意、小策划、小建议、小批评、小制作，为员工发挥自己的聪明才智构建平台。“五小”活动的本质是民主管理，是镜头，是通道，是平台，在这里员工可以展示自己的才能，提出中肯的建议。(2)党员骨干一帮一。为每一个党员骨干配一个徒弟，制定五年进步规划，将骨干的政治能力和业务能力一代代传承下去。(3)每年一届的青工技术比武。为各个职位的员工提供展现专业素养的机会，无论是编辑、审读和校对都有自我展示的舞台。(4)常年人才培训计划。每年规划 8 到 12 场专题讲座和培训，采用请进来、走出去的方式。例如，邀请北京的开卷公司对员工进行培训等。(5)开设三大俱乐部：球类俱乐部、摄影俱乐部、户外活动俱乐部。这些活动开展的主要目的是锻炼和培养每一位员工的集体荣誉感，同时活动具有娱乐和陶冶情操的属性，为大家提供交流的机会。所有的俱乐部采用领导自选、活动自定的管理方式，由出版社提供充足的经济保障。五个具有内在联系的精神文化活动，既是集团精神的传承，也是出版社培育员工归属感的重要举措。

宁报集团旗下《东南商报》秉承文化传播力量的口号，每年鼓励员工出版论文、图书，从 2013 年开始，出版“东南商报文丛”，由商报为那些写出优秀论文或特色文章的员工支付出版费用。至今，已出版三本文集，大约 20 万字，每册印量为 1000 本。除了员工个人的论文集，商报还出版了一套《东南商报资料汇编》，发给报社内员工人手一套。例如，特稿报道栏目“程钟婧鼓”中的多篇报道就被选入其中。

第四节　挑战：宁报集团面临的企业文化建设冲突

如何协调丰富多样的子企业文化与集团整体归属感的关系是宁波日报报业集团文化创新面临的重要挑战。目前，宁报集团产业涉及报纸杂志、出版发行、数字新传媒和文化产业等多方面，既有《宁波日报》《宁波晚报》《东南商报》《新侨报》《余姚日报》《慈溪日报》《奉化日报》《鄞州日报》、中国宁波网等各类媒体，也有宁波出版社、宁波市新华书店、宁波书城、宁波报业传媒大厦、报业印刷发展有限公司等文化产业，以及公益性质的宁波音乐厅、邵洛羊艺术馆等。再加上二级单位经济独立核算的体制转型措施的推动，每一个经营单位享有极大的独立自主经营的权利。这塑造了宁报集团丰富多彩的子文化和兼容并包的集团文化氛围。但是，不同的经营单位都有自己的企业特性和文化特性，比如以宁波网为代表的新媒体业务讲求速度、高效，员工以年轻化为主要特征，工作氛围讲究开放、创新；而以《宁波日报》为龙头的传统报业，更加注重舆论影响力和社会责任，历史沉淀的工作经验是其宝贵的财富。要想协调好不同经营单位之间的关系，不仅需要兼容并包，还需要认识到作为宁报集团一份子的共性，具有宁报共性，又具宁报各子企业特色的文化口号才能够真正地深入人心，营造员工的归属感。总体而言，目前，宁波日报报业集团企业文化建设面临的挑战主要集中在以下几个方面：

一、首要挑战：传统媒体与新媒体平台的价值观冲突

就目前传媒产业发展总体趋势而言，尤其是以“互联网＋”为代表的媒介融合发展战略的实施，传媒集团化趋势带来的集团内部各类不同性质的企业文化之间的冲突，更集中表现为传统媒体和新媒体的冲突。互联网的出现改写了企业文化，尤以互联网企业为标志。自下而上，自上而下，公开透明，调动潜能，强调平等、创新和效率，使人的能量得到最大释放，这是互联网企业文化的特色。而原先以单一产业为主体的传统传媒集团内部本就存在事业单位、企业化管理的价值冲突，和互联网企业强调单纯的企业化管理相比，在文化上显得更为复杂和格格不入。

宁报集团企业文化深深根植于事业单位体制文化，新经济企业文化和传统企业文化之间的矛盾和冲突不断加剧，亟须建立符合互联网时代特色的现代企业制度。宁报集团作为国家“数字报业实验计划”的首批成员单位，于 2007 年启动全媒体数字平台建设，在 2009 年初成立全媒体新闻部，与中国宁波网合署办公，变革的结果是，中国宁波网成为全媒体运作的核心。宁报集团现有主要媒体的内容，大都集纳到中国宁波网上呈现，宁报集团现有的产业格局，兼具传统媒体与新媒体行业特点。

2000 年以来，传媒业遇到最大的变量是以互联网为代表的新媒体的出现。和传统媒体集团往往局限于区域和行业不同的是，新媒体集团从一开始就是指向全国性市场布局，区域和行业的既有藩篱都无法阻挡互联网公司在全国市场上配置资源带来的冲击力。[①] 和传统媒体的生态环境相比，互联网行业面临更多竞争和更少的行政力量庇护。在新媒体环境下，产业融合带来的是区域和行业边界的模糊化，竞争与合作，而非垄断成为当前产业

---

① 朱春阳、谢晨静：《传媒业集团化 17 年：问题反思与发展方向——以上海报业集团组建为基点的讨论》，《新闻记者》2013 年第 12 期，第 16 页。

发展的新主流。这导致传统传媒集团面临最大的挑战，即传媒业原有的垄断基础面临消解，这直接导致基于强化垄断而获得的传媒集团竞争优势难以为继。[①] 和垄断为主导战略的传统媒体发展思路相比，互联网思维从一开始就是不同的，集中指向了开放、合作、交流互动、分享等理念价值。相对封闭保守的传统媒体发展理念与开放合作的产业发展主导潮流之间的冲突已经严重制约了传统媒体的发展，向新媒体学习媒介融合的先进经验，并融入传媒产业发展的滚滚洪流中去，这是传媒集团未来需要跨越的第一道门槛。

新媒体对传统媒体的强烈冲击使得传统媒体面临转型和产业融合的新课题。而不同类型的组织有不同的管理制度和管理模式，党报有党报的管理模式，都市报也有都市报的管理模式，新媒体也有新媒体的管理模式。尤其是新旧媒体在技术方式、盈利模式和操作理念上的巨大差异，其中技术方式的复制难度并不高，而影响盈利模式和操作理念革新的重要因素是僵化的人员编制和流通不足的资源，即劳动与资本这两大生产要素的弹性不足，导致了报业难以模仿新媒体的灵活机制。而其中最根本的是适应市场变革的基本现代企业制度迟迟未能真正建立。[②] 传统媒体现有的激励制度和分配制度难以调动员工积极性，制度环境和精神环境相对封闭和压抑。传统媒体集团如果试图在新媒体领域发力，必须赋予旗下新媒体业务具有行政区划外“独立行走”的基本能力；而这一能力只能来自于竞争能力与合作能力的培育，是之前垄断力量所无法实现的目标。把基于区域市场的竞争优势扩散到全国性市场，就要求新媒体业务体制和新媒体产业既有制度接轨，而不能是传统媒体集团制度体系在新媒体业务上延伸。

二、行业冲突：事业性的专业理念与企业化的经营管理之间的冲突

在传媒集团延伸其产业链的多点式经营的扩张过程中，新闻业既有的新闻专业主义理念与管理系统中的效率至上论之间存在矛盾，采编方与经营方的潜在冲突也日益成为传媒集团必须要正视与解决的关键问题。媒体这一既是喉舌又是钱柜的特质，造成了重重矛盾，在以提供公共信息、公共服务为核心的新闻报道方面尤为突出。如何既能实现党和政府喉舌的功能，又能实现商业盈利目标？中国媒体始终在提高收视率、发行量而牟取更

---

① 朱春阳、谢晨静：《传媒业集团化 17 年：问题反思与发展方向——以上海报业集团组建为基点的讨论》，《新闻记者》2013 年第 12 期，第 19 页。

② 朱春阳、张亮宇：《从封闭对抗到开放合作——2000—2012 年我国都市报竞争力持续的战略转型》，《中国报业》2012 年第 19 期，第 14—18 页。

大商业利益,以及为社会提供更公正透明的信息和报道之间博弈。

宁报集团经过十几年的发展,目前已经形成了“八报五刊一社一网站一书店”的产业格局。其中,报刊是宁报集团最核心的业务部门,报业文化有其深厚的历史积淀和行业特性。新闻专业主义精神是报业文化最集中的体现。然而,在事业单位企业化管理的既有制度环境下,经营领域作为我国增量改革的产物,已经成为我国传媒业改革“边缘突破”的首要区域,大多数的传媒改革成果都集中于经营领域的革新,最终带动整个传媒业的发展。而作为改革的核心问题:如何做一个好的事业单位,其实在过去的30多年中并没有得到较好的思考和回应。这一矛盾在过去的30多年中之所以没有爆发尖锐的冲突,究其原因在于事业体制赋予传媒集团区域与行业的垄断地位,经营的复杂性较低,竞争的程度也比较低,双方相安无事。但伴随着媒介融合的逐步深入,垄断被打破,传媒集团必须面临竞争的产业新格局,传媒业的各个环节都要成为竞争的支撑点,经营方需要采编方更接近读者与市场,而采编方则因为受制于长期的体制限制改革进展缓慢,与目标群体的要求有较大差距,最终诱发了双方之间的矛盾与冲突。

三、扩张的迷失:传媒企业与其他企业之间的理念冲突

近年来,传媒产业局势相当严峻,一方面,传媒的体制转轨和形态转轨使得报业不得不开始注重经营和社会效益;另一方面,跨界和混搭推动的合作创新成为传媒集团竞争优势的核心源泉。在跨界和混搭的合作创新中,传媒集团内部形成了复合型的业务结构,目前的宁报集团已经不仅仅超出了传统媒体采编、经营和发行,还涵盖了出版社、书店、文化创意产业等多个业务板块。站在集团层面,面对已经拉长的产业链,传媒集团需要的不仅仅是报业文化,而是可以共享、交流的现代传媒集团的企业文化。内部共识难以达成,企业文化就无法成为集团共享的价值源泉。在传媒组织从单打独斗走向集团化层面之后,如何协调各个子系统与传媒集团的价值体系之间的关系成为影响传媒集团发展的关键。

可以看到,随着行业壁垒和区域壁垒的消解,传媒集团将面临强度更高的竞争与更为广泛的合作。核心竞争力成为竞争与合作的关键,基于原有垄断背景下的企业文化面临着新环境的挑战。不能被复制的竞争力才是传媒集团基业长青的保证,组织文化作为传媒集团核心能力构建的生命线,是唯一不能被竞争对手复制的一个要素。企业文化作为企业资产的重要组成部分,也是企业价值链中最难以模仿的部分,企业竞争优势得以持续正是基

于企业文化的这一核心价值。

本章小结

对企业文化建设的考察不能脱离宁报集团发展战略的现实轨迹。宁报集团的发展，是基于对国内传媒业最先进经验的吸纳与再造，但同时也无法摆脱现实格局对传媒业发展的制约。宁报集团的传媒集团化是我国传媒业集团化发展的缩影，也是这一发展路径规划下的典范。当经历了前期以"跑马圈地"为特征的高速业务扩张之后，宁报集团当前面临媒介融合之后带来的一系列重大挑战，打造竞争优势的支点也由原来的资源禀赋转向核心能力。媒介融合带来的最大的变革就是消解了区域与行业垄断的壁垒，使得集团化战略的首要目标——垄断——得以实现的成本急剧上升，而垄断带来的有利可图的绩效却一直在下降，传媒业整体上面临从集团化谋求垄断效应转向竞合战略，以寻求竞争优势和合作空间为新一轮传媒集团化发展的核心要义。在这一竞争优势持续发展模式转换的过程中，企业文化作为传媒集团核心竞争力的关键要素扮演着至关重要的作用，它对于宁报集团内部多业务组合之间形成价值认同与归属感、黏合资源、形成合力、一致对外、发挥资源整合的最大化效应起到无可替代的作用。因此，梳理宁报集团企业文化建设的基础性要素构成了宁报集团面向未来布局发展战略的重要环节。而这其中，蕴含在快速发展起来的集团与产业内外的矛盾冲突与文化碰撞，构成了宁报集团企业文化建设所要面对和解决的新问题。这包括传统媒体平台与新媒体平台之间的理念与文化碰撞，传媒业内部事业主导的采编逻辑与产业主导的经营逻辑之间的冲突，以及传媒企业与非传媒企业之间的价值认同矛盾，等等，这些新任务构成了宁报集团企业文化未来建设的核心方向与关键所在。

第四章　做法与特色：宁波日报报业集团企业文化发展历程与现状

本章提要

本章论述的核心内容为宁波日报报业集团企业文化的发展历程与现状。根据宁报日报报业集团的建立、发展的历史现实，本章以2002年集团成立为界线，将宁报集团企业文化发展历程整体划分为两个部分。第一部分为宁波日报报业集团的文化渊源，即宁报集团成立前宁波日报社的文化发展历程，首先叙述了1949年至1972年期间，宁波市诸多报刊最终改组形成《宁波日报》的历史，论述了《宁波日报》的文化起源；随后叙述了1980年《宁波日报》复刊以至宁报集团的建立，《宁波日报》的发展变革，先后从《宁波日报》自身发展变革、一个报社到宁报集团的形成、《宁波日报》改革创新探索等方面论述、提炼了新时期《宁波日报》的文化建设。第二部分则是讲述宁波日报报业集团建立之后企业文化的发展，先后分别从宁报集团的文化局面("八报五刊一社一网站一书店"的和而不同的文化的形成)和宁报集团的体制机制创新(体制机制的创新一方面体现着集团的文化，另一方面也是集团文化建设的保障)两方面梳理了宁报集团成立后文化建设历程。

在宁报集团企业文化建设现状方面，本章从组成企业文化的几个要素，即核心价值观、集团工作环境、典范人物、礼仪和仪式、文化沟通网络，来分别阐述宁报集团的企业文化建设的成就与不足。

本章采用的研究方法主要为文献研究法，文中除特别标注外，所涉及文献、资料、数据均来自宁报集团所提供的内部材料。材料涵盖宁报集团各年度总结、《宁波日报复刊三十年纪略》、集团规章制度汇编、各子单位工作总结、各子单位内部刊物著作、先进个人事迹等。

本章主要希望在梳理集团企业文化发展历程的基础上，对宁报集团企业文化的建设现状进行描述，进而有助于后续章节对企业文化建设效果进行评述。同时，基于历史的梳理，更清晰地了解宁报集团所积累的文化元素，对于第七章关于集团企业文化建设优化的建议具有重要的参考价值。

第一节 宁波日报报业集团的文化渊源——《宁波日报》的文化发展历程(1949—2002)

本部分重在讨论宁波日报报业集团的文化渊源，即宁报集团成立前宁波日报社的文化发展历程。本部分以1980年为时间点，将宁报集团成立之前《宁波日报》文化发展历程分为两个阶段，希望通过梳理《宁波日报》发展沿革的历程和改革创新的举措，提炼出《宁波日报》所形成的文化特质。

在集团成立之前，宁波日报社直接针对文化进行建设的措施相对较少。然而，文化体现在宁波日报社和报人的日常工作、生活当中，同时，也正是在报社和报人的工作生活中，《宁波日报》的文化得以逐渐形成。通过梳理解放初期和改革开放新时期《宁波日报》的发展历程，可以发现宁波城市地域文化、时代精神和党报性质是《宁波日报》文化的主要来源。《宁波日报》在发展历程中始终体现着诚信务实、追求精致、勇于变革、开放创新的文化精神，同时也始终坚持党性要求，紧密结合时代要求，发挥新闻媒体在社会建设过程中的作用，努力满足人民群众对新闻媒体的需求。

一、宁波文化、党报原则——《宁波日报》的文化起源(1949—1972)

《宁波日报》的诞生和发展是根植于宁波这座诚信、务实、开放的城市的，宁波丰富的海洋文化、商帮文化、港口文化、藏书文化等文化特性，宁波自强不息、诚信务实、博纳兼容、崇文重教的城市底蕴为《宁波日报》文化建设提供了源源不断的精神财富。《宁波日报》所处的环境决定了其注重反映城市文化，追求精致、人文的文化基调，也决定了其与当地其他媒体的不同特点。《宁波日报》成为一张具有人文气息的党报。它所传达的人文气息与

《宁波日报》所在的环境和城市文化密不可分。

《宁波日报》所处的城市地域环境,加之其作为地方党委机关报的性质,决定了其在创立和演变的过程中始终体现着三大特点:其一,城市为主,兼顾农村;其二,体现城市人文体系、文化特点;其三,反映、活跃党内生活,监督党组织内的不正之风,追求责任至上。

《宁波日报》的前身最早为《甬江日报》。宁波解放后,由中共宁波地委、市委主办的《甬江日报》创刊,这是解放后宁波的第一家党委机关报。《甬江日报》日出对开 4 版,第 1、2 版刊登新华社电讯与地方新闻,第 3 版刊登市区及各县经济消息,第 4 版为副刊。日发行量 3000 至 5000 份。

1950 年 7 月 7 日,《甬江日报》与庄禹梅等创办的《宁波人报》合并为《宁波时报》,《宁波时报》仍日出对开 4 版,以转载新华社电讯、《人民日报》要闻,报道解放初本地土地改革、镇压反革命、抗美援朝三大运动和城市经济恢复及农业生产为主,并设"大众园地""工作与学习"副刊。发行量 5000 至 6000 份。

1951 年 9 月 1 日,由《宁波时报》改组成的《宁波大众》创刊,为中共宁波地委机关报,实行地委党报委员会领导下的社长负责制,设社务委员会,社长为丁菲(女)。1954 年 5 月,社务委员会改为编辑委员会。

1956 年 1 月 1 日,《宁波报》创刊,为中共宁波市委机关报。1958 年,《鄞县报》《镇海报》并入《宁波报》。《宁波报》面向城市,以报道城市工作、工业生产为重点。

1961 年 2 月 14 日,《宁波报》因新闻纸紧张而停刊。停刊后,原先以面向农村为主的《宁波大众》在宣传报道上开始兼顾城市读者需要。《宁波大众》第 1 版为国际、国内和地方要闻,第 2 版为经济报道,第 3 版以反映政治思想、文化教育、科学卫生为主要内容,第 4 版刊登国内外时事新闻。

《宁波大众》初出 4 开 4 版,一度扩至对开 4 版,后又改为 4 开 8 版;1960 年恢复 4 开 4 版。"文化大革命"期间,宁波大众报社成立革命委员会,1967 年,《宁波大众》一度改出《新华电讯》和《新闻电讯》。1972 年 10 月 20 日,《宁波大众》停刊。

1972 年《宁波大众》停刊后,宁波这座城市就没有了自己的报纸,宁波报业在那个特殊历史时期中断了 8 年。直至改革开放之后,1980 年 6 月 1 日,经中共浙江省委批准,《宁波报》作为中共宁波市委、地委联合主办的机关报复刊。而后,在 1983 年,在地市合并的背景下,《宁波报》更名为《宁波日报》,成为新的中共宁波市委机关报。经过新中国成立后 30 余年的沿革,

《宁波日报》在宁波读者的生活中。

由《甬江日报》的创刊到《宁波日报》的正式出现，《宁波日报》诞生经历了非同寻常的历史过程，这一过程正是新中国前 30 年政治、经济、文化发展的缩影，《宁波日报》的诞生见证了新中国成立后地方党委机关报历史沿革的进程。

二、坚韧务实、开放创新——新时期宁波日报的文化发展(1980—2002)

1. 与时代同行的内容与版面变迁

今天的新闻是明天的历史，作为承载新闻的报纸，也是社会文化、时代精神的写照。正式出刊以来，《宁波日报》始终紧随时代发展变化的步伐，不断调整自身的版面设置与报道内容，务实、创新是宁波城市文化的重要特色，这一点也体现在《宁波日报》对变革的坚持和不断的创新之中。与此同时，《宁波日报》的发展过程中，依旧始终坚持着其前身《宁波报》的文化追求，一方面体现着务实、创新的城市文化的特色；另一方面也始终坚持作为党报，反映党员群众风貌，反映改革开放，反映城市农村建设的使命。

报道内容与版面设置是一份报纸的“面容”，是一份报纸所蕴含文化最直观的体现。《宁波日报》的文化气质与精神追求体现在其内容与版面编排的发展变迁之中，同时也在一次又一次创新改版过程中逐渐得以沉淀、升华。

1980 年 6 月 1 日《宁波报》复刊，成为中共宁波市委、地委联合主办的机关报。复刊之初的《宁波报》为 4 开 4 版的地方性日报，其宣传报道和发行范围以市为主，兼顾地区；内容以地方新闻为主，将经济宣传放在首位。报头由宁波籍书法大师沙孟海题写。

《宁波报》版面设置突出地方特点，第 1 版以刊发地方新闻、国内外重要电讯稿为主，开辟了《明州论坛》《一周谈》《浙东各地》《甬城集锦》《甬城快讯》等栏目；第 2 版为综合新闻版，以经济新闻为主，设《甬江集锦》《宁波市场》《阿拉宁波》《献身四化的人们》《工作研究》等栏目；第 3 版主要反映精神文明建设，轮流刊出《百花园》《月湖》《科学窗》《青年之友》《党的生活》《学习》《读者来信》等副刊、专刊；第 4 版为国际国内新闻版，主要刊发新华社电讯稿。

1983 年，《宁波报》更名为《宁波日报》，随后，《宁波日报》成为新的中共宁波市委机关报，编辑方针调整为“以城市为主，城乡兼顾”。

1984年5月1日起，每逢周三增刊《经济信息》版，11月起刊出《星期天画报》，原有的文艺副刊和文化副刊合并成为综合性副刊《三江口》，初步形成新闻版面与专副刊版面相呼应的格局。1984年7月，报社增设新闻研究室。至1985年1月，宁波日报社部室设置为总编办公室、新闻研究室、编辑室、政法部、文教部、农村部、摄影美术部等，初步形成较规范的部室结构。

随着社会经济的迅速发展，群众对新闻的需求越来越大，《宁波日报》势必要改出对开大报。1987年1月1日起，《宁波日报》改出对开4版，形式上从小报变成大报。改版后的《宁波日报》增设《广角镜》《十日谈》《带露的鲜花》《今日宁波》《读者点题新闻》《致富之路》《教育园地》《科学之窗》《法律与道德》《学苑》等栏目。从4开小报改为对开大报后，《宁波日报》信息量大增，报道面拓宽了，形式也开始活泼起来，系列报道、目击新闻、标题新闻、读者点题新闻引起读者的关注。

1988年，《宁波日报》开辟了《星期天》版，增设《星期特稿》《现场见闻》《甬城晨笔》《凡人风采》等栏目，增辟《国际纵横》专版。一改出报的常态，使人耳目一新。同时重点加强新闻评论和对重点工程、精神文明、历史文化名城以及国际新闻的报道，报纸版面呈现出地方特色浓、国内外消息快、地方新闻多、专版专栏活的特色。

1992年9月，乘邓小平同志南方谈话后掀起的改革新风，《宁波日报》适时推出《周末》增刊和《经济信息》版，满足了读者在经济和生活方面新的需求。同时报社成立了经济信息部。

自从1987年改版为对开大报后，为适应宁波改革开放、经济社会发展的需要，同时顺应快速增长的广告发展形势，《宁波日报》加快扩版步伐，几乎每年都会调整版面结构、版面内容，并相应调整采编部门设置。

1993年上半年，《宁波日报》改变了原来以行业对口来设置部室的模式，原则上按新的版面划分重新组建部室，并实行采编合一的体制。同时，报社将激光照排室从印刷厂划归国内国际部领导，初步理顺了编、排、校的关系。

1993年7月1日起，《宁波日报》正式扩为对开8版。这次扩版后，报纸信息量明显增加，要闻部、地方新闻部和经济专刊部等部室利用各自的版面优势，在增加系列报道、追踪报道和热点引导方面做了大量工作，如新辟了《读者点题》《背景新闻》《观察与思考》等栏目，积极反映社会转型时期的深刻变化与民生百态。同时，版面时效性明显增强，新辟了《昨日现场报道》。

1994年1月1日，为增加报纸发行量，文摘类的《文荟》专刊创刊，两周一期，随报附送。《文荟》专刊先由《宁波日报》发行部主办，1995年7月，文荟专刊部创立，进入编辑部序列。同年10月，报社撤销经济信息部，相关业务并入经济专刊部。

1994年5月18日，《宁波日报》第一张彩报问世，版面色彩丰富，印刷精美。

1996年6月19日，《宁波日报》改版，新闻版面由原来的每日4个版增加到5个版；同时刊出《生活周刊》，4个版面集中了大特写、健康、休闲、时尚等生活信息，以亲切活泼、图文并茂的形式受到了读者青睐。1998年，为满足读者对体育新闻的需求，增设体育新闻部，当年1月起刊出《体育新闻》，每周5期。

1999年1月1日起，《宁波日报》由8版扩为12版。进一步拓展了国内国际新闻、浙江新闻和地方新闻、社会新闻、体育新闻，大幅度增加信息量，提高可读性。新推出的《学苑周刊》《文娱周刊》《浙江新闻》以及《房产天地》《证券投资》《电脑市场》等都具有鲜明的时代特色与地方特色；原有的周刊专版如《生活周刊》《国内国际新闻》《社会新闻》《经济广角》等对版面作了短新闻、大图片的定位，在版式与内容上也有了新的提高。

2000年元旦起，《宁波日报》开始每日出彩报。2001年3月19日，《宁波日报》对原有版面进行重大调整，将版面进行板块化处理，加大新闻热点报道和证券投资方面的报道内容。调整后的《宁波日报》由原来每周76版扩大到88版，改善了版面结构，扩大了新闻容量，丰富了双休日版面内容。

2002年4月22日，《宁波日报》再次调整，目的是优化总体结构，扩大新闻版面，精办专刊专版，统一版面风格。每周新闻版面由原先的54个版增加到62个版，新增版面主要用于刊登国内国际新闻、财政新闻、文化新闻。周刊和专刊的总量由原来的每周32版减少到21版。经过调整，日报的新闻版面容量比过去增加了14.8%，使读者能够从报纸上获得更多更新的信息。

随后，2002年6月20日，国家新闻出版总署正式发文批准组建宁波日报报业集团，同年8月，集团正式挂牌成立。2002年4月的改版是宁波日报报业集团组建之前，《宁波日报》最后一次改版。这次改版创新了版面形式，编辑部组织所有新闻、专版编辑，美术编辑，照排、校对等方面业务骨干，举办版面创新学习研讨班，对报纸版面编排做出新的规定。从此，《宁波日报》告别了沿用多年的参差交叉的传统编排法，采用了整齐、简洁、大气、易读的新型编排法，突出了报纸的视觉冲击力。此次改版也为集团成立后《宁波日报》的进一步创新、发展奠定了基础。

改革开放新时期，面对飞速变化的社会环境和读者需求，《宁波日报》始终能够迅速适应变化，从其近乎一年一度的版面变革、部门调整的举措中，可以看出《宁波日报》始终坚持务实、创新的精神，以开放的心态回应外部环境的变化，并通过自身努力与时代风貌相一致，努力满足日益丰富和多元的读者需求。其在1993年改版中提出的指导思想“报道更多的新闻，提供更多的信息，传播更多的知识，增添更多的情趣，更好地为广大读者服务”非常全面地概括和总结了《宁波日报》新时期的文化特色与精神追求。

2. 从“一份报纸”走向“一个集团”

《宁波日报》是宁波日报报业集团文化渊源中最核心的部分。在宁报集团组建之前，《宁波日报》作为宁波日报社最核心的报纸，在多年的发展中积淀了具有地域特色、时代特征、行业特点的党报文化，是宁波日报社，以及宁报集团宝贵的文化来源。

随着改革开放的不断深入，中国报业进入快速发展时期，在推动《宁波日报》不断发展壮大的同时，宁波日报社逐渐走上“扩军”之路，逐渐从“一份报纸”走向“一个集团”。这一过程中，宁报集团的系列举措始终体现了开放、务实、创新的精神，以开放的心态回应外部环境的变化，并通过自身努力与时代风貌相一致，努力满足日益丰富和多元的读者需求。在这种文化和精神的推动下，《宁波晚报》《东南商报》《新侨报》等报刊的成功，促使宁波日报社形成了党报、都市报、行业杂志、门户网站为一体的业务格局，体现了时代发展的特征，不同报刊相互补充，丰富了宁波日报社的文化，共同构成了宁报集团和而不同的文化风貌。

《宁波日报》复刊后，伴随着改革开放的伟大进程，中国报业进入快速发展时期，《宁波日报》也不断发展壮大。从20世纪90年代开始，为适应改革开放形势的发展，在不断扩版增容的同时，《宁波日报》走上了“扩军”发展之路。

1990年12月，宁波日报社与宁波市侨办、宁波市侨联合办《宁波侨乡报》，面向海内外公开发行。这是宁波日报社的第一张子报。

1995年1月1日，宁波日报社创办的《宁波晚报》正式公开发行，最初为4开4版，当年10月1日扩为4开8版。目前，《宁波晚报》已是宁波发行量最大、入户率最高的报纸，成为全国地市级晚报中的佼佼者。

1999年，《宁波侨乡报》试办《服务导刊》，历时一年半，2001年1月1日，由《服务导刊》改办的《东南商报》正式创刊。这是由宁波日报社主管主办的又一张综合性子报。作为浙江省和宁波市文化体制改革的首批试点单位之一，《东南商报》创办两年之后，于2003年3月起全面改制，实行采编与经营分离，在报业集团控股的前提下，引入社会资本参股，将经营部分推向市场。目前，《东南商报》已成为宁波报业市场的一支劲旅。

原《宁波侨乡报》人员转办《宁波侨讯》。经浙江省新闻出版局批准，《宁波侨讯》于2001年2月创刊。2008年4月18日，《宁波侨讯》改版为《新侨报》，成为面向中高端读者的时尚类周报，填补了宁波报业市场周报的空白。

2001年6月1日，由中共宁波市委宣传部和宁波日报社联合主办的中国宁波网正式开通。这是宁波唯一一家经国务院批准建立的综合性新闻网站。与此同时，宁波日报社通过联办、协办期刊的方法，进一步扩大影响力。1998年，宁波日报社与市文联联办《文学港》杂志。2000年起，《宁波经济》杂志改由宁波日报社与宁波市政府经济研究中心、宁波市政府办公厅联合主办。

新世纪前后，顺应市场化的趋势，中国报业开始做大做强。宁波日报社紧扣时代脉搏，凭借宁波改革开放和经济社会发展的强劲势头，在全国城市党报中较早进入报业集团的行列。截至2002年8月宁波日报报业集团正式组建成立，宁波日报社已经形成了党报、都市报、行业杂志、门户网站为一体的业务格局。

3. 体制机制改革中的创新精神

《宁波日报》自复刊以来，与中国改革开放一路同行，始终坚持以办报为中心，逐步深化改革，将党报做大做强。不断深化体制与经营管理改革，积极培育激励机制，创新内部管理模式，使党报始终充满活力，实现了社会效益与经济效益的双丰收。体制机制既体现了《宁波日报》勇于变革、开放创新的文化特色，也为宁波日报社的文化培育、传承提供了良好的制度环境。

1984年，宁波日报社摆脱财政拨款的旧模式，开始实行自收自支、自负盈亏，走上了自我发展道路。此后，宁波日报社的体制与经营管理改革一直没有止步，始终坚持以改革促进发展。在报纸影响力日益扩大的同时，经济实力也不断壮大，为报社全面发展提供了可靠的保障。

1995年创办综合性子报《宁波晚报》后，当时的宁波日报社党委提出"日稳晚发"的指导思想，在稳定日报各项工作的同时，大力扶持晚报。之后《东南商报》创刊，报社把这份新办报纸列为重点扶持对象和新的经济增长点。根据这一指导思想，妥善处理了主报和子报的关系，实现了各报的共同发展、均衡发展。

《宁波日报》复刊以来，宁波日报社领导体制为适应发展需要，经历了三次重大变革。1988年2月，中共宁波市委决定宁波日报社实行总编辑负责制；1991年3月，中共宁波市委决定宁波日报社实行党委领导下的总编辑负责制；1998年6月10日，中共宁波市委决定宁波日报社实行党委领导下的社长负责制。报社领导体制的变迁，总的来说沿着两个方向：一是加强党对办报的领导；二是强化经营班子建设。

报业发展的核心资源是人，要建设一支有战斗力的队伍，就需要深化人事和分配制度改革。宁波日报社一直重视内部人事机制建设，通过不断改革，形成了人员使用的全员聘用制度，薪酬分配的岗位工资制度，管理中的绩效考核制度，有效地激发了员工的积极性与创造性，提高了工作效率与竞争力。

1986年宁波日报社制订《编辑记者定额责任制》，对采编人员实行定额计分考核，初步改变干多干少一个样、干好干坏一个样的状态。同时出台《部主任、编辑、记者岗位责任制和奖惩条例》，明确了各类人员的职责，各采编部室改过去被动接受任务为主动安排工作，全体采编人员的积极性被充分调动。

1996年开始，宁波日报社对中层干部开始实行聘任制，通过推荐与自荐相结合的方式产生出合适人选。为了实现干部年轻化，对年龄偏大的中层干部给予恰当安排，让出岗位，待遇不变，并适当分配一些传帮带的工作。

2000年，宁波日报社实行全员聘用，较好地贯彻了单位用人自主、个人自主择业和公平、竞争、择优的原则。通过竞争上岗，进一步拓宽了选人用人渠道。同时制定采编人员岗位职责及定额考核办法的调整方案，较大幅度地调整定额和稿费标准，以形成竞争激励机制，促进新闻精品的产出和优秀人才的培养。

实践证明，这些改革在理顺分配关系，实现多劳多得又不使差距过大，弥补现行职称评定与工作表现有些脱节的缺陷上，发挥了积极作用。宁波日报社在体制机制方面的改革探索和创新也为宁波日报社的文化培育、传承提供了良好的制度环境。

第二节　宁波日报报业集团成立后的文化发展（2002—2015）

本部分重在阐述宁波日报报业集团建立之后企业文化的发展现状，先后从宁报集团的文化局面和宁报集团在体制改革与经营创新方面的措施进行总结梳理。

从现有的资料来看，宁报集团明确针对文化进行建设的举措较少，但是文化体现在集团及其员工日常工作的方方面面。比如"八报五刊一社一网站一书店"形成的和而不同的文化的局面，本身体现着宁报集团多元开放、融合创新的文化追求；再如体制改革与经营创新一方面体现着集团的"讲务实、敢为先"的价值追求，另一方面也为集团文化的建设提供了制度保障。因而，本节对上述两方面能够体现集团文化特色，并且能够起到保障和促进集团文化建设的举措进行了梳理总结，从侧面梳理了宁报集团成立后文化建设历程。

一、开放多元、融合创新——和而不同的文化局面

2000 年 9 月，宁波日报社党委向市委提交组建宁波日报报业集团的报告，经市委批复同意，于 2001 年初上报浙江省委宣传部，由省新闻出版局出面向国家新闻出版总署申报。2002 年 6 月 21 日，国家新闻出版总署发文批准成立宁波日报报业集团。同年 8 月 20 日，宁波日报报业集团正式挂牌。

2003 年 11 月，宁波出版社加盟宁波日报报业集团。2004 年 1 月 1 日起，《余姚日报》《慈溪日报》《奉化日报》《鄞州日报》《宁波通讯》《宁波经济》改由宁波日报报业集团主管。2004 年 3 月，宁波市新华书店整体划归报业集团。从此，宁波日报报业集团在产业链上涵盖了报刊、图书编辑、印刷、出版、发行等多环节，为集团整合各类资源、推进集约化经营提供了广阔的空间。

宁波日报报业集团成立之后，《宁波日报》进入了新的发展阶段。目前的宁波日报报业集团已经发展为"八报五刊一社一网站一书店"，逐步建设成为横跨不同领域、不同地域的媒体产业格局，正在积极向新型文化传媒集团转型发展。

宁报集团由多家单位组建而成，除了原宁波日报社下属的报刊、网站之外，区县报、出版社和新华书店的并入，也为宁报集团带来了新的文化元素。并入集团的各家单位在发展过程中都逐渐形成了自身的文化，在这样的格局下，宁报集团企业文化建设不仅需要促进各类多元文化的发展，同时也需要整合多元文化，形成集团的文化共识。

集团成立后 10 余年发展历程中，各家单位在交流碰撞中创新发展、均衡发展、融合发展，促使宁报集团文化呈现出百花齐放、和而不同的局面，也体现出宁报集团开放多元、融合创新的文化追求。下面将对集团下属各单

位的文化特质分别进行简要介绍。

1.《宁波日报》：党报文化，求实创新

集团成立后，2003 年 6 月 6 日，《宁波日报》对版面进行新一轮调整，在不增加版面的前提下，撤并专刊，强化新闻版面，同时做强周末专刊，由《生活周刊》改版而来的《三江周末》专刊扩容，并进行了全新包装。

这次改版重在统一版面编排，日报编委会专门下发《关于宁波日报版面编排的若干规定》，规定版面基调为庄重、清秀、视觉化，版面更加清新大气，富有现代感。此举促使《宁波日报》走在了新时代党报创新的前列。

2004 年，《宁波日报》出台了《关于加强采编队伍建设的若干规定》《〈宁波日报〉专业技术职务评聘分离实施办法》《〈宁波日报〉采编人员考核办法》《〈宁波日报〉分配制度改革方案》等 4 个文件，基本完成了采编人员分配制度、评聘制度、考核制度等一系列制度的改革。

当年 12 月 1 日起，《宁波日报》改版，继续突出增加新闻含量，将新闻版从每周 66 版增加到 69.5 版，时政评论从每周 0.5 版增加到 1.5 版；专副刊进行了整合，新设"四明"周刊，版数从 25 版增加到 38.5 版；广告总量从 29 版减少到 23.5 版。

2005 年，《宁波日报》推出每周一期的"今日透视"专版，以深度报道为特色，关注宁波经济社会发展中的重大问题。

为增大国际报道的容量，2006 年 4 月，《宁波日报》每周三由 16 版增为 20 版，增出"环球"周刊，设"焦点""人物""万象""透视"4 个专版，突出深度报道与热点报道。2010 年 3 月，为适应城乡一体化发展形势，《宁波日报》再一次调整部门设置，将农村部改名为地方新闻部。

集团成立后，《宁波日报》继续了其"精致务实、开放创新"的文化追求。这种文化追求促使《宁波日报》在报业市场下行的环境下，坚持抓好新闻宣传报道，牢牢把握正确舆论导向的同时，以主业发展为重，开拓多元经营，保持良好经营态势，着力推动转型升级和转换机制，努力实现经济社会与社会效益的双赢，走在党报创新发展的前列。

2.《宁波晚报》：心系百姓，可读可亲

《宁波晚报》创刊于 1995 年 1 月 1 日。创刊以来，始终秉承"心系寻常百姓，可读可用可亲"的办报宗旨，坚持面向市民，面向家庭，以平民化的视角，增强新闻性、贴近性、服务性，深受读者欢迎，已成为宁波覆盖面最广、发行量最大、经济效益最好的综合性城市报纸。

20 年来，《宁波晚报》以一篇篇饱含真情的文章，一次次拨动读者心弦，引起强烈共鸣。无论是创刊初期发表的《花烛泪诉人间情》中余姚农民郑涨钱一家的悲欢离合，还是连续10余年多方面深入报道世界第一海难江亚轮事件的惊心动魄，以及近年来"好人王延勤""救助罗南英""甬黔携手，万人助学""江北好少年陈吉""林萍捐肝""面人姑娘小丽"等爱心报道，无不贯穿一个"情"字——刻骨铭心的爱情，催人泪下的亲情，善良慷慨的真情和舍生忘死的恩情。

集团成立后，从2003年到2005年，在由国家新闻出版总署报刊司主办的中国报业竞争力年会上，《宁波晚报》在700多家都市报中脱颖而出，连续3年蝉联全国晚报都市类报纸竞争力20强，成为连续3届进入全国前20强的唯一非省会城市晚报。国家新闻出版总署《中国报业竞争力监测报告(2007)》指出：包括《宁波晚报》在内的27家晚报都市报，占全国晚报都市报总量的十分之一，构成第一方阵，"具备最广泛的社会影响力和市场竞争力"。

《宁波晚报》充分发挥自身优势，将党和政府的声音，以群众喜闻乐见的方式进行传播；将宏伟的建设目标，与群众的工作生活特点结合起来进行宣传，充分体现了亲民、近民的特点，成为政府与百姓沟通的桥梁。如2009年针对宁波轻轨项目拆迁这项城市建设重大工程，《宁波晚报》在进行跟踪报道的同时，推出"龙之行"特别报道，分别从"期待变迁""民生四问""同城效应""迎难而上"等角度作了全景式报道，成为"晚报报道模式"的一个典范。在舆论监督方面，《宁波晚报》先后经历过千里暗访商丘驾校揭黑幕、揭露余姚"国大"非法传销等硬仗，赢得了良好的社会反响。

《宁波晚报》注重互动办报，对于群众关心的问题，如关系千家万户切身利益的重大政策调整，以及群众关心的升学、就医、购房等问题，晚报几乎每年都要作专题系列报道，并开展大规模咨询活动。在高考服务报道中，《宁波晚报》除推出高考爱心直通车外，还推出"社区互动"主题，倡导普通市民互助，共有200多辆社会车辆和私家车参加，服务考生和家长1500多人次。

在近20年的发展中，《宁波晚报》得到了广大市民读者的认同，《宁波晚报》自身也形成了贴近生活、心系百姓、服务宁波、可读可亲的文化特质，被宁波市民称为爱心城市里的"爱心晚报"。

3.《东南商报》：满腔热情，贴心服务

1999年，宁波日报社主办的《宁波侨乡报》试办《服务导刊》，2001年1月1日，《服务导刊》转为《东南商报》。自创刊之日起，《东南商报》就以"满腔真情，贴心服务"为口号，致力于打造新闻报道、社会活动、社区服务等方面的品牌影响力，迅速打开了市场。

《东南商报》始终把坚持正确导向作为第一要务,把提高办报质量作为第一追求,把锻造品牌价值作为第一目标。《东南商报》积极探索差异化办报的路子,追求"人无我有、人有我优、人多我精、人精我全"。为了以反应迅速、深入、鲜活的日常新闻报道吸引读者,报纸开设了一些服务性和实用性的专版,让读者在获取新闻资讯的同时,还了解到消费、理财、投资方面的最新趋势,深受读者好评。

《东南商报》于2005年举办的第一届"外来务工者节"开创了媒体为外来务工者举办大型节日的先河。连续5年举办下来,已成为商报的品牌活动,市政府为此将每年的"外来务工者节"升格为宁波市的节日。"外来务工者节"2009年获浙江省新闻"社会活动"一等奖。

除"外来务工者节"活动,《东南商报》几年来还连续举办了"环保·故乡·山江海""中秋赏月系列活动""社区服务大篷车""民企阳光助学""迎世博礼仪之星大赛"等众多大型活动,在读者中形成了良好口碑,"搞活动找商报"成为市民不约而同的想法。策划大型活动,提高了商报知名度,找到了报业市场差异化竞争的突破口,使商报形成自身鲜明的风格。

2009年,《东南商报》成功地组织了宁波城市形象口号征集、宁波轨道标识评选、民企阳光助学等产生了广泛社会影响的活动,成为市委、市政府与老百姓之间,媒体与读者之间沟通互动的纽带。尤其在宁波城市形象宣传报道中,《东南商报》开设了"话说宁波"系列报道,前后收到4万多条城市形象参选口号,活动社会覆盖面广,热度持续时间长,最终选出的"书藏古今 港通天下"城市形象口号,对宁波经济文化发展作了准确概括,成为我市一张亮丽的宣传名片。

经过近15年的发展,《东南商报》不仅自身形成了"满腔热情,贴心服务"的文化追求,同时也为宁波城市文化建设贡献了自身的力量。

4.《新侨报》:甬派时尚,品质生活

2008年4月18日,《宁波侨讯》正式改版为《新侨报》,以"引领甬派时尚,共享品质生活"为办报宗旨,成为宁波第一份时尚类周报。《新侨报》以每周60版的大容量,在报道侨乡宁波的风土人情之外,通过亲和的姿态、休闲的触角,即时反映社会生活,捕捉时尚生活资讯,并提供贴心的本土时尚生活服务。

《新侨报》注重民生新闻,强化服务性功能。如改革开放30周年之际,《新侨报》做了3个专题:从30年来戏剧影视演变看百姓精神生活变化;从30年来服饰打扮看百姓日常生活的日新月异;从30年来文学发展看百姓艺术修养的变化。再如奥运会期间,《新侨报》分别在开幕前和闭幕后,做了2个特刊,每个特刊52版,从历史信息到观看指南、名将故事,都作了服务性报道。金融危机来临之际,《新侨报》还做了"金融风暴影响你了吗"的专题。这些专题报道以故事性、细节感、亲和力,树立了报纸知性高端的形象。

《新侨报》是宁波日报报业集团成立后创办的报纸,它的创办使宁报集团形成了"日、晚、商、周"的立体框架。《新侨报》在发展过程中,逐渐成为一份集时尚、人文、娱乐、消费于一体的都市主流周报,追求甬派时尚、品质生活也成为该报自身的文化特色。

4. 四家县(市)报:依据区位特点,关注本地新闻

宁波日报报业集团成立后,对《余姚日报》《慈溪日报》《奉化日报》《鄞州日报》4家县(市)报实施有偿兼并,4报于2004年1月1日正式加盟报业集团。4家县(市)报在当地党委、政府的支持下,根据不同区位特点,大力探索城乡结合的报纸定位,不断提高在本地传媒市场的覆盖率与影响力,巩固和提升作为县域主流媒体的地位。

《余姚日报》创刊于1956年5月1日,1989年7月1日复刊。近年来,它坚持"新闻立报、质量办报、发展办报"的追求,形成了自己的特色。《余姚日报》尝试搭建特色活动平台,推出读书节、"余姚八景"评选等活动,引起社会广泛关注。

《慈溪日报》创刊于1955年1月1日,1991年6月22日复刊。《慈溪日报》坚持地方新闻唱主角,以多种方式讴歌慈溪人民"敢为人先、勇于开拓"的创业精神,不少典型报道在全省乃至全国引起较大反响。

《奉化日报》创刊于1956年5月16日,1992年10月复刊。《奉化日报》注重找准结合点,在抗冰雪灾害报道中推出了《丽水日记》专栏等。该报注重民生新闻,推出"小袁画新闻"专栏,以漫画形式反映直接关乎民生的问题,形象生动,受到读者好评。

《鄞州日报》创刊于1956年5月1日,1993年7月1日复刊。《鄞州日报》紧紧围绕区委、区政府中心工作,策划和组织了一系列重大报道和深度报道,同时追求新闻的鲜活性、可读性和版面的特色性。在探索加强本土化特色方面,《鄞州日报》创新性地推出镇乡专版,以固定版面,每月一期的频率,集中报道各镇、乡、街道一个月里经济社会各方面的新闻,受到基层干部群众的欢迎。

作为县(市)报,依托区位特点、关注地方新闻、注重基层报道既是这四份报纸的职责,也是这四份报纸应然的追求。这四份报纸工作中形成的文

化特色也与其所在区位、地方紧密相关。

5. 中国宁波网:融合创新的新媒体文化

中国宁波网由中共宁波市委宣传部和宁波日报报业集团联合主办,是宁波唯一一家经国务院新闻办批准建立的综合性新闻网站,担当着网络宣传、舆论引导的主力军角色。

中国宁波网于2001年6月1日正式开通,拥有宁波广播在线等10家支站。2005年5月,中国宁波网推出《宁波手机报》,用户人数居全国同类城市前列。2006年8月1日推出全国首家多媒体互动报纸“宁波播报”。2006年10月,又在全国率先推出电子纸报纸。互动多媒体报、电子纸报《宁波播报》入选首批中国数字报业创新项目。

2006年,中国宁波网被评为中国最具竞争力的十佳新闻网站和中国报业新媒体10强;2007年,《对话杭州湾跨海大桥贯通看自主创新》获中国新闻奖二等奖;2008年被评为中国十大媒体网站品牌;2009年,首页设计“新闻中心——互动多媒体报”再获中国新闻奖三等奖。中国宁波网已连续3届担任中国城市新闻网站联盟理事长单位。

2009年3月13日和4月16日下午,时任市委书记巴音朝鲁、市长毛光烈先后做客中国宁波网,就“深入学习实践科学发展观,加快推进现代化国际港口城市建设”和“保增促调推动科学发展,关注民生促进社会和谐”的主题,与网友在线交流。参与两次对话节目的网友达56万余人;两位领导回答网友提出的问题430余个,社会反响热烈。

2009年,中国宁波网组织策划并实施了《我的知青岁月》《与共和国一起成长》《红色故土浙江行》《宁波轨道交通开工建设》《第二届宁波网络文化节》等10余项重大主题宣传活动的报道,发挥了主流媒体的舆论引导作用。同年,中国宁波网在国内率先成立了全媒体新闻部和3G事业部,组建了以视音频多媒体为主要报道方式的记者队伍,进一步丰富了宁波日报报业集团新闻采编的表现形态。

自创办以来,中国宁波网一直致力于提高网络文化产品的供给和服务能力,重视服务频道和服务品牌建设,先后重点打造汽车、房产、金融等三大重点服务频道,逐步形成了《对话》《天一红人堂》《金视》等一批品牌栏目。中国宁波网成为一家充满活力的综合性新闻网站与宁波市网络门户。

6. 宁波出版社:别具特色的出版文化

宁波出版社成立于1993年11月2日,2003年11月加入宁波日报报业集团,2009年12月成立宁波出版社有限公司。在2008年国家新闻出版总署组织的全国出版社综合实力评估中，宁波出版社被评为二级出版社。

宁波出版社传承宁波悠长丰富的历史文化传统，依托宁波日报报业集团的综合优势，各项事业取得长足发展，成为兼具城市出版社和媒体出版社双重特色的综合性出版企业。近年来，出版了《宁波通史》《中国藏书通史》《天一阁珍藏系列》《宁波帮大辞典》《明清竹刻》《南宋石雕》以及《四明谈助》点校本、民国《鄞县通志》影印本等一批充分体现地方文化特色的精品图书。

相较于报业文化，宁波出版社在宁报集团中别具特色，在多年的发展过程中形成了较为完备的、自成体系的出版文化。宁波出版社结合自身行业特点，确立自身理念为"追忆七千年历史，记录五千年文明"，同时将出版社精神概括为：崇德、尚责、乐学、善进。除精神理念的提炼概括之外，宁波出版社还通过举办一系列活动来支撑自身文化建设。据宁波出版社张刚毅副社长的介绍，目前，出版社每年会定期开展"五大活动"来推动自身团队建设。五大活动分别为：(1)"五小"活动，包含小创意、小策划、小建议、小批评、小制作，是面向全体员工征集创意策划与批评建议的活动，意在鼓励员工在工作中勤于思考、勇于创新，目前该活动已连续开展四届，被宁波市总工会评为精品活动；(2)党员骨干一帮一，此活动是通过党员业务骨干与青年员工结对帮扶的形式，促进党员骨干发挥传帮带作用，帮助青年员工加快提升业务能力；(3)青年员工技能比武，此活动每年举办一次，通过技能比武的方式，增进员工之间的业务交流，提升整体业务能力；(4)常年培训计划，出版社已连续三年为员工提供培训学习机会，该计划坚持"请进来＋走出去"，一方面邀请出版相关培训团队为员工做业务培训和市场分析，另外一方面也注重将自身发展探索得到的经验与兄弟出版单位分享；(5)成立三大俱乐部，出版社内部相继成立了球类、摄影和户外运动俱乐部，并资助开展各类活动，摄影俱乐部还每年举行匿名摄影比赛，优秀作品会得到出版社的奖励，俱乐部成为出版社员工业余生活的重要部分。

经过多年探索，宁波出版社已形成区域文化、建筑、教育、少儿四大类品牌图书特色。出版的精品图书先后获得全国精神文明建设"五个一工程"奖、中国图书奖、浙江省精神文明建设"五个一工程"奖、浙江出版树人奖等。《天一阁藏明代科举录选刊》《万斯同全集》《宁波通史》等重点古籍图书被新闻出版总署列入国家古籍类重点图书出版规划，在出版界形成了一定影响。宁波出版社的文化建设在为出版社凝聚人心、提升业务能力等方面发挥了重要作用。

7. 宁波市新华书店：城市文化的实体空间

宁波市新华书店创建于 1949 年 7 月 15 日，2004 年 3 月加入宁波日报报业集团。2009 年 12 月，宁波市新华书店有限公司正式挂牌。作为城市精神文明建设的窗口单位，宁波市新华书店为营造城市读书氛围，提高市民文化素质作出了自己的努力，自 2001 年起，每年举行“迎春读书月”“青少年书市”，每两年举行一次“科技图书节”“艺术图书节”，积极参与推动宁波的全民读书活动。在多年的发展变化中，宁波市新华书店逐渐形成了图书经营主体“经济为体、文化为魂”的文化性格，书店人也自称为“经营文化的商业人”。

2010 年 5 月宁波书城落成开业后，宁波市新华书店总店入驻宁波书城，成为书城主业经营者。宁波书城位于甬江东岸、规划滨江大道西侧、惊驾桥以南、甬江大桥以北，原为江东北路宁波太丰面粉厂厂址。通过对原工业遗存进行改造，以“甬江边的城市书房”为主题，兴建了一组独特风格的建筑，总共有 8 幢建筑，成为充满浓郁港城历史文化韵味的建筑群落。它是宁波文化大市建设和实施中提升战略的重点工程，是“三江六岸”文化长廊的重要组成部分。宁波书城项目是以书市、书展、书的阅读交流为主题，媒体传播为平台，聚集文化创意产业，辅之以文化消费、文化传播、文化生产、休闲观光等诸要素的城市创新项目。整个项目以书为核心，配置四大功能板块：图书流通中心、书城传播中心、文化创意产业中心、阅读休闲中心。

宁波书城以“让眼睛散步，让心灵飞翔”为口号，着力营造“书香宁波”氛围。宁波市新华书店与宁波书城的结合，不仅丰富了宁波日报报业集团的文化元素，促进了集团从报业文化为主的新闻出版集团向更加丰富的文化传媒集团发展，同时作为承载着文化的实体空间，宁波市新华书店也成为宁波市的城市新形象、新名片和文化地标。

8.《宁波通讯》与《宁波经济》

2004 年，按照宁波市委要求，《宁波通讯》《宁波经济》两家杂志划归宁波日报报业集团管理。

《宁波通讯》创刊于 1982 年 1 月，为中共宁波市委机关刊物，以宣传贯彻党的理论、路线，服务中心工作，服务改革开放和现代化建设为办刊宗旨，是海内外人士了解宁波的有效平台。《宁波经济》半月刊于 1994 年由宁波市政府创办，宁波日报报业集团与市政府办公厅、市政府经济研究中心联合主办。创办以来，《宁波经济》曾荣获“中国城市十佳经济期刊”“华东地区优秀期刊”等荣誉称号。划归后，《宁波通讯》《宁波经济》两份期刊也成为宁波日报报业集团业务的组成部分，成为集团企业文化的来源。

二、勇于变革、敢为人先——文化建设的制度支撑

宁波日报报业集团成立之后，在下属各单位继续探索自身创新发展的同时，集团层面在统筹下属各单位发展、探索体制机制创新、协调拓展多元经营方面进行了许多积极尝试。宁报集团企业文化的形成，一方面要充分依托各下属单位自身的文化积淀，同时也需要推动各单位的文化元素之间的相互作用，构建出集团更高层面的文化共识。而文化建设的过程首先需要体制机制的完善与创新，制度是文化培育的先行者，也是文化传承的保障，科学的制度有利于人才队伍的培养，体现集团发展目标和价值追求，进一步形成良好的文化氛围。因此，集团层面体制机制的发展变化是考量集团文化建设的重要方面。

与此同时，与体制机制密切相关的是集团经营管理的改革。经营管理战略的科学性直接关系到集团的市场表现，经济效益良好的集团更有可能培育出良好的企业文化，而良好的企业文化也更有助于集团保持市场活力、提高经济效益。

本部分将对宁波日报报业集团成立后体制机制改革与经营管理创新举措进行简要梳理，体制改革与经营创新一方面是宁报集团文化的集中体现，另一方面也是宁报集团文化进一步发展的支撑。

1. 实行经济责任制，注入发展活力

自从1984年实行自收自支以来，宁波日报社在积极履行党报职责，承担宣传任务的同时，作为市场经营主体，逐步实行各种形式的经济考核制度。2002年宁波日报报业集团成立以后，各项事业得到极大扩展，2003年，集团按照"成本核算、预算管理、基数承包、超额分成"的要求，在各经济独立核算单位中实行经济责任制。

经济责任制的核心是建立一套考核体系。集团将市委、市政府对集团社会效益与经济效益统一的考核指导思想下达到各单位。集团要求各独立核算单位承担政治导向、办报质量、内部管理、资产增值、队伍建设等责任。同时，赋予各单位相应自主权，包括经营权、用人权、分配权和经费使用权。

《宁波日报》作为党委机关报，尽管承担着繁重的宣传任务，广告经营难度也比较大，但是日报编委会认真接受集团的考核，扬长避短，抢占广告市场高地，在办报质量不断提高的同时，每年超额完成集团考核指标，实现了社会效益和经济效益同步增长的目标。

运行效果证明，经济责任制提高了各方面各部门的创造性和积极性，给集

团的发展注入了强劲活力。2010年,宁波日报报业集团推行新一轮经济责任制,强调利润指标与战略指引相结合,在对各单位利润指标提出要求的同时,又综合考虑各单位的持续发展;强调数量指标与综合考评的结合,注重媒体舆论引导力、市场竞争力的增强,关注员工收入的提高和福利的改善。

2. 国资授权经营,健全市场主体

2005年,宁波市政府决定,宁波日报报业集团成为市国资委第一批履行出资人职责企业,实行国有资产授权经营。这意味着在经营和权限方面,以生产精神文化产品为主业的报业集团与所有市属大型国企是一样的,在忠实地履行好舆论引导职能的同时,报业集团还必须打造成社会主义市场经济主体。

2006年12月27日,宁波日报报业集团有限公司正式成立,集团形成了经营业务与宣传业务相对独立,集团党委领导与集团公司法人治理结构相结合的现代企业管理模式。

宁波日报报业集团既是新闻事业单位又是市场经济主体,按照市场规律与现代企业制度进行运作、管理与考核。集团公司由市国资委代表市政府履行出资人职责,建立集团董事会和监事会,集团党委会与集团董事会合一。集团组织架构分为决策、管理、运营三层面。决策层就是集团党委和集团公司董事会。管理层方面,建立了精干的集团综合管理部门,共设五室三处,即集团(党委)办公室、新闻办公室、经营管理办公室、报业管理办公室、政治处、财务处、信息技术处和监察审计室。运营层方面,包括《宁波日报》在内的各报、刊、出版社、新华书店、网站等单位建成独立核算的经济运营体。目前,集团共有26个独立核算单位。

集团的主要经营职责分明。分别是对授权经营的国有资产承担保值增值责任;对投资的企业依法行使出资者的权利和承担责任;实现国有资产的合理流动和优化配置。集团同时被授予四项权力:产权转让权、资产担保权、收益处置权与投资决策权。

在国有资产授权经营的同时,市委宣传部、组织部、市文化广电新闻出版局和市国资委组成领导小组,对宁波日报报业集团实施系统的考核。考核体现"社会效益优先并和经济效益相统一"的原则,同时规定在社会效益考核中有"否定指标",集团在宣传工作、安全工作、廉政建设等指标中一旦被扣分,不能用经济指标中的超出部分抵补。同时,与对集团考核相对应,建立了对经营者的年薪考核体系。

3. 推进经营单位改革试点

2003年8月,《东南商报》被列入浙江省与宁波市文化体制改革试点单位。2004年1月起,《东南商报》实行采编与经营分离。其经营部分,引入著名企业雅戈尔集团资本入股,于2004年5月28日成立了东南商报经营责任有限公司。

《东南商报》改革的重点是采编部分实行"三脱钩一挂钩"制度,即采编内部设置与行政编制脱钩;中层干部身份与行政级职级脱钩;职工与事业身份脱钩;所有人员收入与岗位挂钩。打破身份界限,变过去的身份管理为岗位管理,激活了机制。同时打造一流队伍;创新采编架构,建立"编辑中心制",追求新闻报道的快速、鲜活与深度。《东南商报》在体制改革中焕发了强大活力。近几年来,报纸影响力显著增强,广告与发行连续三年实现较大幅度增长,成为宁波报业市场一支具有强势竞争力的劲旅。

集团印务中心于2003年11月被列入浙江省文化体制改革试点单位。2005年5月1日,宁波报业印刷发展有限公司正式成立,印务中心从事业单位改制为企业。公司成立后,进一步理顺了员工的劳动关系,实行定编定岗、以岗定薪、竞争上岗,报业印刷和商务印刷经营业务全面拓展,改革效果显著。

《宁波晚报》的各项改革从都市报发展特性出发,以有效应对市场竞争。如实行扁平化管理,将9个采编部室划为地方新闻中心和时政副刊中心,干部一年一聘;重新设定采编岗位,设立"高门槛"的定额制,采编人员全年有5次列入排名后五名,岗位工资降一级,直至解聘;实行"轮岗制",80%以上采编人员轮岗,培养全能型采编人才;强化新闻策划,设立独家新闻奖,建立每日点评制度。

宁波出版社有限公司和宁波市新华书店有限公司在2009年12月挂牌。借鉴外地经验和根据本单位实际情况,集团拟定了宁波出版社和市新华书店文化体制改革方案,按照中央和省、市对文化体制改革的决策部署,将这两家单位进一步推向市场,完善现代企业管理体制,提高竞争力与可持续发展能力。集团按照"加大力度、加快速度、总体统筹、分步实施"的要求,并将适时组建出版发行联合体。

4. 多元经营,向文化传媒集团拓展

宁波日报社坚持"一手抓办报,一手抓经营",改革开放初期就开始尝试多种经营,特别是20世纪90年代以后,报社得到较快发展,曾先后创办实业公司、印务电脑公司、宁波新闻服务中心等企业。新闻服务中心开业于

1993 年,现名为新文宾馆,多年经营稳定,效益良好,2004 年还被省报协推介为报业多种经营领军单位。

报业集团成立之后,多元化经营进入新阶段。2003 年 4 月,投资 5000 多万元、建筑面积 2700 平方米的宁波音乐厅建成,这是市“十五”规划重点建设的文化设施。音乐厅设施先进,功能完备,为国内一流的室内音乐演出场馆。截至 2011 年,共演出各类音乐会 430 多场,2005 年和 2008 年,连续两次成为中国国际声乐比赛的场馆,2008 年被命名为浙江省和宁波市的文化建设示范单位。

邵洛羊艺术馆于 2003 年落成,以宁波籍著名美术家邵洛羊的名字命名,馆内珍藏邵洛羊捐赠的各个时期的书画精品。邵洛羊艺术馆先后接待过数万人次的参观者,举办过多次艺术展览和讲座。

多年来,宁波日报报业集团着力探索报业数字化建设,形成了“一网四报”的新媒体发展格局,即中国宁波网、手机报、互动多媒体报、电子纸报、电子显示屏报。一个专业化、全媒体、多终端的新闻发布体系基本建立,实现了集团新闻资源一次生产、多次发布的目标,为集团数字报业的转型发展打下了较好的基础。

2006 年 11 月,由国家新闻出版总署主导的“数字报业实验室”计划开始实施,宁波日报报业集团加入该计划,并成为首批 8 家常务理事单位之一。宁报集团明确以中国宁波网为基本平台,在把中国宁波网做强做大的同时,进行新媒体的项目实验和搭建数字报业平台的探索。

2007 年,集团投资建设全媒体数字技术平台。该平台囊括了内容生产平台、业务处理平台、客户服务平台、决策管理平台、网络支撑平台共五个应用系统平台。次年 8 月,集团推出新一代数字报纸《播报 2.0》,将报纸版面形式与网络多媒体手段合为一体,标志着我国首份真正原创多媒体数字报正式诞生。其与新闻中心合二为一的网页设计获 2009 年度中国新闻奖三等奖。

2009 年,集团依托全媒体数字技术平台对内容生产流程进行重造,逐步把旗下各报新闻资源与中国宁波网融合,一些未见报稿件转由中国宁波网第一时间共享发布。宁报集团的数字报业转型走在了全国前列,受到国家新闻出版总署等管理部门的肯定。宁波日报报业集团荣膺“2007 年度中国十大创新传媒集团”,中国宁波网荣膺“中国十大创新新闻网站”。

宁波书城是宁波“中提升”(中心城区发展水平的提升)战略工程和文化大市建设重点工程,是迄今为止宁波单体面积最大的文化项目,总投资 8 亿元，面积9万多平方米，全部由宁波日报报业集团自筹资金按市场经济方式建造和经营。书城于2007年6月9日奠基开工，2010年5月落成开业。它位于甬江东岸原宁波太丰面粉厂旧址，与依江而建的其他文化设施一起构筑起宁波城市最富现代意义的文化景观——“三江六岸”文化长廊。

宁波书城作为“甬江边的城市书房”，秉承“改善城市阅读环境，提升城市文化品质”的宗旨，以书为核心，涵盖了文化消费、文化传播、文化生产、文化休闲等诸要素，构筑起图书流通、文化传播、文化创意、商业休闲四大功能板块。书城总建筑面积81686平方米，其中书店经营面积达16000平方米，是目前华东地区单体面积最大的书店。书城建筑由德国WINKING建筑事务所设计，有相当一部分来自于对滨江水岸工业遗存的改造。书城建筑由此保留了原有的城市印象，融入了浓郁的文化元素，具有强烈的后现代建筑质感。

宁波日报报业集团拥有本地多数新闻出版资源，是全国唯一一家同时拥有报纸、期刊、新闻网站、地方出版社、新华书店和音乐厅等文化单位的报业集团。集团积极整合各方资源，将特点转化为优势，以文化产业为支撑，大力拓展产业链，积极从报业出版集团向新闻文化传媒集团迈进。

第三节　宁波日报报业集团企业文化建设现状

本部分在前两节对宁报集团文化发展历程和文化建设相关举措的纵向梳理的基础上，从组成企业文化的几个要素，即核心价值观、集团工作环境、典范人物、礼仪和仪式、文化沟通网络，来分别阐述宁报集团企业文化建设的现状，进而归纳出宁报集团的企业文化建设的成就与不足。

一、核心价值观

价值观是一个固执的基本理念和信仰，构成了企业文化的核心。对员工而言，价值观界定了“成功”这一概念的具体内容，并建立了组织内部的成就标准。[①] 价值观是企业文化的源头，也是宁报集团报业文化区别于其他传媒集团企业文化的关键标志。

---

① 特伦斯·迪尔、艾伦·肯尼迪：《企业文化——企业生活中的礼仪与仪式》，李原、孙建敏译，中国人民大学出版社2008年版，第13页。

2012年，经过广泛征集和严格评选，宁波日报报业集团正式确定“文化凝聚力量，传媒成就价值”作为集团主题口号。这个主题理念口号简洁凝练、意味深远，富有前瞻性和感召力，既体现了宁波的地方文化底蕴，又彰显了宁报集团由新闻出版集团向文化传媒集团转型的内涵与外延。

作为长三角南翼经济中心和国家级历史文化名城的传媒排头兵，宁报集团正是依靠文化的力量凝聚城市改革发展的共识，依靠文化的力量凝聚传媒跨越发展的能量。在将近一个月的征集活动中，宁报集团共收到来自全国各地主题口号12800余条，组委会先后两次邀请文化、艺术、新闻、教育等各界的专家学者开展评审，组织市民参观报业集团，采取专家学者、集团职工和市民多层次投票，媒体与广大读者、社会各界进行了充分互动，发生了许多动人的故事。这些故事除在媒体上刊发外，集团还编成情景小品，在揭晓现场献演。社会的广泛参与，实际上使口号征集成了宁报集团展示亲和力、影响力的企业形象推广活动。通过组织读者节、外来务工者节、城市音乐节等活动，提升媒体美誉度和公信力，已经成为宁报集团构建企业文化和企业形象的一大特色。

核心价值理念是经过传媒企业长期倡导和全体员工的积极认同、实践与创新而形成的。在长期的媒体实践中，通过立体化、多层面的内部建设与培育，宁报集团已经初步形成了自己的文化价值理念。宁波日报报业集团新闻办公室谢安良将集团核心价值理念概括为以下几个方面①：

一是责任至上的理念。媒体向社会提供的是精神产品，肩负着舆论导向、文化传承、价值构建的重任。因此，责任是媒体最基本的价值理念。构建传媒企业文化和企业形象，必须始终坚持“社会效益第一”的原则，必须始终胸怀历史使命感和社会责任感。长期以来，宁报集团坚持正确的舆论导向，掌握主流话语权，传递社会正能量，做有担当的媒体；坚持真实性原则，提高新闻报道的时效性，在第一时间向社会提供客观、公正、有思想的信息产品，做有诚信的媒体；坚持“三贴近”原则，深入基层关注社会民生，心怀天下推进舆论监督，做有温度的报纸。

二是以人为本的理念。新媒体带来的个性化、多元化的传播方式，促使媒体无论在内容产品生产还是内部管理上都更加重视人本理念。内容生产体现“受众为本”，从受众关注的民生问题入手反映重大主题。由虚转实，由

---

① 本部分参考宁波日报报业集团新闻办公室谢安良关于宁报集团价值观的论述。详见：谢安良：《文化凝聚力量　传媒成就价值》，《新闻实践》2013年第7期，第36—37页。

呈现式转变为互动式，使报道真正入耳、入脑、入心；倡导以集团兴衰为个人兴衰、以集团进退为个人进退，同心协力、同舟共济的价值理念，最大程度地提高员工收入和幸福指数。

三是开放包容的理念。开放包容是新媒体时代思维方式和传播方式的特征，也是由宁波这座港城特有气质决定的。宁报集团作为宁波文化精神的传承者，始终蕴涵着开放包容的城市文化底蕴。在定位上，宁报集团确立"宁波视角、世界眼光"方针，致力通过宁波的视角解读，放眼中国，放眼世界；在办报上，提出"开放办报"思路，强调传统媒体与新媒体、媒体与受众间的互动，注重吸纳传媒新理念新技术；在用人上，创建"发展通道"机制，坚持定岗定编制度与"干部能上能下、人员能进能出"的用人机制相结合。

四是创新创业的理念。创新是传媒发展永恒的动力。以内容创新强化信息服务，坚持"策划为先、创新为要"，创新新闻理念、生产方式、策划机制，提升新闻报道的感染力、吸引力；强化媒介融合，加快升级改造，建立主业突出、多元发展，结构优化、成长性好的全媒体产业体系，创造全新盈利模式。从产业发展的角度看，宁报集团已经确立了全媒体、多元化发展战略，推动多元化、集团化、数字化、市场化、资本化、品牌化六大转变，实现报业集团转型发展。面临传媒业新变化，突出文化产业的战略布局，加快推进报业传媒大厦、数字媒体产业园两大文化地产项目，形成数字产业新高地。

这些价值理念既是集团成就辉煌的文化基因，也成为集团未来跨越发展的价值共识与精神动力。

二、集团工作环境

宁报集团倡导员工与集团共同发展的企业文化，也注重各单位的多元文化，为子公司的个性化发展提供了空间。2003 年 5 月，宁报集团提出以经济责任制为基础的治理结构，按照"成本核算、预算管理、基数承包、超额分成"的基本原则实行二级管理。2003 年 11 月，集团建立"三办三处"的分线管理模式，对集团各经营单元进行分线管理。这两套制度较好地解决了集团与各下属单位之间的"统分难题"，既保证了集团整体的宏观运行，也为下属各单位营造了宽松的发展环境。

宁报集团各报刊、公司全面实行公司化改造后形成了二级法人治理结构，引入市场化管理体制，建立集团内部市场结算体系，从体制上让各报刊单位直接与市场对接，给予了下属各单位充分的发展空间和自由度。与之相应，集团层鼓励下属各单位发展各自独具特色的企业文化，形成前文中所描述的“和而不同”的文化格局。

在集团整体层面，宁报集团注重对专业人才的培养和激励，坚持“机制出人才”的思路，着力锻造一批采编经营业务骨干，营造一种注重学习、崇尚提高自己的工作氛围。

2004 年 7 月，集团发布《关于选送部分采编人员赴国外学习培训的通知》。2005 年 10 月至 2008 年底，集团先后五次共组织了 89 名采编人员和 22 名经营管理骨干，分别在美国密歇根州立大学和休斯敦大学接受为期 3 周的短期培训，与当地众多资深的大众传播学者展开面对面的交流，并拜访了一些政府机构、报社、公共电视台。2007 年，收录了部分赴美培训学员撰写的学习心得的《打开另一扇窗——宁波日报报业集团采编人员赴美国培训学习散记》一书，由新华出版社出版。

2005 年到 2006 年，宁波日报社多次选派业务骨干去解放日报社跟班学习锻炼，每次跟班学习时间均在 3 个月以上。宁波晚报社选派记者赴新民晚报社跟班学习。余姚、慈溪、奉化、鄞州四家县(市)报则选派记者赴宁波日报社跟班学习。通过这种方式，获取“真经”补己之短。之后，集团还进一步扩大与外地报社的合作范围，选送更多的采编经营人员到更多的报社见习培训，针对时评、版面编辑、版面设计、图表制作等薄弱环节，采用“点对点”的方式进行培训。

2006 年 2 月，宁波日报社组织群众推荐“青年业务骨干重点培养对象”，确定了第一批 8 位同志并报集团党委审议通过。对于宁波日报社的这一创新之举，集团党委提出，重点培养对象必须明确努力方向，提出自我发展目标，拟定发展计划，报集团审批后实施。每期培养年限为三年，每年滚动考核一次。可在集团内部或全国各大报社找名师学习，结对帮带。集团为重点培养对象提供良好的发展条件。同时，集团党委建议晚报、商报、出版社可参照日报的做法，提出青年业务骨干重点培养对象推荐人选。

2007 年 4 月，《宁波日报报业集团加强新闻采编(出版)业务骨干培养的实施意见》出台。《意见》提出：在加强对全体新闻采编(出版)人员教育、管理和培养的基础上，对新闻采编(出版)业务骨干加大培养力度，范围涵盖集团管理层、各单位管理层、中层管理者和基层一线员工。同一年，集团出台《经营、管理、工程技术业务骨干培养的实施意见》，形成集团经营、管理、工程技术业务骨干培养名单。为此，集团安排了专项经费，对百名新闻、经营、管理骨干进行个性化的培养。集团中青年业务骨干享受以下权利：(1)优先参与集团宣传报道的策划、调研和重大课题的研讨。(2)优先安排外出学习，原则上每两年安排1次出国培训考察；每年安排1个月在国内考察进修。(3)为培养者联系新闻媒体的专家、名人拜师。(4)在撰写经批准的作品期间，不参加部门业务考核，工作时间可灵活掌握。(5)提供用于培养年轻业务骨干所需的专项经费。(6)根据需要可直接申请交通工具或报销集团规定标准以外的交通费用。通过符合各自具体情况的、分层次的培养，使这百名新闻、经营、管理骨干的业务水平有极大提高，技术职称上一台阶，成为报社核心业务骨干。同时，将企业的发展战略和员工的个人发展愿景有效结合，使员工不仅仅是就业，而是与集团共同谋求发展，力图建设与优秀人才一起创业、一起成长的企业文化。

三、传媒典范人物

按照文化研究的框架，如果说价值观是文化的灵魂，那么“英雄人物”就是这些价值观的人性化体现和组织力量的集中缩影。在强文化中，“英雄人物”处于关键位置。[①] 基于我国传媒业的文化传统与调研中各方的认定，课题组将上述分析框架内的“英雄人物”对应为“典范人物”这一更能为各方认同的表述，其内涵指向是一致的。

宁报集团在队伍建设的过程中，一直重视通过对典型的宣传，鼓励采编人员学习标杆，不断进取，奋发向上。2004年，为配合当时开展的效能建设和“三项学习教育活动”，集团党委决定在集团内开展向张登贵、沈承纪两位同志学习的活动。

张登贵同志曾任宁波日报社编委委员、理论评论部主任，当时为宁波日报社高级编辑。他从1963年起就涉足新闻工作，80年代初开始主攻新闻评论的撰写。1988年调入宁波日报社后，成为评论的主要组织者和撰写者，此后又负责报纸的理论宣传。截至2004年，他已在各级各类报刊上发表评论700余篇约80万字，多件评论作品获国家、省级新闻奖，在全省乃至全国理论界产生了一定的影响；并先后获得浙江省首届飘萍新闻奖、浙江省首届双十佳新闻工作者和宁波市优秀专业技术人员等荣誉称号。

沈承纪同志时任宁波日报社编委委员、国内国际新闻部主任。他从1984年进入宁波日报社工作后，先后担任过报社编辑室编辑、编辑室主任、要闻部主任、总编室主任、国内国际部主任等职，20年来一直坚持夜班工作，

---

① 特伦斯·迪尔、艾伦·肯尼迪：《企业文化——企业生活中的礼仪与仪式》，李原、孙建敏译，中国人民大学出版社2008年版，第37页。

从未向组织提出过任何要求。在他担任国内国际部主任的 4 年里,国内国际部编辑的版面年年荣获中国国际新闻奖;在新华社主办的中国时事报道奖评选中,该部共获得 8 个一等奖、10 个二等奖。他本人多次获得宁波日报社先进工作者和优秀党员荣誉,并先后被评为宁波市先进工作者、宁波市第二届"十佳新闻工作者"、宁波市劳动模范等。

2008 年"五一"前夕,《宁波日报》记者汤碧琴荣获全国五一劳动奖章,同时被授予浙江省劳动模范称号。集团党委决定,在集团内开展向汤碧琴同志学习的活动。汤碧琴同志 1993 年进入宁波日报社工作。从 2004 年至 2007 年的 4 年间,汤碧琴完成的工作量连续居宁波日报社采编人员首位,两次荣获浙江省好新闻一等奖,16 篇作品获市级以上好新闻奖。2009 年,她的一篇作品荣获中国新闻奖二等奖。

宁波出版社第四编辑部是宁报集团中一个优秀的团队,第四编辑部原为综合编辑部,有编辑 5 人,主要从事文化、教育类图书的编辑工作,业务多分布在宁波之外的温州、台州、绍兴等地。2014 年编辑图书 150 多种,完成编辑工作量 2500 万字,创净利 160 多万元,在各编辑部中名列第一;编辑的《中国特色社会主义通俗读本》,荣获浙江省第十二届"五个一工程"奖。在近些年出版业竞争日益激烈的环境下,第四编辑部齐心协力,迎难而上,他们在内部做了责任分工,一个编辑负责一个区域,在部主任王松见的带领下,逐个地方地上门做作者、销售的工作,通过艰苦细致的努力,成功地巩固住了绍兴("智慧课堂"系列等)、台州("中考新方略"系列等)、温州("温州话"系列等)等地的市场份额。

在工作过程中,宁波出版社第四编辑部形成了不畏困难、开拓进取、团结协作、取长补短的作风和追求。编辑部主任王松见根据部内编辑人员能力的长短优劣进行优化组合,将以书稿编辑能力见长、选题策划能力不足的与策划水平较高、文字能力不足的组合成一个小组,将性格外向善于与作者打交道的与性格内向静心于文字加工的组合成一个小组,由老编辑任组长。这样的组合,起到了良好的化学反应,无论是组稿、与作者打交道、开展成本核算,还是封面设计、文字疑难,新编辑乐于请教,老编辑乐于指导,既充分发挥了老编辑的特长,也带动了新编辑的成长,在内部形成了取长补短、互帮互学的良好氛围。在部内,他们每周开展交流活动,建立了第四编辑部 QQ 群,及时交流信息,沟通情况,分析问题,改进工作,各成员之间都有团结协作、和谐相处的团队意识。第四编辑部在高强度、满负荷工作的同时,十分注意营造一种团结、快乐、和谐的团队氛围,时常举行集体聚餐,时常有编辑主动出资共享小点心，其乐融融，有一家人的氛围，既增加了工作生活情趣，也较好地舒缓了紧张工作带来的压力。

调查中发现，宁报集团各个层面、各下属单位都有各有的典范人物，而且集团各单位也注重对优秀员工的激励，集团各单位每年都会有新的优秀员工、先进事迹涌现。无论资深员工还是青年员工，只要他们有信心、有热情、有能力、敢于尝试，他们都能成为典范。这些典范员工为其他员工提供了榜样，使他们知道在宁报集团怎样可以取得成功；他们的业绩也树立了企业的绩效标准，提供了成功作品和优质技术的标杆。典范人物提供的是一种“组织内部持久的影响力”①，不仅对其本身是一种肯定，对其他员工亦能起到良好的激励作用。

四、礼仪和仪式

按照文化研究的理念，礼仪和仪式是集团日常生活中一些系统化和程序化的惯例。集团通过日常行为表现，向员工表明它们期望的行为方式是什么。公司通过盛大的典礼，生动而有力地提供了公司支持与赞赏的范例。

马文·鲍尔在《管理的意志》一书中指出，管理者的职责在于为员工指明“我们这里的做事风格”。只有通过明确的沟通、制定恰当可行的利益标准，员工才能够了解公司对他们的期望。② 强文化公司将注意力集中在制定做事的程序上，通常还会给出具体做法或至少是营造工作环境。行为的礼仪和仪式生动而广泛地影响着周围的人们。宁报集团在这一方面，也有一些具有特色和成效的措施。

2004 年记者节前后，首届宁波日报报业集团学术周成功举办，800 余人次参加了专题报告会和业务论文研讨会。学术周邀请国内新闻界和教育界知名人士、集团优秀的记者编辑举行讲座交流，并首次向集团全体员工开展学术论文征集活动，主题涉及报业发展、办报理念、业务研究、采编心得、经营管理等多个领域。

学术周结束后，集团所属各媒体、各部门向大会提交的学术论文被择优编辑为《新闻理论与实践(2004)》一书，由人民日报出版社出版。自此以后，每年记者节前后，集团都会举行学术周和征文活动，已经举办了并陆续推出

---

① 特伦斯·迪尔、艾伦·肯尼迪：《企业文化——企业生活中的礼仪与仪式》，李原、孙建敏译，中国人民大学出版社 2008 年版，第 41 页。

② 特伦斯·迪尔、艾伦·肯尼迪：《企业文化——企业生活中的礼仪与仪式》，李原、孙建敏译，中国人民大学出版社 2008 年版，第 60 页。

了《新闻理论与实践》同题系列论文集。

学术周活动激发了广大采编人员的学习研究之风,促使他们在实践基础上深入思考、总结经验,并在相关期刊上发表论文,为报业集团各项事业的发展提供很好的智力支持。参与学术周活动的员工人数逐年增加,提交的论文篇数由2004年的70篇增加到2007年的220篇,论文质量也逐年提升。《中国新闻出版报》撰文评价宁波日报报业集团的学术周活动:"通过学术周活动大兴学习研究之风,是宁波日报报业集团的创新之举,它为集团内部加强业务建设、营造浓厚的学习氛围开了好头。"

此外,为鼓励员工撰写高质量的相关学术著作,创作出更多更好的新闻作品,2006年,集团出台个人专业著作出版资助实施办法,并成立个人专业著作(新闻采编类)资助出版工作评审小组。资助分两个等级:全额资助以3万元为最高限度,部分资助以1.5万元为最高限度。资助出版每年评审一次,每年资助出版著作数量为5部左右。对于提出资助申请的重点培养的青年业务骨干,在政策上给予倾斜,在5部受资助著作中,有2部专门面向青年业务骨干重点培养对象。几年来,报业集团已有10余位采编人员通过这项资助出版了自己的专著。

宁报集团下属各单位也有自身的礼仪、仪式与文化活动。如《宁波晚报》每年会举办员工集体长跑;《东南商报》设有总编辑嘉奖令,对工作中取得突出成绩的员工及时进行奖励;宁波出版社每年举行"五大活动";等等。礼仪和仪式是集团日常生活中一些系统化和程序化的惯例,是一个传媒集团企业文化的外化和规范,也是人们认识一个传媒集团企业文化最直观的对象。调查中发现,很多传媒集团一提到企业文化第一反应就是业余活动和文艺表演等,甚至将企业文化等同于业余文化生活。这一方面是因为企业文化建设往往从最容易做的地方抓起,这部分也是可以被模仿和复制的;另一方面,也表明国内传媒集团企业文化建设才刚刚起步,企业文化还没有上升为集团核心竞争力必不可少的要件。宁报集团的礼仪与仪式更多地将文化活动与员工业务能力提升结合在一起,一方面能够丰富员工的业余生活,另一方面也营造了良好的学习氛围。

五、文化沟通网络

作为组织内部的主要沟通手段,文化网络是公司价值信念和英雄神话的载体。[1] 宁报集团和谐的企业环境，为文化网络的建立和完善打下了良好的基础。

宁报集团内部创办了《传媒人家》刊物，该刊物是宁报集团内部权威信息发布、业务交流、团结凝聚集团员工的重要平台，目前每月 1 期，每期 4 个版面，截至 2015 年 5 月共出版了 185 期。《传媒人家》于 2011 年 11 月由原《报人园地》改版而来，内容涵盖了集团报纸杂志、出版发行、数字新传媒和文化产业四大产业板块。一版关注集团层面重要内容，主要围绕集团党委的中心工作，刊载集团的重大决策部署、重要的改革举措、重要的会议、集团领导重要活动等，同时密切关注国家、省、市新闻文化出版业的重大政策和其他媒体的重要动向等；二版关注旗下各媒体新闻宣传方面的内容；三版关注集团产业发展和经营活动内容；四版侧重业务交流和集团企业文化建设方面的内容，定位于向员工传播具有服务性、贴近性的各类企业文化活动信息和各类参考信息。

宁报集团内网作为数字报业技术平台的重要组成部分，同时是集团员工内部沟通的主要平台之一，内网分为通知公告、集团新闻、图片报道、新闻排行、视频直播、内部论坛、内部投票、部门窗口等栏目，分别由指定管理员管理维护，及时传递集团内部发生的重大新闻。同时，集团员工也能利用办公平台查询集团出台的各项文件，了解集团领导的重大决策。

集团的内部刊物和网络平台成为集团信息的聚合地，方便了组织内的下行传播，加强了领导层与员工的沟通，便于及时下达集团领导层的重大决策和重要信息。

集团通过在内部刊物、网络平台等平台上开展的互动，促进了组织内的上行传播，可以及时将基层的声音反馈至相关负责人员和集团领导层。凡是涉及员工切身利益的重大事项，集团领导层基本采取全方位征求员工意见建议后决策的方式，体现了对员工的知情权、监督权和表达权的尊重。

除了纵向传播的畅通之外，宁报集团文化网络的另一大特点，体现在人与人之间关系的和谐。集团各个下属单位、部门办公室、工作团队内部都会建立起自己的 QQ 群和微信群，通过新媒体的方式及时分享工作信息、生活信息，一方面促进工作的沟通，另一方面也成为员工之间分享生活情趣的方式，将正式沟通与非正式沟通相交融。在访谈中，宁报集团的员工普遍认为

---

① 特伦斯·迪尔、艾伦·肯尼迪：《企业文化——企业生活中的礼仪与仪式》，李原、孙建敏译，中国人民大学出版社 2008 年版，第 14 页。

集团中领导和员工、员工和员工的关系是宽松的、人性化的。报业集团成立之前，宁波日报社的员工之间往往以老师相称或直呼其名，并没有太多的层级观念，集团成立之后，为适应现代企业的管理制度，虽然实行了较为严格的层级制度，但是领导与普通员工依然保持融洽的关系，领导与员工交流通常不会使用行政命令的语气，而是开放式、探讨式的态度，领导会包容甚至尝试理解员工的一些小的过失。在这种宽松和谐的交流氛围中，宁报集团的员工更多地表现出的是理想主义色彩、责任感和精英意识，相对于一些单位盛行的互相算计、投机钻营风气，宁报集团员工体现出的更多是忠于岗位、认真做事。

然而，调查中也发现，宁报集团下属各单位、部门相较于集团整体层面，往往建立起了更为健全的文化沟通网络，包含正式沟通网络、非正式沟通网络、垂直沟通网络、平行沟通网络。特别是非正式沟通网络和平行沟通网络在集团整体层面的建设较为欠缺，这也导致了不同下属单位之间的员工交流较为缺乏，集团员工的身份认同往往更多是对员工自身所属单位和部门的认同。访谈中员工往往表示首先认同自己是“宁报日报人”（或者晚报人、商报人、出版人……），其次才是“集团人”。一方面，这是下属单位较多的大型传媒集团普遍存在的现象。因为员工工作中主要与所属单位的领导、同事在一起，不同单位的文化风格也有一定差别，特别是报纸类、出版社和书店本身行业差别较大，自身有不同的文化特质、工作特点，所以跨越单位的沟通欠缺，员工对所属单位的认同优先于集团认同也属正常现象。另一方面，这也表明了宁报集团成立后，集团下属各单位的文化有待进一步整合，应找到各单位文化之间的共性，并提炼其成为集团的整体文化，通过一些针对性措施，增强集团下属各单位之间的正式沟通与非正式沟通，增强集团整体的凝聚与认同。健全的、顺畅的、行之有效的文化沟通网络，不仅仅是集团文化的载体，集团的文化精神、价值追求，也会经由网络传播得以丰富、强化，最终推动集团文化建设，促进宁报集团由新闻出版集团向现代文化传媒集团发展。

本章小结

本章首先从宁波日报报业集团的文化发展历史出发，从企业文化建设的角度去考量和梳理宁报集团的历史渊源和发展历程，在了解宁报集团在发展历程中所积淀的文化特质的基础上，进而对宁报集团企业文化建设的现状进行总结、阐述。通过梳理发现，宁报集团在发展过程中，逐步积累起来一些特有文化要素，这些文化要素体现在工作的各个方面，然而，就集团而言，其起到文化建设效果的措施，多数分散在体制机制改革、报纸刊物改版、经营管理创新等策略中，而明确针对文化建设的措施则相对零散，集团文化建设自发性较强，相对缺乏整体性、系统性规划。

此外，宁波日报报业集团内部各子单位在自身的发展历程中形成了各自的文化，有些单位自身文化特色十分明显，集团层面对各子单位的文化整合相对欠缺。由于各子单位发展历史不尽相同，甚至处于不同的行业，加之宁报集团的形成体现着较多的行政力量主导，因而文化整合的确存在一定的困难。但是，作为有多个业务板块、子单位的，向新型文化传媒集团迈进的宁波日报报业集团，面对媒介融合与产业融合的挑战，必须要在今后的工作中加强集团层面对各业务单元的整合，在“和而不同”的基础上，进一步构建整个集团的共识与认同。

第五章　评价与追问：宁波日报报业集团企业文化建设的问题研究

本章提要

上一章细化梳理了宁波日报报业集团企业文化建设的不同阶段与不同特征，并对集团企业文化的沉淀要素进行了考察。本章则是通过问卷调查、深度访谈等获得一手资料，针对企业文化建设效果进行检验，并归纳出企业文化建设面临的核心问题。研究结果显示，企业文化要素中，员工评价度从高到低分别是，价值观认知、礼仪和仪式、集团环境和沟通网络。不同性别和不同职位的员工对企业文化四要素评价无显著差异。价值观评价仅仅受到工作年限的影响，体现了价值观建设的普适性。除此之外，年龄、受教育程度、工作年限、从事的工作类型和所在单位类型不同的员工在企业环境、沟通网络和礼仪及仪式的评价上差异显著。相关分析显示，企业文化四要素和满意度评价以及竞争力评价高度相关，回归分析表明除去价值观认知外，企业环境、沟通网络、礼仪与仪式和满意度及竞争力评价呈现正相关关系。

问卷调查和访谈结果显示，宁波日报报业集团在企业文化建设上虽初见成效，但是企业文化核心理念表达缺乏辨识度，和地域性以及时代性联系不高；企业文化传播层面纵向沟通不顺畅，上级难以调动基层员工，员工对领导层决策知之甚少；集团典范人物及其典型事迹年代久远，缺乏时代特征，新的传媒典范亟待树立；文化礼仪活动缺失，员工认同感不高，利益分配和激励制度差强人意；企业创新动力不足，急需建立公开和透明的制度环境以培育创新土壤。总体上，宁波日报报业集团企业文化需要从行业、地域和时代三个方面重新定义，并协调好各方面利益关系，推动现代传媒集团企业文化的形成。

第一节 宁波日报报业集团企业文化建设效果检验

自2002年成立以来，宁波日报报业集团就一直在探索企业文化建设之道。其旗下的各个报、网都有自己的品牌定位，集团和各媒体都采取了一系列扎实的措施培养名记者（名编辑、名评论员等）、培育名栏目、组织名活动，并取得了不错的成效。为进一步推进集团文化建设，2011年起，宁波日报报业集团向全社会公开征集主题形象和标识。2012年1月，主题口号确定为“文化凝聚力量，传媒成就价值”，体现了报业集团的行业特征和集团发展的核心价值理念[①]。

除了线下的文化建设，集团也注重线上的文化宣传，在宁波日报报业集团的官网上（http://nbjt.cnnb.com），显著地设有集团文化板块，分别从《先进荣誉》《人才战略》《多彩活动》《员工健康》《沟通平台》和《社会公益》六个方面展示宁波日报报业集团企业文化建设情况。集团成立10周年之际，专门制作了10周年宣传片展示企业10年发展历程。并且，集团非常注重邀请学者开设企业文化的讲座，最近的一期为焦点解决治疗专家骆宏博士有关“焦点解决与企业活力文化”的讲座，为员工打开新视野。

宁波日报报业集团还积极参与城市文化构建，锻造城市精神的同时打造自己的品牌，进行对外的文化推广。如《宁波日报》的《帮办周刊》打造的现代慈善文化、《宁波晚报》打造的爱心文化、《东南商报》的外来务工者节、从2007年开始每周一次的社区大篷车、书城广场举办的跨年音乐会等所打造的和谐文化，都丰富了宁波的城市文化内容，深化了宁波精神的内涵，同时也极大提升了宁波日报报业集团的文化影响力。

随着产业发展，传媒普遍面临“双转”压力，跨界和混搭成为新的发展趋势，现代的传媒集团已不仅仅是单纯的一张报纸，而是涵盖了出版、数字媒

---

① 何伟：《现代传媒集团产业链发展研究》，浙江大学出版社2013年版，第264—265页。

体、网站、书城等新的业务板块,传统的报业文化已经无法准确概括当前传媒集团的企业文化,因此,时任宁波日报报业集团社长何伟也明确表示,当前集团的产业链很长,所需要的已经不仅仅是报业文化,而是符合现代传媒集团的多元文化。

因此,我们认为现代传媒集团已经是企业性质,企业文化的概念适用于宁波日报报业集团的文化建设分析。本书在充分考察了宁波日报报业集团现有业务结构、企业环境和产业格局的基础上,根据美国哈佛大学教授特伦斯·迪尔和麦肯锡咨询公司顾问艾伦·肯尼迪在《企业文化——企业生活中的礼仪与仪式》一书中对“企业文化”概念的定义与操作,具体结合宁波日报报业集团的实际情况来分析目前该集团文化建设的现状与问题。

本部分结合调查问卷和访谈的数据,对宁波日报报业集团企业文化建设现状进行了分析。数据表明,宁报集团企业文化建设成效初显,集团所倡导的价值观得到了较多员工的认同。“文化凝聚力量,传媒成就价值”的口号深入人心,新闻专业主义精神一直贯穿宁报集团企业文化建设的始终。在对集团环境和沟通网络的评价中,员工评价较低,且存在明显认知差异,数据表明集团在对员工的人文关怀以及非正式沟通上有待完善。现有的礼仪和仪式虽然得到了员工的认同,但是员工们依旧期待一个隆重而正式的离职仪式。在满意度评价中,员工表现出了强烈的集团归属感,认同自己在集团中的价值并愿意与宁报共进退。但是竞争力评价中,集团员工对于本集团发展规划和竞争策略依旧存在困惑,因此企业十分有必要对员工加强企业竞争力的沟通。

人口统计因素对企业文化各个要素也存在显著影响。除去价值观的普适作用,不同性别、年龄、学历、工龄、职位等的员工,对企业文化各个要素的评价存在差异。普遍而言,年龄越大、学历越高、工龄越长,对各项指标的评价越低。采编岗位的评价也低于经营性岗位。这表明现阶段集团在企业文化建设中需要兼顾各方意见,尤其注重聆听采编岗位、高学历和老员工的呼声,整体提升员工满意度。

一、企业文化诸要素总体评价

在企业文化的诸要素中(问卷调查不含“典范人物”部分),集团职工评价度由高到低的排序依次是:“价值观认知”评价(价值观)、“文化礼仪和仪式”评价(礼仪和仪式)、“集团环境”评价(企业环境)、“沟通网络”评价(文化网络)。

在企业文化的诸要素中(问卷调查不含“典范人物”部分),员工认知差异由小到大的排序依次是:“价值观认知”评价(价值观)、“文化礼仪和仪式”评价(礼仪和仪式)、“沟通网络”评价(文化网络)、“集团环境”评价(企业环境)。其中,宁波日报报业集团员工对“价值观认知”评价度最高,认知差异最小。

这表明宁波日报报业集团文化建设初见成效,在企业文化建设的各个方面都获得了较高的认同。尤其是价值观认知属于企业文化构建的顶层设计,这一部分获得认同,显示了宁波日报报业集团现有企业文化对内部整合起到了非常重要的作用。而在“集团环境”板块,宁波日报报业集团员工对其的评价差异度最大,说明集团的环境构建存在一定的问题,在后期企业文化建设中需要加强。

二、价值观认知评价

集团员工在“价值观认知”评价中,Q105(真相是传媒业追求的最重要的价值)和 Q106(正直是从事新闻业必备的个人品质)的认同度最高。这两项是新闻专业主义精神的最直接体现,宁波日报报业集团员工在价值观认知中对该项目的评价最高,充分说明新闻专业主义理想在宁报集团内部员工中得到了普遍认同,体现了宁波报集团企业文化建设中对专业的重视和强调。

进入新时期以来,宁报集团面临转型,积极探索集团新道路,推进企业转型。Q107(新闻出版集团向综合性文化传媒集团转型是宁报集团的发展方向)得分为 5.93,排名第三,说明宁报集团企业发展规划得到大家的认同。

长期以来,宁报集团注重参与构建城市文化、锻造城市精神、践行媒体的人文关怀和社会担当,在 Q104(举办外来务工者节、城市音乐节等是宁波日报报业集团践行责任担当和人文关怀的体现)评价中,评分高达 5.72,方差很小,可见宁波日报报业集团通过这种民生互动文化参与宁波城市文化建设的形式得到了集团的一致认可和正面评价。

2011 年,宁报集团向全国公开征集主题形象口号和标识,2012 年确定主题口号为“文化凝聚力量,传媒成就价值”,这一口号体现了报业行业特征和集团发展的核心理念,集团先后多次对其进行宣传推广,该口号在员工群体中普及度很高,员工对其认同度也相对较高,Q108(您认同宁报日报的口号“文化凝聚力量,传媒成就价值”)评分为 5.73,分数较高,验证了这一点。

总体而言,宁波日报报业集团现有的价值观建设中,员工对新闻专业主义精神、集团积极参与城市文化建设和现有的口号“文化凝聚力量，传媒成就价值”的认同度较高，体现宁报集团企业文化建设非常注重新闻媒体的行业性质与社会责任相结合。此外，不同工作年限的员工对价值观认知存在显著差异，而员工性别、年龄、学历、职位、工作类型等在价值观的各个指标中差异并不显著，说明了集团价值观建设的普适性。

三、集团环境评价

在对集团环境的评价中，对 Q208（宁波日报报业集团允许创新过程中一定程度的失败）、Q209（新闻专业理想“客观、公正、真实、全面地报道事件”的追求能够得到支持）和 Q211（您在生活中遇到难题会和同事或上级讨论）的评分最高，可见宁报集团总体上是维护集团员工新闻专业主义理想的，这和价值观评价中对新闻专业主义精神的测量相互验证。评分显示，宁报集团创新氛围相对宽松，企业员工之间相互交流的渠道较为顺畅。

但是在员工身心健康方面，Q212（宁波日报报业集团采取了有效措施缓解员工的工作压力）的评分最低。可见一方面传媒产业员工工作强度高，压力大，另一方面工作压力又没有得到有效疏解，集团在企业文化建设中需要关注员工精神状态，注重减轻员工压力。

综上，宁波日报报业集团环境总体上是维护新闻专业主义精神的，体现一个传媒集团对新闻理想的坚守。集团总体氛围相对宽松，这有助于创新精神的激发，但在疏解员工压力等一些人性化关怀上还需要加强。除了性别和职位在集团环境的评价中差异不显著，年龄、学历、工作年限、工作类型和工作单位不同的员工对该维度的评价均存在差异。

四、沟通网络评价

集团员工在“沟通网络”评价中，对 Q308（现有的内部传播网络（网站、QQ 群、微信群、内刊、宣传栏等）有效传播了宁波日报报业集团的企业文化）、Q310（宁波日报报业集团内部关于传媒典范人物“张登贵、沈承纪、汤碧琴等”的故事得到广泛的认同）和 Q311（人际间流传的宁波日报报业集团精神和集团官方宣传的一致）的认同度较高，这是对集团现有的文化传播系统工作的肯定，集团在新媒体沟通、对典型人物的事迹推广和对官方精神的宣传方面做得比较到位。

但是 Q307（员工能够通过非正式的沙龙方式探讨如何解决工作中遇到的问题）的评分为 3.95，为该小组最低，表明在员工工作中，相对灵活宽松的非正式沟通和交流不足。

值得注意的是，在企业文化的四个板块中，集团沟通网络评价板块的均值最低，方差较大，说明集团总体沟通网络建设有待加强，需注重互动性和开放性。

综上所述，宁波日报报业集团现有的内部新媒体传播网络相对完善，对典型人物的故事宣传也比较到位，但非正式的沟通和交流方式欠缺。除了性别和职位，年龄、工作年限、学历、工作类型和工作单位不同的员工对集团沟通网络的评价差异显著。

五、礼仪和仪式评价

集团员工在“礼仪与仪式”评价中，对 Q402（举办读者节是宁波日报报业集团的优良传统）、Q403（重大庆典活动凸显了宁波日报报业集团的企业文化）、Q409（每一个退休员工都应该享有一个隆重、正式的离职仪式）和 Q410（您非常喜欢宁波日报报业集团组织的集体旅游的感觉）的认同度最高。文化认同是对个人身份以及员工和集团关系的清晰界定。调查结果表明，员工对宁波日报报业集团的文化活动有相对较高的认同。对于新人入职和老员工退休而言，企业礼仪和仪式非常重要，让新员工尽快加入并建立认同感，让老员工满带成就感光荣退休，直接影响员工对其认同感和归属感的评价。

Q401（宁报集团有一套明确的品牌形象来传承文化）和 Q405（宁报集团配置了完备的文化设施）两项的评价得分最低，说明宁波日报报业集团在企业文化识别系统（CIS）建设和文化设施的完善方面有待加强。

综上而言，宁波日报报业集团现有的礼仪和仪式建设中，对礼仪活动的注重（如举办读者节、退休仪式和集体旅游等）得到了员工的认可。但是集团自身的识别系统建设不足。总体上，20～25 岁之间、学历相对较低、刚入职不久的员工对传媒集团礼仪和仪式的评价更高，但无论是什么样的员工，都认同一个隆重而正式的离职仪式是每一个退休员工应该享有的。

六、满意度评价

宁波日报报业集团员工满意度的测量评分显示，Q503（您认为自己为单位的发展发挥了积极作用）的评分均值为 5.40，方差为 1.58，Q506（您愿意与宁波日报报业集团共进退）的评分均值为 5.59，方差为 1.78，Q507（您会对朋友说这是一家值得效力的传媒集团）的评分均值为 4.90，方差为 2.80，这三项指标的均值在小组中最高，认知差异也相对较小，表明集团员工普遍肯定自己在集团中的价值，对集团的归属感、自豪感和忠诚度很高。

而在评分中,处于末位的分别是Q509(您认为集团的晋升渠道顺畅)和Q510(目前的工资是您个人价值的体现),这两项是关于集团分配制度和激励制度的满意度测量,结果表明宁波日报报业集团员工对国有传媒集团分配制度的不满。

有趣的是,当将评价高的指标和评价低的指标相结合分析,我们却发现,尽管宁波日报报业集团现有的收入分配制度有些差强人意,但是基于对集团文化的认同,宁波日报报业集团现有员工对集团的归属感、自豪感和忠诚度依旧很高,体现了宁波日报报业集团企业文化建构的价值。但在传媒集团核心竞争力的构建中,持续的激励才能引起持续的创新,如果这种反差长期得不到改善,那么集团员工对企业的满意度也会消磨殆尽。因此,集团应创新精神鼓励和经济鼓励相结合的激励方式,激发员工的创新热情,助推其个人价值的实现,强化其与集团的感情。而在晋升方式上,集团可以优化现有的人才考核机制,打通员工晋升渠道,对于优秀的员工,甚至可以破格提升等,让员工们的知识创造活动获得应有的肯定,缩小个人付出和收获之间的落差,让一切才能和智慧得以充分发挥。

总体而言,在满意度评价中,直接涉及集团归属感的评价:Q503(您认为自己为单位的发展发挥了积极作用)、Q506(您愿意与宁波日报报业集团共进退)和Q507(您会对朋友说这是一家值得效力的传媒集团)这三个指标得分较高,且性别、年龄、工作年限、职位、工作类型、工作单位等不同的员工对其认知差异都不显著,说明集团员工都对集团有着强烈的认同和归属。在满意度的其他指标中,除性别和职位,其他因素都使员工对集团满意度的评价差异显著,传媒集团尤其需要处理好新老员工、高学历与低学历员工、采编与经营性岗位、党报(宁波日报)与下属其他单位之间的关系,处理好继承与创新、业务与管理以及集团与子单位之间的关系,提高员工整体满意度。

七、竞争力评价

在集团竞争力评价板块中,对Q605("八报五刊一社一网站一书店"的体制导致宁波日报报业集团内部竞争有余,而合作不足)、Q610(合作创新是全媒体战略实施的关键)、Q611(《宁波日报》作为宁波日报报业集团的龙头,是集团企业文化建设的精神源泉)和Q616(宁波日报报业集团各子单位的企业文化关系应该是和而不同)的认同度较高,表明员工对集团现有体制问题的认识集中而突出,以及对合作创新的全媒体战略的渴望。

对Q602(宁波日报报业集团有比竞争对手更清晰的战略规划)和Q603

(您常常能够从宁波日报报业集团其他部门分享创新经验)两项指标的评价度最低,一方面说明集团内部交流合作少,一方面表明员工对集团的战略规划不太认同。

综上关于竞争力的分析,说明集团员工对本单位的竞争优势和劣势比较清楚,但是对如何面对竞争对手、如何面向未来获得持续发展这一问题上依然存在困惑。对现有资源优势的整合、对竞争对手的认知和就未来规划的沟通,是集团齐心协力,追求更高层次的突破和创新所必需的。因此,就企业竞争力的沟通还需要强化,建立起与既有竞争优势持续相关的关系。

八、员工差异性特征对企业文化评价的影响

不同年龄的员工对"企业环境""文化礼仪和仪式""满意度"以及"竞争力"的评价有显著差异。组间差异主要体现为20～25岁与46～50岁以及20～25岁与55岁以上,普遍而言,年龄越大,对各项的评分越低。

不同教育程度的员工在"企业环境""公司网络""文化礼仪和仪式""满意度"以及"竞争力"的评价上差异显著。排除仅一位博士的特例,具体表现为研究生对企业文化的评价最低,对公司的满意度和竞争力评价最低。

不同工作年限的职工在"价值观认知""企业环境""公司网络""文化礼仪和仪式""满意度"以及"竞争力"的评价上差异显著。组间差异最明显的为1～2年与15年以上以及3～5年与15年以上,在宁报工作15年以上的员工对各项评分相对较低。

不同工作类型的员工对"企业环境""文化礼仪和仪式""满意度"以及"竞争力"的评价有显著差异。具体表现为采编岗位(记者、编辑)与经营性岗位(管理、广告、发行)等的组间差异,采编各岗位对各项的评价低于经营性岗位。

不同工作单位的职工在"价值观认知""企业环境""沟通网络""文化礼仪和仪式""满意度"和"竞争力"的评价存在显著差异。宁波日报各项的评价较低,研究机构和公司对各项的评价较高。

不同性别的员工、不同职位的员工对企业文化的四个维度以及满意度和竞争力的评价差异不显著。

九、企业文化与满意度和竞争力评价

企业文化作为公司的软实力和核心竞争力,直接影响员工对企业的满意度和归属感的评价,我们将"价值观认知"、"企业环境"、"沟通网络"和"文化礼仪及仪式"和"满意度"做了回归分析,有了以下发现。集团员工对价值

观、企业环境、沟通网络与礼仪和仪式的评价都和企业员工对集团的满意度评价正相关,也就是说员工对宁波日报报业集团价值观认知、企业环境、沟通网络与礼仪和仪式的评价越高,则对集团的满意度越高。这和我们的研究出发点是一致的,充分说明企业文化四个因素直接影响员工对公司的评价。通过对竞争力评价与满意度评价进行回归分析显示,两者呈现正相关关系,员工对集团的竞争力评价越高,则对集团的满意度评价越高。此外,基本的人口统计学因素,年龄、受教育程度、工作年限等和满意度负相关,职位、工作类型、单位等和满意度正相关。

企业文化是企业的核心竞争力,是企业竞争力的重要内容,通过将企业文化与竞争力进行回归分析,我们发现员工对企业价值观、企业环境、沟通网络和礼仪及仪式的评价和员工对企业竞争力的评价呈现正相关关系,也就是说员工对企业价值观、企业环境、沟通网络和礼仪及仪式的评价越高,那么对企业竞争力的评价也越高。此外工作类型、单位和企业竞争力评价呈现正相关,年龄、受教育程度、职位、工作年限和竞争力评价呈现负相关。年龄越大、受教育程度越高、职位越高、工作年限越长,则对公司的竞争力评价越低。满意度和竞争力评价呈现正相关,也就是说,员工对公司的满意度越高,那么对公司竞争力的评价也越高。

第二节　宁波日报报业集团企业文化建设的主要问题

结合问卷调查与实际访谈的结果,课题组认为宁报集团企业文化建设目前存在的问题主要体现在以下几个方面:核心价值观缺乏时代性与地域性;企业文化传播网络不通畅;科层制下人情寡淡;传媒典范人物出现断层,新的标杆未能继续树立;礼仪和仪式没有载体,难以凝聚人心;现有的激励制度并不公平,难以调动员工积极性;企业环境难以释放员工活力。

一、企业文化核心理念的表述层面

宁波日报报业集团在企业文化建设中,也有进行核心价值观的建设,先后进行理念和口号征集等,但是效果却不尽如人意。核心理念的表述上缺乏辨识度和时代特征。

问卷调查显示,尽管集团员工对企业现有的“价值观认知”评价度最高,方差最小,一致性最高,但是在该模块设定的测量企业文化理念的核心部分——对集团价值理念和追求的表述中，员工的评价程度最低，且方差最大，认知差异很大。这两题分别是 Q101（责任至上，以人为本，开放包容，创新创业是宁报集团的价值理念和精神动力）和 Q102（反映民情民生，致力民生服务，为民排忧解难是宁报集团的一贯追求），数据分析显示，Q101 和 Q102 的得分均值分别为 5.28 和 5.44，位居小组评分倒数第一位和第二位，充分说明宁波日报报业集团员工对集团现有的理念和价值追求认同度处在较低水平，现有的价值观的表述内容并未被广为接纳，而 Q101 和 Q102 的方差分别为 3.08 和 2.49，为小组第一位和第二位，表明集团员工对集团既有的价值理念认知存在差异，评价一致性很低，企业的精神和理念并未深入人心。

在集团口号问题的测量上，Q108（您认同宁报集团的口号“文化凝聚力量，传媒成就价值”）的得分为 5.73，处于中等偏上水平，均值为 1.99，一致性较高。说明宁报集团自 2012 年以来推行的集团口号已有一定知名度和影响力。集团先后通过征集、评审、揭晓、推广等形式对该口号进行了广泛的宣传，效果较好。在访谈中，无论性别、职位高低、所属单位，对企业文化的讲述中提到最多的就是这一句口号：文化凝聚力量，传媒成就价值。但没有访谈对象能够完整地说出这一口号，且每个人的解读都不一样。员工们表示这个口号更多的是强调传媒产业的特色，但是对于宁报集团、宁波这座城市和现在这个时代的特性表现缺失，且在实际企业文化建设中，该口号更多流于形式，没有具体的行为规范去践行其所传递的价值理念。在访谈中，也有很多被访对象以宁波城市形象“书藏古今，港通天下”的精准表述来比较传媒集团口号的现有表述，认为还需要更为精准地阐释和提炼现有口号。

在访谈中，我们发现，当问及“您认为宁波日报报业集团精神集中体现为什么”时，没有访谈对象能系统表述。有的访谈对象表示不明确，而有的访谈对象则明确表示不知道，并认为没有什么集团精神。集团高层领导、各子单位主要负责人、各部门领头人以及业务骨干等，都对集团设定的企业精神认知与价值观认知处在一个很低的水平。虽然较多的访谈对象在说到宁报集团企业文化时，高频率提及“责任”和“务实”二词，但这更多的是整个传媒业态的精神，而非宁报集团专属的价值观烙印。有受访者就表示，宁波精神（诚信、务实、开放、创新）并不能很好地概括宁波城市文化特色，尤其是“开放”和“创新”是放之四海而皆准的“万金油”，不具有代表性，因此也不适合借此来打造宁报集团企业文化品牌。

综上，我们发现宁波日报报业集团现有的企业精神和价值追求的归纳与表述内容在员工心中认知度不高,且认知差异大,推行的集团口号"文化凝聚力量,传媒成就价值"缺乏立体全面的系统阐释。集团现有的企业精神更多体现的是传媒行业特色,但宁报集团的文化特色、宁波特色和时代特色并不显著,口号难以直接和集团挂钩,辨识度不高。从时代性、区域性和专业性三个维度来界定企业文化,我们认为宁报集团首先要创新现有的企业文化内涵,体现时代特色和传媒产业格局,打造时代的共识和强音;其次需结合宁波城市文化精神,将其作为集团企业文化的精神来源,充分体现区域文化的母体特色;最后还需注重专业精神的体现,将宁报集团以及传媒产业的专业理念融入集团的企业文化中,让新的集团文化充分体现时代特征、地域特色和行业特性。

二、企业文化传播层面

问卷调查的数据显示,在企业文化的四个维度中,宁波日报报业集团员工对集团沟通网络的评价得分为 4.24,得分最低,方差为 3.13,差异性大。这说明宁报集团现有的企业沟通网络不够开放和通畅,集团上下级、跨单位、跨部门甚至跨岗位之间的沟通和交流缺失。在纵向沟通的评价指标中,Q301(领导能够及时知道基层发生的事情)和 Q302(基层员工对集团当前中心事务一无所知)两个指标的得分为 4.11 和 4.44,前者得分偏低而后者得分在小组中偏高,说明集团领导与基层关系并不密切,基层员工难以获悉集团中心事务和决策,科层制企业弊端在此显露。而横向的传播方式指标中,Q303(集团各单位之间沟通顺畅)、Q304(集团的传统媒体与新媒体单位之间有经常性的交流)、Q306(集团内部编辑记者与经营管理部门之间有足够的沟通)和 Q307(员工能够通过非正式的沙龙方式探讨如何解决工作中遇到的问题)四个指标的得分分别为 4.03、4.08、4.10 和 3.95,表明集团下属子单位之间合作不足,沟通有碍,更不要说实现各单位之间取长补短,优势互补了。

在访谈中,我们发现宁报集团文化传播层面存在两个明显问题,一方面,子单位员工和基层员工与集团文化传播关系疏远,宁波出版社相关负责人表示,出版社 2002 年以后归属于集团,相对独立,由于集团平时对企业文化的宣传不多,因此出版社对集团企业文化了解非常粗浅。《宁波日报》受访员工也表示,目前集团员工普遍知道行业形势不好,希望创新改革,但不知道集团层面是如何规划和设想的,只能干着急。另一方面,集团文化凝聚力不强,人际关系相对冷淡。受访的集团相关领导认为,企业文化的建设应是从上到下的,但是现状是目前下面的人管不到,难以发动。宁波网的一位对话访谈栏目的主持人表示随着集团发展规模越来越大,集团运营更加规范化,但人际间的情感也变淡了,大家相互对门但连名字都不知道是常有的情况。晚报评论部员工表示相比从前,集团官僚气息变浓,下层问题反映到高层十分困难。

三、典范人物的塑造和推广层面

在传媒集团中,典范人物的典型示范作用不可小觑,报业集团需要在激烈的市场竞争中取胜,其企业文化必须为典范人物提供土壤,通过典范人物的力量为企业传播和分享核心价值观。具体到宁波日报报业集团的企业文化建设中,典范人物是否起到了重要作用呢?

调查显示,Q310(宁波日报报业集团内部关于传媒典范人物"张登贵、沈承纪和汤碧琴等"的故事得到广泛认同)的评价得分为 5.0,方差为 2.21。应该说集团内部典范人物得到了集团员工较高评价,且认同一致性比较高。但访谈中我们却发现,这些典范在现实中的影响作用非常有限,主要原因是张登贵、沈承纪和汤碧琴三位典范人物都是传媒集团的老同志,他们的事迹在时间上距离现在也相对较远,因此难以直接激励集团员工学习效仿。在访谈中,当问及"您所在的单位有没有口口相传的典范人物的故事?最感动您的是什么?",绝大部分被采访对象表示没有或者不知道,少数有一两个典范人物,也没有被作为集团的典型和示范人物进行宣传。宁波出版社副社长张刚毅表示自己所在单位第四编辑室有一位"老黄牛",名叫王松建,1960 年出生,已经 50 多岁了,早些年由于患脑瘤压迫视神经,手术之后单眼失明,尽管只有一只眼睛能看见,但是长期以来,王松建坚持第一个到办公室,最后一个走,双休也在公司,多年来无私奉献忠于职守,是出版人的典范,2015 年出版社已经将其推选为优秀员工。《东南商报》总编辑王存政表示,自己所在单位的特稿部副主任程鑫和首席记者樊卓婧表现优秀,但是遗憾的是并没有作为典范人物进行宣传。

纵观宁报集团企业文化建设中,典范人物的宣传并没能与时俱进趋时更新。老一辈典范人物的光荣事迹由于一定的时代感,对现有员工的激励有限,而能代表新时期企业文化和价值取向的新典型没有完全树立起来,出现了典型人物的断层,因此集团层面的价值观实践显得虚无缥缈,缺乏说服力。如果宁报集团能够找到按照集团所倡导的价值观去行动的人,把他们的事迹加以宣传,告诉大家集团中的确有员工是按照企业的价值取向去做的,是实实在在的案例,并对这样的员工进行精神和物质的奖励,对其进行标榜、表扬、奖励、提拔、重用等,表明这种行为是被集团所肯定的,那么相信对其他员工也是一种激励与感召,集团典范人物的作用会在宁报集团发挥得淋漓尽致。

四、文化礼仪和仪式及利益分配层面

在企业文化的四个维度中,"文化礼仪和仪式"的得分为5.02,得分第二,评价比较高,方差为2.71,认知度比较一致。但是具体细化到各个层面,集团目前在该板块的建设方面存在以下问题:

首先,集团礼仪和仪式建设缺乏有效载体,在Q401(宁波日报报业集团有一套明确的品牌形象来传承文化)、Q404(宁波日报报业集团大楼内部装饰有效展现了集团文化)和Q405(宁波日报报业集团配置了完备的文化设施)三项的得分分别为4.56、4.73和4.58,为该组倒数最后三位,且认知差异明显。说明宁报集团无论是企业的形象识别,还是企业的装饰风格抑或是企业的文化设施,都令人不满意,难以满足员工对文化礼仪和仪式的需求。访谈中,除了《东南商报》的"走廊文化"受到肯定,其他相关的文化设施和文化识别鲜有提及。

其次,集团仪式性活动缺乏,难以满足员工的情感需求。集团员工对Q409(每一个退休员工都应该享有一个隆重、正式的离职仪式)和Q410(您非常喜欢宁波日报报业集团组织的集体旅游的感觉)两项的评价指标得分分别为5.46和5.43,就表明了其对企业礼仪和仪式的一致渴望。但是由于这样的活动非常少,因此员工难以通过礼仪和仪式性的活动增进彼此之间的感情和对集团的归属感。在访谈中,很多员工也表示,近年来集团组织的活动越来越少,大家见面和交流的机会也越来越少,常常相见却认不出来的情况时有发生,非常尴尬。访谈中,集团层面的年终文艺晚会虽被多次提及,但这仅仅是礼仪和仪式的补充部分,而更加体现行业特色和集团风貌的礼仪和仪式却鲜有耳闻。

最后,利益层面现有激励制度对员工作用有限。Victor Vroom的"期望理论"提出,人对实现某目标的满足越高时,他的动力才越大。[①] 将其引申到企业文化中,就是企业以经济的激励作为对员工的满足,满足越大,那么员工就越有可能投入更多的高质量创造活动。在宁波日报报业集团的利益分

---

① Victor Vroom. Work and Motivation. Manhattan:Jossey-Bass,1995,第1—2页.

配中，Q508（您认为宁波日报报业集团的员工评价制度公正合理）、Q509（您认为集团的晋升渠道顺畅）、Q510（目前的工资是您个人价值的体现）的得分分别为 4.24、3.98 和 4.17，得分最低，且方差最大，表明集团现有的激励制度和分配制度不够完善，且大家认知差异显著。马斯洛需求层面模型指出，人具有自我实现的需要，落实在企业中，即个人工资水平是个人能力的体现，会直接影响到企业职工自我实现评价。① 显然集团现有的利益机制是很难调动员工积极性的，员工自我价值难以实现，工作就会缺乏热情与动力，更不要说主动参与企业文化建设了，企业的文化传播也会因此大打折扣。

在访谈中，虽然集团领导表示现有员工的工资在传媒集团中相对较高，但是部分业务骨干表示由于没有编制，工资差强人意。由于缺乏足够的文化向心力和归属感，部分员工在参与活动的时候明显具有利益导向：有好处才参加，没好处就找理由搪塞。《管子·牧民》中说：仓廪实而知礼节，衣食足而知荣辱。如果企业的利益分配长期不公平公正，而且企业文化建设缺乏足够的吸引力，员工的付出得不到应有的回报，基本的尊严和自我价值难以实现，那么传媒集团的竞争力将会严重下降。不过，Q511（宁波日报报业集团的利润增加了，大家的收入就会得到相应的提高）的得分为 4.82，相对较高，说明集团员工对集团依旧存在期待与信任，集团有可能通过利益的重新分配和调整来重振士气，凝聚人心，进行企业文化的建设。企业甚至可以举行奖赏仪式，将利益分配、表彰先进等可视化，直接激励员工主动追求公司的价值观和企业文化。

五、企业环境层面

在对宁波日报报业集团环境评价的调研中，该维度的得分并不理想，且方差很大，是宁波日报报业集团企业文化建设中相对薄弱的环节。

在制度环境和精神环境层面，Q202（集团发展战略决策充分考虑了管理层和普通员工的利益均衡）、Q204（集团员工能够参与影响到自己工作的决策过程）、Q212（宁波日报报业集团采取了有效措施缓解员工的工作压力）的得分分别为 4.11 和 4.06 和 3.82，在小组中排名末位，且认知差异大。表明集团现有的环境难以打通上下级网络，工作环境压抑，员工的负面情绪得不到及时的疏导，这样的企业环境是不利于企业文化的发展的。现有的制度

① A. H. Maslow. A Theory of Human Motivation. Psychological Review, 1943; pp. 370-396.

环境并不符合宁波日报报业集团的核心理念与企业文化，难以对员工起到约束、协调、激励的作用；现有的行为环境也不够明确，难以对员工形成激励作用；精神环境建设上，我们提倡以人为本，但是集团并未采取有效措施缓解员工的精神压力，所以总体而言企业的内部环境建设并不理想。

在创新环境层面，Q501（您的创新行为总是受到鼓励）的得分为4.48，方差为2.82；Q208（宁波日报报业集团允许创新过程中有一定程度的失败）的得分为4.92，方差为2.46。这两项的得分较高且方差较小，说明集团员工对宁波日报报业集团的创新环境认知评价高且一致性较强。但是在Q608（您所在的单位能够对用户需要新变化做出及时的反应）指标中，得分为4.50且方差为3.26，得分低且方差大，说明集团在对外部环境的感知上反应较慢。访谈中，宁报集团员工也承认宁报集团的精神气质不善于“领”，而惯于“跟”，担心创新的成本和风险，相对保守。

此外，调查结果显示，年龄较大的员工（主要是45～50岁）、工作年限较长的员工对宁报集团企业文化各个维度的评价都明显较低，沿袭已久的企业文化已经失去了对老员工的吸引力，因此只有创新企业环境与企业文化，保持持续的敏感度、新鲜度和时代活力，才能调动资深员工的参与。

综上可见，宁波日报报业集团在企业环境建设上，需要更加开放和包容，一方面是公司的内部制度环境要更加公开透明，注重员工的精神环境的优化，采取有效措施缓解其工作压力，另一方面，宁波日报报业集团企业文化深深根植于事业文化，传媒集团的企业环境没有根据传媒产业环境变革适时调整，新经济企业文化和传统企业文化之间的矛盾和冲突不断加剧，员工亟待一个适应时代、趋时更新的企业环境。

本章小结

本章主要是结合问卷调查数据和访谈结果对宁波日报报业集团目前的企业文化建设现状进行效果检验和问题分析。研究发现，宁波日报报业集团企业文化建设初见成效，但是在以下层面依旧存在问题。

1. 基本人口统计因素对企业文化评价的影响

基本的人口统计因素会影响员工对企业文化的评价，除却价值观建设的普适性，年龄、受教育程度、工作年限、工作类型和单位类型都会影响员工对企业文化的评价，年纪越高、受教育程度越高、工作年限越长的员工对企业文化的评分越低，编辑记者和管理者对企业文化评价差异显著，党报和网站、出版社、公司等对企业文化的评价也存在显著的组间差异。因此，宁波日报报业集团需要协调好新老员工、教育水平不同的员工以及不同单位和不同工作类型员工之间的矛盾，这样才能有利于文化共同体的形成。

2. 企业文化各层面存在的问题

(1)核心价值观表述层面，集团现有企业文化的相关表述仅仅是对行业特性的一个写照，并未能体现时代特性和宁波的城市文化精神；

(2)企业文化传播层面，集团与下属子单位之间联系不够紧密，集团领导与基层员工之间沟通不顺畅，集团员工之间凝聚力不强，关系冷淡；

(3)传媒典范人物层面，出现典型的时代断层。现有的张登贵、沈承纪和汤碧琴等老一辈典范作用虽然有，但符合时代精神的新一代的传媒典范人物还未树立起来；

(4)礼仪和仪式及利益分配层面，集团礼仪和仪式缺乏有效的传播载体，难以形成认同，现有的激励制度和分配制度难以调动员工积极性；

(5)环境层面，集团现有的制度环境和精神环境相对封闭和压抑，创新精神虽然在集团内被强调，但员工在实践中缺乏行动力。

附录：

附录中为宁波日报报业集团职工对集团企业文化（主要是价值观、环境认知、沟通网络、礼仪和仪式）、企业竞争力、企业满意度的调查反馈及其指标分析。

附录1：被调查职工的基本情况

课题组针对宁波日报报业集团的部分职工进行了一次内部的问卷调查，本研究一共发放了360份问卷，共收回306份，回收率为85%，清理无效问卷之后得到有效问卷288份，问卷有效度为94.12%。受调查职工的基本情况分为以下七个方面：

(1)性别（见附图5-1）

女：147人(51%)；

男：141人(49%)；

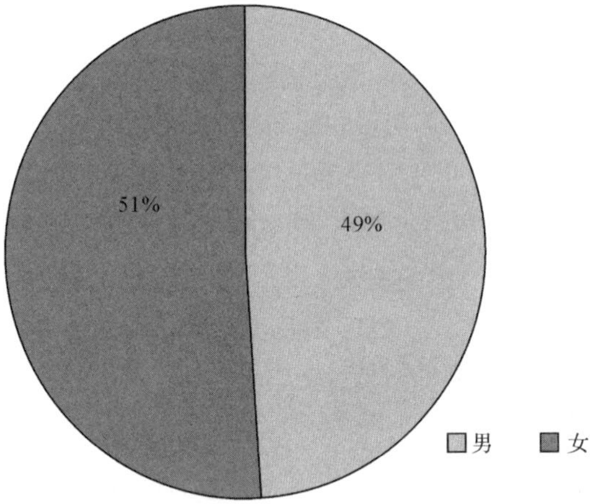

附图 5-1

(2)年龄(见附图 5-2)

20 岁以下:2 人(0.7%)

20～25 岁:25 人(8.7%)

26～30 岁:60 人(20.8%)

31～35 岁:55 人(19.1%)

36～40 岁:56 人(19.4%)

41～45 岁:48 人(16.7%)

46～50 岁:15 人(5.2%)

51～55 岁:20 人(6.9%)

55 岁以上:7 人(2.4%)

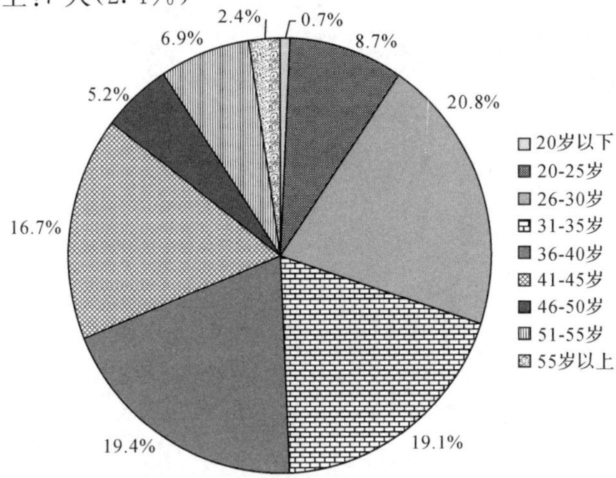

附图 5-2

(3)受教育程度(见附图 5-3)

中专及以下:17 人(5.9%)

大专:57 人(19.8%)

本科:186 人(64.6%)

硕士(含双学位和研究生同等学力):27 人(9.4%)

博士:1 人(0.3%)

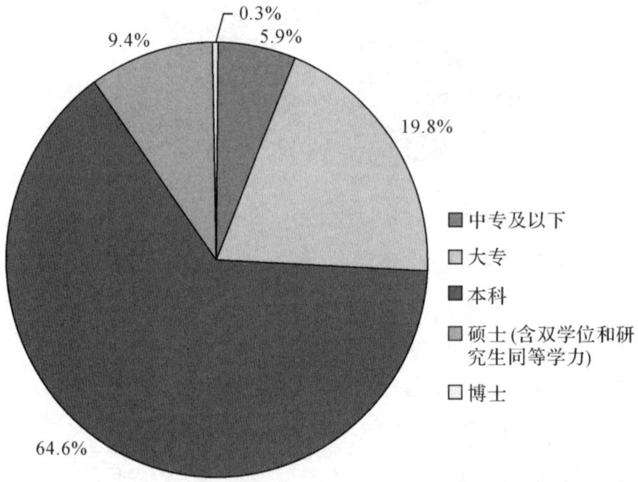

附图 5-3

(4)职位(见附图 5-4)

普通员工:203 人(70.5%)

基层管理者:40 人(13.9%)

中层管理者:41 人(14.2%)

高层管理者:4 人(1.4%)

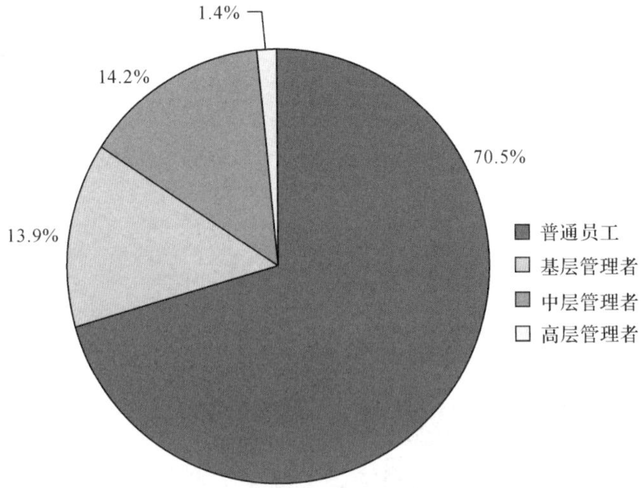

附图 5-4

(5)工作年限(见附图 5-5)

1～2 年:37 人(12.8%)

3～5 年:65 人(22.6%)

6～10 年:51 人(17.7%)

11～15 年:53 人(18.4%)

15 年以上:82 人(28.5%)

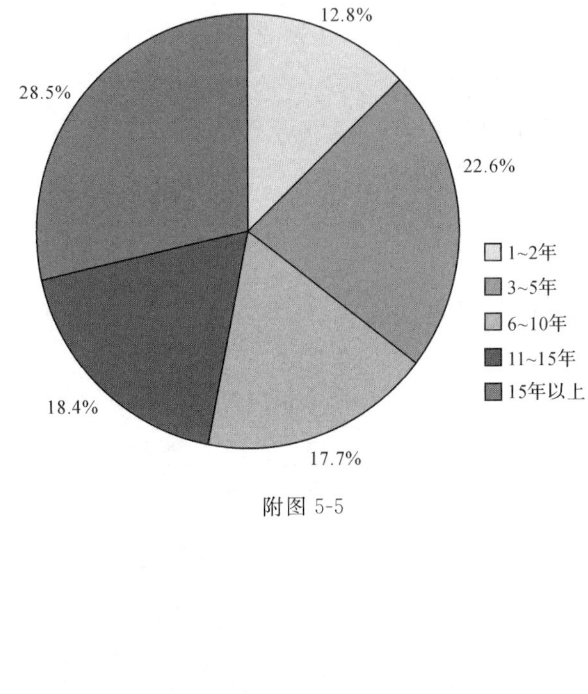

附图 5-5

(6)工作类型(见附图 5-6)

编辑:96 人(33.3%)

记者:79 人(27.4%)

发行:7 人(2.4%)

广告:16 人(5.6%)

管理:45 人(15.6%)

发展研究:1 人(0.3%)

其他:44 人(15.3%)

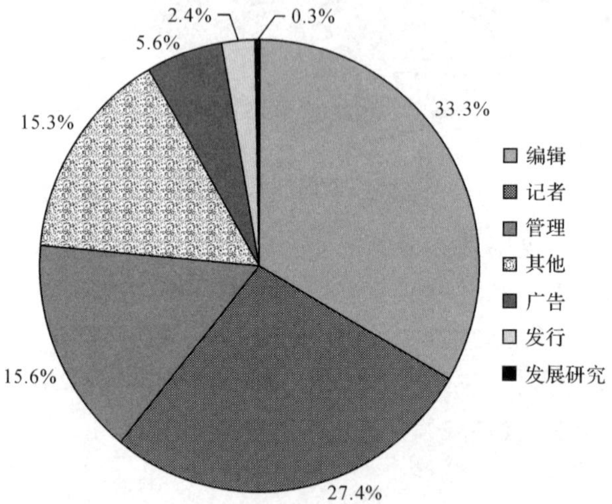

附图 5-6

(7)单位类型(见附图 5-7)

党报(特指《宁波日报》):77 人(26.7%)

都市报:112 人(38.9%)

区县报:0

研究机构:2 人(0.7%)

网站:38 人(13.2%)

杂志:0

出版社:17 人(5.9%)

书店:1 人(0.3%)

公司:41 人(14.2%)

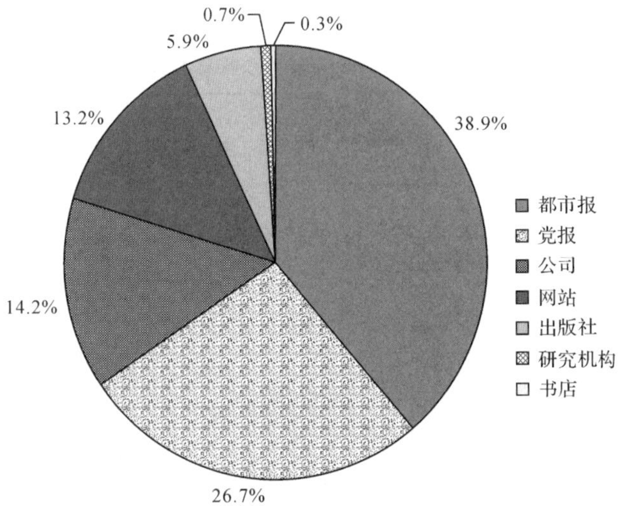

附图 5-7

附录 2:问卷数据分析

(1)问卷六个模块(六个量表)信度检验

附表 5-1 各维度可靠性统计量

企业文化测量维度	Cronbach's Alpha 系数	基于标准化项的 Cronbach's Alpha 系数	项数
价值观认知	0.921	0.922	11
集团环境	0.939	0.938	13
沟通网络	0.920	0.920	12
礼仪和仪式	0.865	0.866	10
满意度	0.922	0.920	12
竞争力	0.937	0.935	17

内部信度一般以 Cronbach's Alpha(即科隆巴赫阿尔法)系数表示,它是一个处于 0～1 之间的数。在传播研究中,等于或大于 0.70 的内部信度就属于足够可接受的范围。如附表 5-1 所示,本问卷的各分量表信度均大于 0.80,表明问卷结果有较高的可信度。

(2)集中趋势与离散趋势指标分析

附表 5-2 分量表平均数与方差

项目	价值观	集团环境	沟通网络	礼仪仪式	满意度	竞争力
均值	5.70	4.37	4.24	5.02	4.67	4.70
方差	2.13	3.18	3.13	2.71	2.73	2.87

注:N=288.

附表 5-3 各题项均值与方差

题项	Q101	Q102	Q103	Q104	Q105	Q106	Q107	Q108	Q109	Q110	Q111	Q201	Q202
均值	5.28	5.44	5.57	5.72	6.02	6.29	5.93	5.73	5.63	5.54	5.59	4.38	4.11
方差	3.08	2.49	2.71	1.95	1.84	1.38	1.81	1.93	1.99	2.08	2.17	3.43	3.59
题项	Q203	Q204	Q205	Q206	Q207	Q208	Q209	Q210	Q211	Q212	Q213	Q301	Q302
均值	4.28	4.06	4.39	4.33	4.25	4.92	4.91	4.44	4.77	3.82	4.10	4.11	4.44
方差	3.32	3.64	2.93	3.44	3.23	2.46	2.78	3.06	3.04	3.21	3.27	3.32	3.03
题项	Q303	Q304	Q305	Q306	Q307	Q308	Q309	Q310	Q311	Q312	Q401	Q402	Q403
均值	4.03	4.08	4.27	4.10	3.95	4.54	4.30	5.00	4.54	3.46	4.56	5.45	5.15
方差	3.11	3.18	3.04	3.10	3.43	3.46	3.16	2.21	2.85	3.62	2.90	1.77	2.53
题项	Q404	Q405	Q406	Q407	Q408	Q409	Q410	Q501	Q502	Q503	Q504	Q505	Q506
均值	4.73	4.58	4.91	4.81	5.13	5.46	5.43	4.48	4.46	5.40	4.69	4.65	5.59
方差	2.90	3.25	3.20	3.12	2.45	2.33	2.62	2.82	2.79	1.58	2.61	2.78	1.78
题项	Q507	Q508	Q509	Q510	Q511	Q512	Q601	Q602	Q603	Q604	Q605	Q606	Q607
均值	4.90	4.24	3.98	4.17	4.82	4.68	4.45	3.91	3.95	4.49	5.27	4.23	5.05
方差	2.80	2.97	3.42	3.09	3.09	3.02	2.59	3.05	3.12	3.07	2.00	2.93	2.84
题项	Q608	Q609	Q610	Q611	Q612	Q613	Q614	Q615	Q616	Q617			
均值	4.50	4.73	5.72	5.04	4.88	4.87	4.48	4.25	5.33	4.73			
方差	3.26	2.98	1.73	3.17	2.71	3.86	3.27	3.06	2.16	3.01			

均值是反映数据集中趋势的一个重要指标,分值越大表示该方面情况越好;方差是反映数据离散趋势的一个重要指标,分值越大表明被访者在该方面看法越不一致。

由此可见,一方面,在问卷测量的六个模块内,宁波日报报业集团职工对集团的价值观认知评价最为突出(平均数 5.70),其中"正直是从事新闻业必备的品质"为该组中员工评价度最高、差异度也最小的题项(平均数 6.29,方差为 1.38)。剩下五个模块中员工评价度由高到低排序依次是:礼仪和仪式评价(平均数 5.02)、竞争力评价(平均数 4.70)、员工满意度评价(平均数 4.67)、集团环境评价(平均数 4.37)、沟通网络评价(平均数 4.24)。

另一方面，宁波日报报业集团职工在对集团环境评价上看法最为不一致（方差为3.18），该模块中“集团员工能够参与影响自己工作的决策过程”（方差为3.64）为该组中差异度最大的题项，表现出员工对其认知的较大差异。剩下五个模块中员工评价差异度由高到低排序依次是：沟通网络评价（方差3.13）、竞争力评价（方差2.87）、满意度评价（方差2.73）、礼仪和仪式评价（方差2.71）和价值观认知评价（方差2.13）。

（3）差异度指标分析

在差异度指标分析上，编写组主要运用了T检验（T-test）和一维方差分析（One-way Anova）这两种社会科学统计方法。

性别变量

附表5-4　性别差异检验

分量表	性别	人数	均值	标准差	方差齐性检验 Sig. 值	T 检验 Sig.（双侧）值
价值观	女	147	5.65	1.16	0.341	0.393
	男	141	5.76	1.01		
集团环境	女	147	4.35	1.38	0.592	0.835
	男	141	4.38	1.32		
沟通网络	女	147	4.35	1.30	0.995	0.260
	男	141	4.38	1.28		
礼仪和仪式	女	147	5.04	1.14	0.504	0.804
	男	141	5.00	1.08		
满意度	女	147	4.55	1.24	0.357	0.088
	男	141	4.80	1.18		
竞争力	女	147	4.69	1.19	0.640	0.926
	男	141	4.70	1.20		

如附表5-4所示，对男女不同性别在企业文化四要素、满意度和竞争力评价差异方面进行了独立样本T检验，方差齐性检验Sig.值均大于0.05，说明两个方差相等，适合进行T检验，T检验Sig.双侧值均大于0.05，说明不显著。即男、女性别对企业文化、满意度和竞争力评价的差异不显著。

年龄变量

附表 5-5 年龄间一维方差分析

分量表	齐性检验显著性	F 值	显著性
价值观	0.070	1.958	0.052
集团环境	0.668	6.615	0.000*
沟通网络	0.908	6.686	0.000*
礼仪和仪式	0.626	5.624	0.000*
满意度	0.296	3.984	0.000*
竞争力	0.563	6.553	0.000*

注：* 表示显著性水平达 0.05 时，差异显著。

如附表 5-5 所示，不同年龄的职工在集团环境、沟通网络、礼仪和仪式、满意度评价和竞争力评价方面存在显著差异，达到 0.05 的显著水平。多重比较显示，组间差异主要存在于 20～25 岁与 31～55 岁和 55 岁以上，也就是说，20～25 岁的员工与 31～55 岁和 55 岁以上员工对集团环境、沟通网络、礼仪和仪式、满意度评价和竞争力评价的差异显著。

教育变量

附表 5-6 不同教育程度间一维方差分析

分量表	齐性检验显著性	F 值	显著性
价值观	0.196	2.616	0.360
集团环境	0.936	6.584	0.000*
沟通网络	0.358	9.829	0.000*
礼仪和仪式	0.545	7.135	0.000*
满意度	0.372	5.833	0.000*
竞争力	0.450	7.541	0.000*

注：* 表示显著性水平达 0.05 时，差异显著。

如附表 5-6 所示，不同教育程度的职工在集团环境、沟通网络、礼仪和仪式、满意度评价和竞争力评价方面存在显著差异，均达到 0.05 的显著水平。剔除掉唯一的一位博士学历样本，多重比较发现，企业环境、沟通网络以及竞争力的评价组间差异主要存在于中专及以下与本科之间、中专及以下与硕士之间、大专与本科之间和大专与硕士之间,尤其是中专及以下与本科之间以及大专与本科之间的差异的显著性水平达到了 0.001。对礼仪和仪式的评价和满意度的评价方面,组间差异主要存在于中专及以下与硕士之间以及大专与硕士之间,尤其是大专与硕士之间的显著性水平达到了 0.001。中专及以下与大专学历的员工组间差异不明显,本科与硕士的组间差异也不明显。而被排除的唯一一位博士学位员工,对各项的评分均值都明显高于其他学历员工。

工作职位变量

附表 5-7　不同职位间一维方差分析

分量表	齐性检验显著性	F 值	显著性
价值观	0.406	0.263	0.852
集团环境	0.269	0.354	0.786
沟通网络	0.582	0.226	0.879
礼仪和仪式	0.310	0.199	0.897
满意度	0.546	1.553	0.206
竞争力	0.444	0.638	0.591

如附表 5-7 所示,不同职位的员工在所有六个被测因素中显著性值均大于 0.05,说明不同职位员工在以上要素中差异性不显著。

工作年限变量

附表 5-8　不同工作年限间一维方差分析

分量表	齐性检验显著性	F 值	显著性
价值观	0.087	5.233	0.000*
集团环境	0.937	17.764	0.000*
沟通网络	0.007	14.983	0.000*
礼仪和仪式	0.890	11.410	0.000*
满意度	0.890	8.990	0.000*
竞争力	0.847	18.380	0.000*

注:* 表示显著性水平达 0.05 时,差异显著。

如附表 5-8 所示,不同工作年限的员工在价值观认知、集团环境、沟通网络、礼仪和仪式、满意度评价和竞争力评价方面存在显著差异。组间差异主要存在于1～2年与15年以上，显著性水平达到了0.001。1～2年与3～5年之间差异性不显著。

工作类型变量

附表5-9 不同工作类型间一维方差分析

分量表	齐性检验显著性	F值	显著性
价值观	0.152	1.680	0.126
集团环境	0.247	5.921	0.000*
沟通网络	0.005	9.701	0.000*
礼仪和仪式	0.540	7.061	0.000*
满意度	0.111	5.606	0.000*
竞争力	0.055	6.656	0.000*

注：* 表示显著性水平达0.05时，差异显著。

不同工作类型员工在集团环境、沟通网络、礼仪和仪式、满意度评价和竞争力评价方面存在显著差异。排除掉仅一位发展研究的员工，多重比较结果显示，组间差异主要存在于编辑与其他、记者与其他之间。

工作单位变量

附表5-10 不同工作单位间一维方差分析

分量表	齐性检验显著性	F值	显著性
价值观	0.005	4.406	0.000*
集团环境	0.119	14.169	0.000*
沟通网络	0.748	19.713	0.000*
礼仪和仪式	0.217	13.605	0.000*
满意度	0.258	10.382	0.000*
竞争力	0.052	13.325	0.000*

注：* 表示显著性水平达0.05时，差异显著。

如附表5-10所示，不同工作单位的员工对被测的六个要素评价存在显著差异。排除掉一位书城员工的特殊案例，多重比较显示，价值观评价上，组间差异主要表现为党报与公司之间，显著性水平为0.001，其他被测层面，显著的组间差异主要为党报与网站、党报与公司、都市报与公司以及网站与公司之间，在 0.05 的显著性水平上差异显著。

(4)相关分析

附表 5-11 分量表间相关系数

分量表	价值观	集团环境	沟通网络	礼仪和仪式	满意度	竞争力
价值观	1					
集团环境	0.649**					
沟通网络	0.520**	0.855**				
礼仪和仪式	0.590**	0.767**	0.789**			
满意度	0.606**	0.852**	0.817**	0.789**		
竞争力	0.573**	0.826**	0.842**	0.843**	0.851**	1

注：** 表示相关显著性水平达 0.01 时，差异显著。

相关系数表示两个变量之间的相关程度。如附表 5-11 所示，各分量表间相关非常显著，宁波日报报业集团企业员工的满意度与竞争力评价与价值观、集团环境、沟通网络、礼仪和仪式等四个衡量企业文化的变量均呈显著相关；另外，对分量表各题项与该分量表的相关分析也表明，所有题项均与相应分量表总分呈现出非常显著的相关关系。该结果表明，企业文化、企业员工满意度和集团竞争力的确是一个多维概念，需要从多个方面予以充分注意。

(5)回归分析

如果说相关分析描述的是两个变量之间的关系的话，那么回归分析则能进一步预测连续型变量之间的关系。如附表 5-12 所示，将价值观、环境认知、礼仪和仪式、沟通网络四大自变量逐步纳入回归方程，可以发现：该四大因素对于员工满意度具有很好的预测效度，除价值观外，企业文化相关的另外三个因素均与员工满意度呈正相关。

满意度回归分析

附表 5-12 满意度回归分析

模型	变量	R 值	R 方	调整后 R 方	F 值	未标准化的系数 β	标准化的系数 β	T 值
1	常数项					0.824		2.712**
	价值观	0.606[a]	0.368	0.366	166.411***	0.675	0.052	12.9***

续表

模型	变量	R值	R方	调整后R方	F值	未标准化的系数β	标准化的系数β	T值
2	常数项					0.983		4.955***
	价值观	0.855ª	0.732	0.730	388.422***	0.103	0.045	2.293*
	环境认知					0.711	0.036	19.654***
3	常数项					0.687		3.557***
	价值观	0.873ª	0.763	0.760	304.373***	0.125	0.042	2.956**
	环境认知					0.437	0.056	7.779***
	沟通网络					0.321	0.053	6.108***
4	常数项					0.332		1.676
	价值观	0.884ª	0.782	0.779	254.086***	0.073	0.042	1.747
	环境认知					0.394	0.055	7.211***
	沟通网络					0.201	0.056	3.601***
	礼仪及仪式					0.269	0.053	5.025***

注：* 表示显著性分别水平达 0.05；** 表示显著性水平达 0.01；*** 表示显著性水平达 0.001 数值分别达到上述值时，差异显著。

通过对员工基本信息与满意度进行回归分析，数据显示，年龄与工作年限分别与企业文化呈现负相关关系，应该说，原先探讨企业文化是在竞争不充分的前提下进行的，原先的既得利益者倾向于希望时代不变以继续保持自己原有的利益。因此，在新形势下，宁波日报报业集团在企业文化的建设上需要注重持续性，以更好地协调不同人群的利益。

竞争力回归分析

附表 5-13　竞争力回归分析

模型	变量	R值	R方	调整后R方	F值	未标准化的系数β	标准化的系数β	T值
1	常数项					1.111		3.596**
	价值观	0.573ª	0.329	0.260	140.026***	0.629	0.053	11.833***
1	常数项					1.266		5.974***
	价值观	0.828ª	0.685	0.683	310.379***	0.071	0.048	1.473
	环境认知					0.694	0.039	17.974***
3	常数项					0.824		4.272***
	价值观	0.870ª	0.757	0.754	294.140***	0.104	0.042	2.457*
	环境认知					0.287	0.056	5.104***
	沟通网络					0.479	0.053	9.111***

续表

模型	变量	R 值	R 方	调整后 R 方	F 值	未标准化的系数 β	标准化的系数 β	T 值
4	常数项	0.900[a]	0.810	0.807	300.970***	0.246		1.345
	价值观					0.019	0.039	0.499
	环境认知					0.216	0.050	4.288***
	沟通网络					0.283	0.052	5.493***
	礼仪及仪式					0.438	0.049	8.89***

注:* 表示显著性水平达 0.05;** 表示显著性水平达 0.01;*** 表示显著性水平达 0.001;数值分别达到上述值时,差异显著。

如附表 5-13 所示,将企业文化四要素逐步纳入回归方程,可以发现:该四大因素对于员工满意度具有很好的预测效度,除价值观外,企业文化的其他三个因素与员工满意度呈正相关。

将员工基本信息与竞争力进行回归分析,数据显示,年龄、受教育程度、职位和工作年限均与竞争力评价负相关。应该说,一方面,学历不同的员工对企业的期待和发展竞争力的看法不一样,教育程度越高,越可能谋求更好的企业发展,对现有竞争力评价较低;另一方面,宁报集团中较为年长的员工经历了近几十年来中国传媒业与宁报集团所发生的诸多变化,其对企业竞争力评价相对于年轻员工来说反而略显偏低,这也正反映出他们在情感上较为不认同宁报集团当下的竞争实力,这一点也值得宁报集团在今后的工作中进一步加以重视。

第六章 经验与借鉴：从传媒集团到企业集团文化发展的经典案例

本章提要

企业文化建设是传媒集团进入到多元化阶段必须面临的问题。从前章所述我们可以看到，目前传媒集团成长战略已经从前期的粗放扩张到了内部整合阶段，传统媒体业务之间、新媒体与传统媒体之间、媒体业务与非媒体业务之间存在着不同的企业文化内核，在传媒集团层面，如何协调各类文化，形成合力，成为当前传媒集团研究的一个核心议题。企业文化是一个组织在长期发展过程中逐渐形成的，为其成员所认可、接受和共同遵守的一系列价值观念、指导思想、道德风尚、管理制度、行为规范的总和。每一个组织都有属于自己的文化积淀，这种文化体现着组织的个性和特点。同时，一个组织在不同发展阶段，其文化也是不同的。组织文化是组织发展的内在动力，也是组织核心竞争力的源泉。①

本章内容旨在研究优秀的传媒集团与新媒体集团的企业文化，为我们剖析宁波日报报业集团的企业文化构建起时代背景下的行业经验参照体系。研究框架主要参照特伦斯·迪尔和艾伦·肯尼迪所著的《企业文

---

① 孙玮：《领导者在组织文化不同发展阶段中的作用》，《安徽理工大学学报》（社会科学版）2013 年第 2 期，第 33—36 页。

化——企业生活中的礼仪与仪式》给出的企业文化基本分析模块。他们认为企业文化的构成要素有：(1)企业环境：产品、竞争对手、客户、技术、政府影响等；(2)价值观：组织的基本理念和信仰；(3)英雄人物：体现着企业文化，并为员工提供了有形的榜样；(4)礼仪和仪式：公司日常生活中一些系统化和程序化的惯例；(5)文化网络：公司价值观念和英雄神话的"载体"。[①] 其中，我们将"英雄人物"这一说法调适为"典范人物"这一在调研中更容易为传媒集团接受的表述。

在我们选取的案例中，南方报业传媒集团、杭州日报报业集团都是国内优秀的传媒集团，在其发展历程与转型中，均取得了可喜的成绩，研究他们的企业文化建设之道是勘破中国传媒顺利转型发展的有益尝试。而从国际来看，《纽约时报》、时代华纳等跨国传媒集团更是可以作为借鉴的研究样本，它们在更早的时候就开始在企业文化与转型发展的协调中做出了诸多尝试，有成功，有失败，沿用下来都是十分宝贵的经验。同时，在互联网迅速崛起的时代，尤其是新媒体的互联网特质益发明显的如今，学习优秀互联网公司的企业文化也就成为必然，唯有跟上时代步伐，才能在一系列挑战面前从容应对。阿里巴巴作为一个发展相对成熟的互联网企业中的佼佼者，自然就成为笔者此次研究的案例之一。

在具体的论述中，均是将南方报业传媒集团、杭州日报报业集团、纽约时报集团作为优秀的传媒企业，分析其企业文化中的几个要素。时代华纳有过一次失败的融合经验，主要原因就在于它未重视集团中的文化融合，因此有着很宝贵的可资借鉴的教训。此外，我们还将阿里巴巴作为互联网集团企业文化的典范进行了分析，以透视互联网时代的企业文化建设的核心特征。

第一节　南方报业传媒集团的企业文化建设

从国内传媒集团企业文化建设来看，最早意识到企业文化重要性、并强力打造与众不同的企业文化的传媒集团当属南方报业传媒集团。前南方报业传媒集团社长范以锦对南方报业文化建设的核心价值曾经有过生动而又

① 特伦斯·迪尔、艾伦·肯尼迪：《企业文化——企业生活中的礼仪与仪式》，李原、孙建敏译，中国人民大学出版社 2008 年版，第 14 页。

形象的描述:多品牌战略背后有一条串起南方报业企业文化的主动脉,有一条整合和激发品牌报刊亚文化的畅通的血脉。就像一条大江大河,它的支流溪水和沿途的湖泊,都是相通的活水,大河有水小河也满,小河欢唱大河奔涌;就像一片茂密的森林,大树挺拔入云天,小树葱翠润雨露,花果怒放闹枝头。这就是,我们"南方"![①] 2009 年,在《南方日报》创办八十周年的时刻,南方报业传媒集团旗下的研究性刊物《南方传媒研究》第 20 辑以"南方基因"为专题,系统总结了南方报业传媒集团的企业文化历程与积淀。在该期的卷首语中,他们这样深情而又理性地写道:"一个充满活力和生命力的报业集团,它的内在能量,是从组织架构图上看不出来的,而是要看它企业文化内在的价值链。正是这种'价值链'的共同价值观,把南方报业企业的主文化与各系列报刊亚文化的各个要素环环相扣,相互依存,相互补充,相互促进,终端反过来又可作用于始点,以良性循环不断推动报业集团的事业螺旋式上升。"[②]

南方报业传媒集团的前身叫南方日报报业集团,是我国首家由省级党委机关报组建的报业集团,于 1998 年 5 月 18 日正式挂牌运作。集团产业以广告、发行、印刷、信息、出版为 5 大支柱,并相应办有 6 个经济实体。集团成立后进行产业结构调整的第一个重大改革举措,是《南方日报》从 1999 年 1 月 1 日起自办发行。同时,按照现代企业的要求,陆续进行领导体制、用人制度、分配制度、财务制度、资产管理制度等方面的改革,初步形成了一个责权分明、绩效挂钩、管理严格、控制有力的运行机制。2005 年 7 月 18 日南方日报报业集团更名为南方报业传媒集团,表明南方报业已实现从办报集团到集团办报的转变,也表明南方报业正在往广度和深度发展,[③]以《南方日报》为旗舰,包括《南方周末》《南方都市报》《21 世纪经济报道》等一系列在细分市场上各领风骚的媒体品牌。截至 2015 年 6 月,南方报业传媒集团从一家主流党报发展成一个拥有 12 报 10 刊、6 个网站、4 个户外媒体平台、12 个移动媒体平台和 1 个出版社的媒体军团,其读者定位合理、报业结构合理、综合运营能力强,这些既是办报理念、内容品质和运作模式变革之功,也是

---

① 范以锦:《我们"南方"》,《南方传媒研究》,总第 20 辑,2009 年 10 月。

② 参见《卷首语》:《南方传媒研究》,总第 20 辑,2009 年 10 月,第 1—2 页。

③ 姚雪、陈先元:《南方报业传媒集团的品牌拓展战略》,《新闻记者》2006 年第 9 期,第 11—13 页。

持之以恒的文化建设与制度建设的结果。[①] 这其中，始于《南方日报》的“勇于担当的血脉延续，是南方报人一代代承传下来的，这些基因深埋在南方报人的骨子里，浸淫在南方报人的呼吸里”[②]。南方报业传媒集团在其发展的过程中也形成了独特的“南方基因”，其旗下各个传媒线被打上了“南方系”的深深烙印；担当、创新、包容和卓越，被认为是南方报业文化的核心所在。曾几何时，《南方周末》新年致辞“总有一种力量让我们泪流满面”“让无力者有力，让悲观者前行”，拨动了无数读者的心弦，吸引了无数青年才俊投身到对新闻专业主义的追求当中。

一、核心价值观建设

前南方报业传媒集团社长范以锦曾经问过这样一个问题：作为报业集团，要管好这么多的报纸刊物，要管好这么多的编辑记者，要管好这么多的采编印刷广告发行业务，最终靠什么，是一套套打印成文的规章制度？一张张正襟危坐的任命状？一道道措辞严厉的通知书？当然这些不可或缺。但最核心的，乃是一种命运共同体、利益共同体的文化理念，形成文化共同体——包括经济价值的整合和精神价值的塑造。[③] 他的后任杨兴锋则更具体地阐释了对南方报业企业文化的认识与理解。杨兴锋认为，媒体企业文化源于对民族文化的传承和发展，是媒体在进行新闻报道和经营管理的实践中逐步形成的、为全体员工所认同并且实践的、带有媒体特点的宗旨、使命、愿景、价值观和经营理念，以及这些理念在生产经营实践、管理制度、员工道德行为方式以企业形象的综合体现。[④]

总体来看，南方报业企业文化可以概括为四个主题词，分别为担当、创新、包容和卓越，杨兴锋曾经多次公开从责任感、发展观、和谐观和业绩观来阐述上述四个主题的内涵。[⑤]

1. 担当

这个词直接体现南方报业的责任观，一个媒体要成为优秀的媒体，成为

---

① 张东明:《解码南方报业创新机制》,《新闻战线》2012 年第 3 期,第 13—15 页。

② 范以锦:《我们“南方”》,《南方传媒研究》,总第 20 辑,2009 年 10 月,第 3—5 页。

③ 范以锦:《我们“南方”》,《南方传媒研究》,总第 20 辑,2009 年 10 月,第 58—60 页。

④ 杨兴锋:《媒体企业文化与社会责任》,2008 年 1 月 17 日. http://media. people. com. cn/GB/22114/104221/104241/6788899. html.

⑤ 杨兴锋:《媒体企业文化与社会责任》,http://media. people. com. cn/GB/22114/104221/104241/6788899. html.

新闻人精神世界里真正的中流砥柱，就必须胸怀伟大的历史使命感和强烈的社会责任感。这就要求职业传媒人有所担当。不仅敢于担当，而且善于担当，可以说“担当”就是南方报业媒体企业文化的底色，是南方报人对国家和社会、对民族履行社会责任的庄严的承诺。作为主流媒体，南方报业对社会责任有着自己特殊以及深层的理解。他们认为媒体承担社会责任，不仅要做一个合格的企业公民，而且更要做一个合格的媒体公民。这是由媒体企业的社会性质所决定的。

媒体向社会大众提供的不是物质产品，而是新闻、信息及其他精神产品，媒体肩负着舆论导向的重任，影响着社会生活的每个角落，因此，它的担当及它所要承担的社会责任也比一般的企业更为广泛和特殊。社会和人们对它的要求更为多元和复杂。也就是说，要履行好媒体的社会责任，必须担当起包括新闻、政治、社会、文化和经济等五个方面的社会责任：

一是必须坚持真实性的原则。要为自己报道的每一条新闻和传播的每一条信息的真实性负责。

二是媒体掌握社会的话语权，要对自己所传播的舆论、意见和观点负起政治责任。

三是媒体必须坚持将社会效益放在第一位，要对自己传播的内容的社会影响负责。

四是媒体传承民族优秀文化和传统，构筑适应时代需要的社会价值核心体系，要在引导信息文化发展方向等方面负有责任。

五是传媒也要履行自身的经济责任，包括依法经营，构建企业文明，保护员工合法权益，等等。

总之，要有所担当，做一个合格的中国媒体公民，就要站在时代高度，胸怀天下，放眼世界，履行好上述五个方面的责任，为中华民族的伟大复兴尽自己一份力量；同时实践也表明，只有敢于和善于担当，将社会责任放在首位的媒体，才能拥有广泛的公信力、影响力和生命力，才能成长为常青的领袖企业。

2. 创新

在南方报业的文化土壤里面，创新是发展观的标志，它来源于对媒体的社会使命和发展壮大媒体事业的追求，也是对社会大众需求的敏锐的感知，包含对瞬时即变的自我的审视和领先一步的壮举。创新已经成为南方报业传媒文化的基因。从根本上说，南方报业不断取得的进步就在于学习和创新。因为勤奋学习才有思路，勇于创新才有出路。

回顾集团的历史,南方报业从产品创新起步,不断激发营销创新和经营创新;从组织创新起步,拓展到制度创新;从单个品牌媒体市场细分的创新起步,演化成对品牌媒体群运筹帷幄的产业创新。比如创新党报的办报理念和运营模式,连续六次改版,奠定了《南方日报》的优势地位,发行量连续23年在全国省级党报保持第一地位,创新了都市类报纸的策略,取得市场成功等。

3. 包容

这个词反映南方报业的和谐观,是南方报业传媒文化的底蕴,它包括三个层次的含义:

一是把握正确导向和积极探索之间的平衡,这种平衡的结果是和谐。版面内容上,既保持正确导向,又生动活泼,既大胆起用朝气蓬勃的年轻报人,又为防止年轻员工不熟悉规则可能造成的差错,积极帮助年轻的职业报人不断总结经验教训,继续茁壮成长。

二是强调文化的多样性与和谐,天时、地利、人和是事业发展的综合条件,人和尤为重要。

三是强调多品牌、多元化发展的战略,处理好差异化的定位和贯彻集团整体战略的关系,使集团的发展处于和谐的状态之中。

4. 卓越

这个词反映南方报业的业绩观。卓越是一种境界,也是一种永远保持积极向上的姿态。可以说,南方报业传媒企业文化的目标是不断地追求卓越,这种卓越意识就是要求员工积极进取,不断超越自我;就是强调发愤图强的进取心,发挥百尺竿头,更进一步的突破力。

《南方日报》在上述报业文化熏染的基础上,以"高度决定影响力"的方式诠释了"南方基因"在省级党报平台上的价值,形成鲜明而有影响的主旋律媒体品牌。《南方日报》在2002年全面改版后,定位为区域性、国际化的权威政经大报。在《南方日报》的改版宣言中,明确将读者定位在:"如果您是一个领导者、决策者,如果您是一个管理者、研究者,如果您是一个投资者、经营者,或者说,如果您是一个公务员、一个商人、一个专业人士,请选择这份为您度身定做的《南方日报》。"[1]直接将读者定位为高端人士,定位可谓十分明确。

① 高兵:《高度决定影响力——评析〈南方日报〉改版》,《新闻实践》2002年第10期,第15—17页。

杨兴锋在他的《高度决定影响力》一书中，就对这一定位作了详尽的阐释：①

我们说“高度决定影响力”，就是要提高信息加工的档次，把政要人物、企业精英、一流的专家学者聚集在《南方日报》旗下，用独立的见解、独到的思考、独特的视角观察社会，关注人群。《南方日报》所追求的“高度”，就是要为社会各界人士提供大大小小的“隆中对”，成为管理者、经营者手中必备的“智库”“锦囊”。这就是“高度”，这就是“影响力”。

我们说“高度决定影响力”，并不是说要高高在上，板起面孔教训人。我们是用对重大社会现象的理性阐释，对新出台法规政策的权威解读，对社会和经济现象的专业化描述，对海量信息的筛选梳理，来深度介入、深切关注，为读者提供更有见地、更有价值的信息精品。

我们说“高度决定影响力”，并不是不食人间烟火，不理社情民意，只知道居高临下进行说教式宣传。恰恰相反，我们就是要舍弃那些言之无物的空话、套话、官话、假话，我们要真切地关注生活变化、关注社会脉动、关注经济走向，站在社会公正的立场，站在客观公平的角度，反映出真实的社情民意。

我们说“高度决定影响力”，更不是不去关注新闻。恰恰相反，我们对社会形态的变化、经济动向的变化、生活潮流的变化，更为关切了，每时每刻用心地去体察，深入地去思考。我们不但要抓新闻，而且不放过每一个主流新闻；我们不但要抓新闻，而且要抓更多的独家新闻。

二、传媒集团环境

1. 机制与平台：打造一个具有现代传媒治理结构的传媒集团

2011年的改版，对之前的一次次体制机制创新成果进行了系统梳理，建立了一整套保障版面改革、业务创新的机制，“十大机制”分别是：“三会”制度、全媒体联动机制、虚拟团队运作机制、考评机制、年度宣传创新激励机制、早报机制、动态扩减版机制、图文联动机制、人才基金管理办法、采编岗位专业技术层级评聘制度。② 此外，南方报业传媒集团建设了十项基础工程，为各业务单位提供了足够的技术支撑。这包括：在全国范围内搭建一张

① 杨兴锋：《高度决定影响力》，南方日报出版社2004年版，第22页。

② 张东明：《解码南方报业创新机制》，《新闻战线》2012年第3期，第13—15页。

互联互通的安全网；重点打造全媒体资源库和客户用户数据库；建设全媒体内容与经营一体化融合的业务平台、综合信息管理平台以及融合互联网、物联网、银联网的手机一卡通集成应用工作平台；大幅提升桌面终端、平板电脑、手机、户外LED和电子阅报栏等四种媒介终端的技术研发能力。[①] 良好的集团环境为媒体从业人员带来的不仅是工作环境的改善，更是业务上的巨大进步。

在"互联网＋"的传媒集团新常态下，南方报业传媒集团在推动传统媒体与新媒体融合方面也走在了全国的前列，这其中，媒体内部组织结构的重组、采编流程的再造是重点。要彻底改变传统媒体和新兴媒体分立单干的状况，仅靠号召不行，要建立一定的机构，形成一定的机制，实现信息内容、技术应用、平台终端、人才队伍的共享融通。集团加强顶层设计，建立了强大的统筹策划平台，先后成立了推进南方网进一步融入集团领导小组、《南方日报》编委和南方网班子成员组成南方网报网编辑委员会、《南方日报》官网南网并入南方网工作组、《南方日报》与南方网报网联动对接工作小组、共建地方频道对接工作小组、共建专业频道对接工作小组、南方网战略规划工作组等针对性强、任务明晰的常设性与临时性机构，一定程度上重组了两家媒体的内部组织结构，有力地保障了南方网融合和改版工作的快速推进。集团还加强制度建设，探索流畅的协同作战机制，先后组织制定了5个报网联动机制，包括《南方日报》、南方网编辑部联动机制，政务新闻和突发报道联动机制，网络问政虚拟团队联动机制，南方网与《南方日报》"三会"动机制，《南方日报》向南方网独家首发供稿机制，等等，初步完成了适应报网融合发展需要的机制建设与流程再造。[②] 此外，南都报系近年来正在实施"跨区域办报基础战略、跨媒体集成核心战略、跨行业拓展升级战略"及其"十大配套动作"，即通过全媒体理念再造、信息集成中心研发与建设、报纸的数字化和数字化内容跨区域整体输出共享、奥一网与南都全媒体的深度融合、全媒体组织流程再造、全媒体品牌再造、全媒体人才体系、全媒体考核体系、全

---

① 何崑：《南方报业全媒体转型：方略与路径》，《中国传媒科技》2011年第8期，第60—61页。

② 张东明：《南方报业传媒集团："一体两翼"布局媒体融合发展》，《新闻传播》2014年第11期，第1页。

媒体产品再造、全媒体商业模式再造，最终实现“南都，无处不在”[①]。

2. 人力资源改革：安人之道为目标

由于我国媒介都属于事业单位，南方报业传媒集团最初的人事管理部门只是一个一般的、事务性的行政部门，所担负的职能局限在人员日常管理、人事任免、干部级别管理和按照事业单位标准核定发放工资等事务性工作；员工在报社内不被看作是资源。21 世纪最缺少的是人才。2002 年，南方报业传媒集团大胆改革，把原来的人事处改组为人力资源中心，这标志着南方报业由传统的人事管理向现代化人力资源管理的转变。这种转变主要体现在：一是职能层面，在原有相对简单的人事和劳动工资管理基础上，增加了诸如人力资源规划与开发、员工培训与发展等内容，按照现代人力资源管理原则和要求，再造其组织和工作流程；二是观念层面，报社领导认识到人才是一种资源，对各类人力资源管理开始由传统的地位低、活动窄、偏保守、忽视人的人事管理模式转变为现代的层次高、活动广、重前瞻、重视人的人力资源管理模式；三是战略层面，集团的人力资源战略管理已初步提到日程，已成为集团总体战略的保障，甚至是伙伴关系。可以说，南方报业传媒集团的人事制度的改革符合“中国式管理”的目标的“安人之道”。在向现代化人力资源转变中，不仅报社内员工的素质得到提高，而且报社的领导者、管理者的素质、管理水平也在不断地提升。[②] 这样的管理方式保持了良性循环，使管理成本得以下降，管理效率得以提升。

三、传媒典范人物

南方报人的血脉里不但流淌着对责任的担当，以及对卓越的追求，也时时孕育创新的冲动，这是南方报业最宝贵的软实力。[③] 2002 年 10 月 12 日，第四届中国高新技术成果技术交易会在深圳开幕，在当天的全球经营管理大师峰会上，时任南方报业传媒集团董事长范以锦发表了题为“国际化背景下的媒体多品牌战略”的演讲，第一次在公开场合介绍南方报业传媒集团品牌经营的理念和做法，并对南方报业传媒集团多品牌发展战略作了系统的总结和阐述。他认为，中国媒体面临国际传媒正面“碰撞”的时间日近，应该

---

① 何崑：《南方报业全媒体转型：方略与路径》，《中国传媒科技》2011 年第 8 期，第 60—61 页。

② 佘世红、段淳林：《试论“中国式管理”思想在媒介经营中的运用——以南方报业传媒集团为例》，《科技管理研究》2007 年第 11 期，第 179—181 页。

③ 张东明：《解码南方报业创新机制》，《新闻战线》2012 年第 3 期，第 13—15 页。

把握短暂的过渡期,把自己做大做强,而其中关键在于转换竞争观念、实施多品牌战略、强化综合竞争力。他的这一观点,引起传媒同行和社会各界的广泛关注。可以说,南方报业传媒集团第一次在我国报业竞争中,提出了多品牌战略的概念,这是其长期发展的实践所得,也为今后中国报业的发展指明了新的方向。[①] 可以说,范以锦对传媒集团发展方向的把控以及其富有前瞻性的见解使得南方报业获得了更快更好的发展。

范以锦说:"我们'南方'是一个精神概念,一个文化概念。南方报业培育了一批职业报人,他们不仅服务于南方,而且从南方走向全国各地。"[②]而提起《南方周末》,我们不自觉会想到诸多的记者,他们中有在困境中行走的陈小莹,有在新闻专业主义的道路上孜孜不倦的石扉客,有为农民说话的李秀林,有说真话做实事的褚朝新,始终坚守着作为记者的责任与荣光。

《南方周末》的影响在江艺平时代达到了顶峰。江艺平不喜欢张扬,但在她负责《南方周末》期间,却极度地"张扬"着关爱和平等,"张扬"着正义和尊严,挖掘着一个民族的良知。在她看来,平等不仅体现在那些所谓的大事上,它更是一种生活态度,体现在职业上,也就是自己办报的态度。江艺平以她清晰的新闻理想,开创了一个时代。江艺平的同事说:"《南方周末》引领读报潮流的一个时代即将终结了,这没有什么可以值得庆幸和悲哀的,但是我们成熟了,这才是最重要的。无论如何,我尊重江艺平和那个属于她的读报时代。"[③]

李良荣认为,南方报业的企业文化的核心就是南方报人所持有的社会责任感和历史使命感。[④] 对自我的要求与对时代的责任让南方报业传媒集团的核心价值得以彰显与传承。这些人物造就了深入南方报业成员骨髓的文化基因,一代代新闻人用这样的信念坚守着自己的新闻理想,实践着自己的承诺。

四、文化传播网络

文化网络是指企业内部的非正式的传播网络,它有别于企业内部正式

---

① 周盼:《品牌媒体,创新力量——南方报业传媒集团发展历程回顾》,《广东科技》2007年第4期,第71—73页。

② 范以锦:《我们"南方"》,《南方传媒研究》总第20期,2009年10月,第3—5页。

③ 张志安:《转型社会中的新闻生产——〈南方周末〉个案研究》,2004复旦大学新闻学院博士学位论文,第11—15页。

④ 李良荣:《有责任敢担当——我看南方报业的企业文化》,《南方传媒研究》,总第20辑,2009年10月。

的组织传播网络，它以人际传播的形式发挥作用。文化网络是组织内部强有力的沟通工具，不仅传播着企业的信念和价值观，而且能够解释制度信息的真正含义。[①] 在传媒行业竞争加剧、人才流动频繁的时代背景下，尤其是在"互联网＋"这一时代发展战略的裹挟之下，如何做到"铁打的营盘流水的兵"、传承"南方基因"，是横亘在南方传媒集团面前的一道障碍。南方报业传媒集团成立了南方传媒学院，旨在传承"南方基因"与"南方智慧"。院长由时任集团董事长、南方日报社社长杨兴锋担任。南方传媒学院是南方报业为了更好地配合全媒体发展战略转型，进一步强化为重要机构、核心读者提供品牌传播咨询、新闻宣传培训、公共关系策略、社会责任规划等智力服务而开设的学习型组织。南方报业聘请了包括复旦大学新闻学院李良荣教授、清华大学熊澄宇教授在内的一大批中国新闻传播学界顶尖学者加盟学院成为高级智囊。

根据相关研究者的观察，在南方报业传媒集团内部，工作时间里从社长到集团其他领导的办公室的门永远是敞开的，每一个普通的员工都可以推门而入，员工找领导交谈从不会被拒绝，能解决的为其解决，不能解决的耐心解释。在编辑部里，一个普通的采编人员有权利和报社的中高层领导针对办报平等地交换看法，这在拥有 6000 名员工的南方报业传媒集团是很正常的事情。[②] 此外，还有一个细节让笔者印象深刻。前几年的年底，南方报业传媒集团专门邀请之前从集团离职到新媒体去的人回来给集团中层以上干部做关于新媒体发展方面的讲座。一般而言，媒体人从一家传媒集团离职会被打入另册，至少不会被鼓励。但是，这一事件折射出来的是南方报业开阔的胸襟，并能够借助这一举措，积极传播自身价值理念，链接流失出去的人力资源，形成面对新媒体冲击的智库支持。

此外，集团创办的《南方传媒研究》也是一个南方文化沉淀和传播的主阵地。除了在《南方日报》创办八十周年的时候推出"南方基因"专题外，该杂志还成为编辑记者交流经验、探讨问题的园地，也成为南方报业融合文化内核与冲突、锻造更强凝聚力的高水准专业平台。

---

① 陈长松：《报业集团企业文化的定义及要素》，《新闻爱好者》2010 年第 23 期，第 58—60 页。

② 陈长松：《报业集团企业文化的定义及要素》，《新闻爱好者》2010 年第 23 期，第 58—60 页。

第二节　杭州日报报业集团的企业文化建设

杭州日报报业集团于2001年11月8日成立。面对集团化、企业化、产业化、多元化发展趋势,2002年杭报集团启动报业文化建设,全面打造人文优势,提升集团核心竞争力。

一、核心价值观建设

价值观是一个固执的基本理念和信仰,构成了企业文化的核心。对员工而言,价值观界定了“成功”这一概念的具体内容,并建立了组织内部的成就标准。核心理念是企业文化的源头,也是杭报集团企业文化区别于其他传媒集团企业文化的关键标志。

杭报集团以“打造长三角一流现代传媒集团”为目标,结合各单位情况,归纳并提炼出了统一的价值观和杭报集团精神,大力倡导“艰苦创业、锐意创新、赶超对手、争创一流、以人为本、和谐发展、合力兴社”的价值观和“永不满足、永不停步、勇攀高峰、勇于跨越”的精神。在10多年的发展历程中,形成了一系列先进的理念,而变革之中的不断创新也为杭报集团的企业文化建设注入了新的内涵。

1. 创新、争先

艰苦创业、锐意创新的精神从老杭报人身上传承下来,体现在杭报集团发展的各个阶段,具体表现为杭报人敢为人先、不断进取的创新意识和开拓精神,而正是这种永不满足、勇攀高峰的精神,使得杭报集团“赶超对手、争创一流”的愿景成为可能。原杭州日报报业集团党委书记、社长李建国说:“杭报集团讨论很多问题会有各种各样的意见,但是一谈到竞争、超越、发展,意见高度统一。”

2003年,杭报集团以文化体制改革为契机,全面推行体制机制改革,组建了集团编委会、经营管理委员会、纪律检查委员会,理顺了集团领导体制,成为省内文化体制改革的“排头兵”。2005年起,集团全面推行企业化管理,组建了集团公司和38家合资或控股公司,构建了以集团公司为核心,一报一公司、经营部门全部企业化的二级企业法人治理结构,建立了内部市场体系和结算制度,完成了用工和薪酬的企业化改革,内部管理更加健全。

在传媒产品方面,杭报集团对于核心产品稳扎稳打,坚持“引导力就是竞争力”,在市场中实现社会效益与经济效益有机统一。2006 年,杭报集团率先在全国报业提出数字报业战略,加大技术投入,开展报网融合,创新内容产品,打造网络发布平台,拓展多媒体及移动发布终端,发展电子商务和数字印刷,提出转型升级。在这一战略的指导下,成功打造了杭州网、19 楼等一系列新媒体平台,并推出浙江省第一张手机报。目前,杭报集团已经由单纯的纸媒集团发展为传统报刊、网站、数字报纸、电子期刊、手机报、数字电视等统而辖之的多元化传媒集团。

杭报集团倡导的创新意识和开拓精神,以及集团大力实施的“赶超战略”“领先战略”促进了集团产业发展不断提速,综合实力稳步提升。杭州日报报业集团副总编李黎认为:“杭报集团能够取得今天的成功,最重要的就是坚守。我们发展到现在,无论是体制也好,制度安排也好,都是求新求变的意识,归根结底就是对改革的坚守。”

2. 责任、专业

赶超对手、争创一流的理念的成功实践,离不开杭报人敬业奉献的责任感和专业主义精神。杭报人的精神是有传承的,从创报至今,敬业奉献的责任感非常突出。从老杭报人“干一行爱一行”“这重要,那重要,明天见报最重要”“不比待遇而比功劳高低”的朴素的责任感,到今天杭报集团员工不计较个人得失,兢兢业业、认真踏实的工作作风,现在的敬业精神和责任感的表现与原来或许不完全一样,但是敬业奉献的责任感却被传承下来。

责任意识的提倡还体现在杭报集团所推崇的专业主义精神上,整个集团以业务为导向,倡导以专业主义精神实现自身的责任感。和其他传媒集团强调行政级别激励不同,杭报集团在既有行政激励之外推行了专业带头人制度,强调了员工的专业性对集团的引导和导向作用。专业带头人享有课题研究、培训、津贴等优先待遇。在一些新创办的公司试点经营骨干持股,鼓励优秀人才积极创业。这种制度为拔尖人才开辟了除行政体系之外的另一个通道,“双通道”体系体现了杭报集团企业文化中对专业精神的崇尚。

鼓励学习、鼓励竞争的氛围彰显了杭报集团注重专业的企业文化,而责任感和专业主义精神也体现在杭报人的日常工作当中。出于责任感,时任《都市快报》副总编的任洲经常以报社为家,日复一日不辞辛劳地坚守在自己的岗位上;出于专业主义精神,快报的摄影记者在众多媒体同时拍摄同一个工厂时,不顾危险爬到电线杆上去寻找更合适的角度;快报的首席评论员徐迅雷每天花十多个小时看书,两个小时写作,通过大量的积累写出评论。

在杭报集团,员工有发挥的空间,可以靠专业的价值来成就自己。

3. 和谐、人文

杭州的城市精神集中体现于人文精神,这种精神也给养滋润了杭报集团的企业文化;"以人为本、和谐发展"的方针,体现于杭报集团倡导人性化、人情味的管理理念之中。原社长李建国认为:"着眼于人的全面发展,是报业文化建设的根本依据。报业文化建设要为员工提供创业和成才的平台,营造有利于员工全面发展的环境。"

以人为本,重视人才,贯穿于杭报集团的管理理念。集团树立了"人力资源是第一资源"的理念,营造了争当人才的良好竞争气氛。为适应集团快速发展的需要,2004 年开始,集团加快实施人才强社战略,确立了"人力资源全国化"理念,面向全国大规模公开招聘各类优秀人才,改善人才队伍结构,集团外地员工比例目前已超过 70%。从全国范围内吸收先进的传媒创新经验和优秀的传媒人才,体现了杭报海纳百川、博采众长的胸襟,各地不同的文化色彩融入杭报集团的企业文化中来,也为杭报的人文精神注入了新的内涵。

除了注重人才的引进和培养,杭报集团的一系列机制为人才打开了成长空间,注重表扬鼓励、注重标杆树立的方式也为杭报集团创造了和谐发展的良好氛围,一系列激励机制的建立和完善,为员工发挥创造性和个人价值提供了广阔的舞台。杭报集团设立突出贡献奖、新闻大奖、创新奖三项大奖,鼓励在采编、经营、技术、管理上做出出色业绩、勇于创新的单位和个人;设立集团杰出员工、优秀员工、先进党务工作者、优秀党员奖等年终个人奖项,奖励在业务工作及党建工作中取得优异成绩的个人;设立年度最佳版面(栏目)和记者(编辑)奖;设立"营销之星"奖,每半年评选 20 名,鼓励一线采编经营骨干;设立社长嘉奖、总编辑嘉奖、总经理嘉奖,奖励日常工作中在采编、经营、管理单项工作中取得优秀成绩的单位和个人。

二、集团工作环境

杭报集团倡导员工与集团共同发展的企业文化,注重营造"以人为本、和谐创业"的企业环境,为员工提供了轻松和谐的氛围和良好的工作平台,处处体现着企业文化中的人文关怀。

杭报集团的领导层重视鼓励各单位的多元文化,为子公司的个性化发展提供了空间。杭报集团在各报刊、公司全面实行公司化改造后形成了二级法人治理结构,引入市场化管理体制,建立集团内部市场结算体系,从体制上让各报刊(公司)直接与市场对接,给予了各个子公司充分的发展空间和自由度。与之相应,集团领导层鼓励各成员单位形成各自独具特色的企业文化。《都市快报》、19楼(19lou.com)等单位都形成了各具特色的企业文化,在提及杭报集团的企业文化时,杭报内部员工提到最多的即是《都市快报》的创新理念和建设性价值目标,《都市快报》在杭报集团内部已经成为企业创新文化的精神领袖。原杭州日报报业集团社长李建国这样评价快报:"为什么这两年《都市快报》发展这么好?首先就是创新。《都市快报》是杭报集团内部创新最强的单位,也带动了整个集团的创新。《都市快报》作为创新和发展的排头兵,起了很重大的作用,有很多问题是快报先成功再向其他推广,有很多是快报形成理念影响到集团。"

注重对专业人才的培养和激励,设立多个年度奖项奖励在各个领域做出突出贡献的年度拔尖人才,实施专业带头人制度,建立行政、专业并行的"双通道"成长体系,在新公司试点奖励经营骨干持股权。杭报集团试图将企业的发展战略和员工的个人发展愿景有效结合,使员工不仅仅是就业,而是与集团共同谋求发展,力图建设与优秀人才一起创业、一起成长的企业文化。

在软件方面,集团注重员工的劳逸结合,关心员工的身体、心理健康。在休假方面,集团每年安排先进员工外出休养,每两年组织全体员工外出旅游,对集团优秀员工等获奖个人,每年提供激励休假,并确保了带薪休假制度的实施,尽量保证员工工作压力的缓解。在健康保障方面,集团落实了一年一度的健康体检等福利保障制度,并经常邀请安排医疗专家到集团为员工提供保健咨询服务,成立了特种大病互助爱心基金会,避免员工家庭因病致贫,为女员工提供特别医疗保险,一系列举措为员工提供了良好的医疗配套服务。在社会保障方面,集团为员工办理"五险",制订了企业年金实施方案,提供养老金补充。在心理疏导方面,集团实施员工心理援助计划,开设"心灵氧吧"和心理辅导讲座,聘请专业心理人员为员工提供必要的心理疏导,集团各单位及工会组织也在日常工作中关注员工遇到的困难并给予帮助,缓解员工的心理压力。此外,杭报集团的员工生病住院,集团都会安排相关人员前往看望,员工的父母逝世,集团也会安排相应人员到场慰问。

三、传媒典范人物

按照文化研究的框架,如果说价值观是文化的灵魂,那么"典范人物"就是这些价值观的人性化体现和组织力量的集中缩影。在强文化中,"典范人物”处于关键位置。

杭报集团的领导在报业文化的塑造和形成中起到了“典范人物”的作用。提到杭报集团企业文化建设,原杭报集团党委书记、社长李建国对文化的偏爱给我们留下了深刻的印象。他高度重视集团的企业文化建设,提出要“建设员工与集团共同发展的报业文化”,围绕这一中心,提出“媒体社会责任是报业价值观的核心”“倡导先进文化,推动社会进步,是报业肩负的重要使命”“着眼于人的全面发展,是报业文化建设的根本依据”等一系列具体的理念,在具体的措施上鼓励杭报集团员工“把社会效益放在首位”“坚持社会新闻主流化操作”“打造学习型、创新型媒体”“建立畅通的内部沟通渠道,尊重员工的知情权、表达权、监督权、参与权”等等。杭报集团所形成的勇于创新的氛围,离不开集团领导层对创新的提倡,而杭报集团的发展路径,也与领导层的决策密不可分。

提到《都市快报》,总是和原总编辑杨星联系在一起,尽管她在集团内很低调,也很少参加业内的各类论坛、会议。专注、热忱是大多数人对杨星的评价,直到现在她都还坚持每天签版,参加编前会,保持对办报工作的一贯激情。《都市快报》所提出的“生活因温暖而美好”,着眼于读者关怀,体现了快报“给社会温暖,让人们生活有信心”的办报理念和引导读者热爱生活的社会责任感。19 楼的负责人林煜,将“用户第一”作为 19 楼价值观的首位,一切为了用户,通过使用户获得价值赢得市场。林煜注重对员工的企业文化和价值观培训,新员工需要接受一个星期的封闭式培训,全面接受 19 楼关于“用户第一”、协作、创新等理念的培训,这使 19 楼成为一个脱胎于都市报的、具有独特企业文化特色的互联网公司。

杭报集团的典范人物群像来自于集团的各个层面,而且集团各层次对典范人物的认同度也较高。这传达出一种信息:任何人都能成为英雄,只要他们有信心、有恒心、不断尝试。杭报集团 2010 年 8 月评选出的首批专业带头人可以被看作是集团内部典范人物的典型代表,包括陈庆港、傅拥军、韩斌、徐迅雷、俞帆、夏晓锋等。作为杭报集团的首批专业带头人,他们涵盖了包括摄影、编辑、评论、版式设计、印刷技术在内的五大领域,为其他员工提供了榜样,使他们知道在杭报怎样可以取得成功;他们的业绩也树立了企业的绩效标准,提供了成功作品和优质技术的标杆;而典范人物提供的一种“组织内部持久的影响力”,不仅对其本身是一种肯定,对其他员工亦能起到良好的激励作用。

四、礼仪和仪式

按照文化研究的理念，礼仪和仪式是集团日常生活中一些系统化和程序化的惯例。集团通过日常行为表现，向员工表明集团期望的行为方式是什么。集团通过盛大的典礼，生动而有力地提供了公司支持与赞赏的范例。杭报集团在礼仪与仪式的文化建设方面有较多的可取之处，其中不仅传达了集团的业务导向和专业理念，也体现了和谐、共享的人文精神。

奖赏仪式：表彰先进、激励人才

杭报集团为全方位表彰先进、激励员工，设置了社长嘉奖、总编辑嘉奖、总经理嘉奖、创新奖、最佳记者（编辑、版面、栏目）奖、突出贡献奖、杰出员工奖、"营销之星"等一系列奖项。这些奖项设立的意义重大，体现了价值取向的引导——专业、创新、贡献、责任，它为集团的其他成员树立了榜样和标杆。此外，杭报集团开展了学习研讨会、总结表彰会，号召全体干部员工向先进学习。比如集团召开的"营销之星"表彰大会，对于先进人物的事迹进行表彰和宣传；举行的徐迅雷评论作品研讨会，邀请专家学者和集团内部成员共同对优秀作品的创作方式、思想内容等进行了研讨，扩大了先进个人事迹的传播范围，而且对其本人和其他员工，都能起到良好的激励作用。多种多样的激励方式，如物质奖励、感言发表、典礼纪念等方式强调了企业的价值观和文化导向，扩大了企业文化的影响力。

庆典与活动：我们都是一家人

活动是企业生活中富有创造力的一面，能够缓解紧张的气氛、减少冲突，将人们联系在一起，增加企业员工的凝聚力。杭报集团与许多注重企业文化建设的企业一样，注重开展丰富多彩的活动，营造"家园"氛围。集团不断策划推出符合企业文化的活动，包括每年中秋举办的"月似故乡明"外地员工联欢会、春节举办的员工新春团拜会和大型游园会，通过活动形成"我们是一家人"的感觉，为员工营造归属感，使集团不仅成为员工的创业平台，而且成为员工的精神家园。杭报人自己作词谱曲，创作了歌曲《我们都是一家人》，在大型活动中歌唱表演，体现了对杭报集团企业文化的认同与传承。集团每两年举办一次文化艺术节，开展赛诗会、合唱节、摄影展、知识竞赛等丰富多彩的活动，吸引近千名员工参与，增强了员工的认同感和集体感。每两年一度的集团运动会以"更健康、更快乐、更团结"为主题，设置十余项竞技性、趣味性赛事，倡导健康生活理念，增强团队凝聚力。为了给年轻员工解决婚恋问题，集团不定期举办青年联谊会，为年轻员工提供更多认识和了解彼此的机会。

礼仪和仪式是一个传媒集团企业文化的外化和规范,也是人们评价一个传媒集团企业文化最直观的对象。但是,企业文化的建设问题也多集中于对这一层面的理解。我们在调查中发现,很多传媒集团一提到企业文化第一反应就是业余活动和文艺表演等,甚至将企业文化等同于业余文化生活。这一方面是因为企业文化建设往往从最容易做的地方抓起,这部分也是最容易被模仿和复制的;另一方面,也表明国内传媒集团企业文化建设才刚刚起步,企业文化还没有上升为集团核心竞争力必不可少的要件。但是,从对杭报集团企业文化的考察来看,杭报集团已经走过了这一阶段,除了少数被访者将企业文化建设认同为业余文化生活外,大多数被访者对企业文化的认定都是比较全面和深入的。这也正是十年来杭报集团企业文化构建的一大收获。

五、文化沟通网络

作为组织内部的主要沟通手段,文化网络是公司价值信念和英雄神话的载体。杭报集团和谐的企业环境,为文化网络的建立和完善打下了良好的基础。

杭报集团内部,创办了《集团要情》《集团党委会会议纪要》《集团信息平台》《采编通报》《业务交流》《宣传栏》《集团人力资源平台》《廉媒之窗》《传媒资讯》《传媒参考》等刊物和平台,成为集团信息的聚合地,一方面方便了组织内的下行传播,加强了领导层与员工的沟通,便于及时下达集团领导层的重大决策和重要信息。对于离退休人员,集团也建立了社情通报制度,并为其提供休息活动场所,使老同志也能够即时了解到集团的发展近况,共享改革成果。

另一方面,在集团网站的信息平台开展的互动,促进了组织内的上行传播,可以及时将基层的声音反馈至相关负责人员和集团领导层。凡是涉及员工切身利益的重大事项,集团领导层基本采取全方位征求员工意见建议后决策的方式,体现了对员工的知情权、表达权和监督权的尊重。

除了纵向传播的畅通之外,杭报集团文化网络的另一大特点,体现在人与人之间关系的和谐。在访谈中,杭报集团的员工普遍认为杭报集团中领导和群众的关系是宽松的、人性化的。报业集团成立之前,《杭州日报》的员工之间往往以老师相称或直呼其名,并没有太多的层级观念,集团成立之后,为适应现代企业的管理制度,虽然实行了较为严格的层级制度,但是领导与普通员工依然保持融洽的关系，领导与员工交流通常不会使用行政命令的语气，而是开放式、探讨式的态度，领导会包容甚至尝试理解员工的一些小的过失。在这种宽松和谐的交流氛围中，杭报集团的员工更多地表现出的是理想主义色彩、责任感和精英意识。

第三节 纽约时报集团的企业文化建设

纽约时报公司是一个多样化的传媒集团公司，公司的业务共分为报业集团、广播集团、纽约时报数据、About.com网络公司和其他业务等几个部分。其报业集团由纽约时报报业集团、新英格兰报业集团和15家地方报纸，以及报纸分销商和相关业务构成。[①] 经过160多年的发展，《纽约时报》被誉为“权力机构的圣经”和“档案记录报”，成为美国最有权威性的报纸。

一、核心价值观建设

从经营的层面上说，一个企业如果想在市场竞争中形成自己的比较优势，必须要建立与之相应的核心竞争力。这种竞争力在缺乏相似经验或经营背景的情况下，一般应是难以模仿的。如果从媒体如何建立自己的核心竞争力的角度来说，媒体的核心价值观就能体现其核心竞争力。媒体的核心价值观对一些严肃媒体的崛起产生过关键作用，以新闻的独立性而言，美国几大报纸的成功都与其揭露性报道有关。比如著名的“五角大楼文件”事件就是由《纽约时报》和《华盛顿邮报》揭露出来的。从客观上讲，媒体的核心价值观念其实就是其核心竞争优势，它是难以模仿的，通过一种内化的形式形成了传媒企业的内在凝聚力。这种核心价值理念之所以是传媒企业的一个竞争优势是因为人才在传媒经营中发挥着至关重要的作用，而核心价值理念又构成了媒体从业人员的创造力的直接动力并塑造了从业人员的职业精神。[②]

从实践看，传媒运用一些软性传播方式传递其核心价值观，往往更容易得到广泛认同。比如《纽约时报》内部采用了一种报社内称之为“交通规则”的高级管理模式，其规则包括待人接物及对报纸和工作环境所持的态度，具

---

① 刘延军:《报业集团核心竞争力研究》,2010年天津大学硕士学位论文。

② 王学成:《全球化时代的跨国传媒集团》,2003年复旦大学博士学位论文。

体有："待人诚实，尊重他人和礼貌待人""宽容大度，接受差异""敢于冒险，勇于创新，意识到失败偶尔出现""信息即力量，需要大家分享""保持看待问题的多视角并要有幽默感"和"我们所从事的是一项极其神圣的新闻事业"。这些软性规则以潜移默化的方式传递着该报的核心价值观，经年累月地影响着员工，其所产生的效应是刚性传播不能取代的。[①] 这样的文化认同能够起到很强的凝聚力，增强员工的归属感与荣誉感。

二、集团工作环境

《纽约时报》的成功是一大批优秀的编辑、记者、专栏作家、经理人员等报业人力资本的结晶。在人才引进方面，一方面是其他媒体的优秀人才，另一方面是大学毕业生，经过实习、内部培训等考核进行挑选。[②]《纽约时报》非常重视在职培训，他们认为员工的在职培训，不仅可以提高员工的业务技能，而且能够加深员工对其新闻价值与新闻理念的内在理解。美国纽约大学的新闻学教授艾德文把《纽约时报》比作灵魂的试炼场，强调通过培训让员工更加理解时报的新闻原则，掌握时报的操作规范。这确保了人才的保障，为其发展积累了雄厚的人力资本。[③] 对员工的在职培训不仅是一种技能上的提升，更是《纽约时报》独特的新闻价值观与新闻理念的内化过程，是对组织惯例的学习过程。

在内部的组织架构上，纽约时报公司设置了采编与经营各自独立的部门。在组织架构上，纽约时报公司采用发行人制度，自 1896 年以来发行人都是由家族成员担任，发行人一般并不过问报社具体事务。报社内的机构分为两大块：一块是行政和经营管理，另一块是编辑部。报纸除广告以外一切与内容相关的事务，归编辑部管理，其余归属行政。[④]

在采编理念上，首先，《纽约时报》以理性观察、建设性为出发点，以务实、开放、求证的心态冷静观察社会走势，以建设性的视角来报道"一切值得报道的新闻"。其次，《纽约时报》特别重视对头版的选择，在美国新闻界的

---

① 曾建雄、陈长松、陈致中：《略论优质企业文化与报业核心竞争力的内在联系》，《文化与传播》2012 年第 1 期，第 58—66 页。

② 刘延军：《报业集团核心竞争力研究》，2010 年天津大学硕士学位论文。

③ 赵然然：《〈纽约时报〉的人力资源管理策略分析与启示》，2014 年河北大学硕士学位论文。

④ 刘延军：《报业集团核心竞争力研究》，2010 年天津大学硕士学位论文。

观念中,《纽约时报》的头版已设定了全国的新闻时事议程。[①]

此外,《纽约时报》特别注重人心的凝聚,该报在 2006 年总部员工数达到 5000,因为员工众多,机构庞大,难免产生矛盾。为了增强员工的凝聚力,时报非常重视企业文化对员工的渗透[②],给员工以安全感、归属感,对提高员工对报社的忠诚度、减少员工外流、保持队伍与报纸风格的稳定性以及新闻的独立性方面有着积极作用。

第四节 阿里巴巴的企业文化建设

阿里巴巴成立于 1999 年,是全球国际贸易领域内最大、最活跃的网上交易市场和商人社区,目前已经成功融合了 B2B、B2C、C2C、搜索引擎和门户网站。良好的定位、稳固的结构、优质的服务使阿里巴巴成为全球首家拥有超过 1900 万网商的电子商务网站。[③] 它的成功不仅来源于这个市场的空白,还来源于阿里独特的文化。当别人把阿里的成功归于马云时,马云却认为企业文化和价值观才是阿里巴巴保持快速稳健发展的重要原因之一。[④]

一、核心价值观建设

阿里巴巴号称以“六脉神剑”打造强势企业文化。“六脉神剑”体现了一个企业在“互联网+”时代获得成功所需要的六个方面的价值观:

1. 客户第一:关注客户的关注点,为客户提供建议和资讯,帮助客户成长;

2. 团队合作:共享共担,以小我完成大我;

3. 拥抱变化:突破自我,迎接变化;

4. 诚信:诚实正直,信守承诺;

5. 激情:永不言弃,乐观向上;

---

① 刘延军:《报业集团核心竞争力研究》,2010 年天津大学硕士学位论文。

② 赵然然:《〈纽约时报〉的人力资源管理策略分析与启示》,2014 年河北大学硕士学位论文。

③ 王粒权:《阿里巴巴:梦想起飞的地方》,《人力资源》2007 年第 14 期,第 44—46 页。

④ 陈锋:《企业文化提升创新能力研究》,《管理工程学报》2009 年第 S1 期,第 40—44 页。

6.敬业:以专业的态度和平常的心态做非凡的事情。[①]

这六个价值观是阿里巴巴每个员工日常行为规范的准则,在阿里巴巴,互相配合、互相分享、互相交流的氛围非常浓厚。其中客户第一被设为企业文化的最高原则。

客户第一,即尊重他人,随时随地维护阿里巴巴的形象;微笑面对投诉和受到的委屈,积极主动地在工作中为客户解决问题;与客户交流过程中,即使不是自己的责任,也不推诿;站在客户的立场思考问题,在坚持原则的基础上,最终达到客户和公司都满意;具有超前服务意识,防患于未然。

团队合作,即共享共担,平凡人做非凡事;积极融入团队,乐于接受同事的帮助,配合团队完成工作;决策前积极发表建设性意见,充分参与团队讨论;决策后,无论个人是否有异议,必须从言行上完全予以支持;积极主动分享业务知识和经验;主动给予同事必要的帮助;善于利用团队的力量解决问题和困难;善于和不同类型的同事合作,不将个人喜好带入工作,充分体现"对事不对人"的原则;有主人翁意识,积极正面地影响团队,改善团队士气和氛围。

拥抱变化,即适应公司的日常变化,不抱怨;面对变化,理性对待,充分沟通,诚意配合;对变化产生的困难和挫折,能自我调整,并正面影响和带动同事;在工作中有前瞻意识,建立新方法、新思路;创造变化,并带来绩效的突破性提高。

诚信,即诚实正直,表里如一;通过正确的渠道和流程,准确表达自己的观点;表达批评意见的同时能提出相应建议,直言不讳;不传播未经证实的消息,不背后不负责任地议论事和人,并能正面引导,对于任何意见和反馈"有则改之,无则加勉";勇于承认错误,敢于承担责任,并及时改正;正确有效地制止损害公司利益的不诚信行为。

激情,即喜欢自己的工作,认同阿里巴巴企业文化;热爱阿里巴巴,顾全大局,不计较个人得失;以积极乐观的心态面对日常工作,碰到困难和挫折的时候永不放弃,不断自我激励,努力提升业绩;始终以乐观主义的精神和必胜的信念,影响并带动同事和团队;不断设定更高的目标,今天的最好表现是明天的最低要求。

敬业,即专业执着,精益求精;今天的事不推到明天,上班时间只做与工作有关的事情;遵循必要的工作流程,没有因工作失职而造成的重复错误;

---

① 王粒权:《阿里巴巴:梦想起飞的地方》,《人力资源》2007年第14期,第44—46页。

持续学习,自我完善,做事情充分体现以结果为导向;能根据轻重缓急来正确安排工作优先级,做正确的事;遵循但不拘泥于工作流程,化繁为简,用较小的投入获得较大的工作成果。

阿里巴巴从中国杭州最初18名创业者变成在三大洲20个办事处拥有超过5000名雇员,而无论它成长为多大的公司,强大的共享价值观都使员工保有共同的公司文化和“阿里之家”。

二、企业集团环境

阿里巴巴的用人体系非常开放,不会论资排辈。绩效考核主要是看价值观和绩效两个维度,而且同等重要,各占50%。六个价值观,每一个都会细分成五个可以去衡量的行为标准,以便于挑选出阿里巴巴优秀的员工,给他们更多的学习机会。2007年公司更加重视价值观的考核,包括总监、副总裁在内的全体员工都需要参与考核,对由6个价值观分解成的30种行为方式的考核每月进行,考核结果跟工资、奖金和晋升挂钩。① 其独特的价值观考核之目的并不完全在于对员工的考核,而是在于员工对企业价值观的贯彻和执行,即通过硬性指标考核软性内容。② 同时集团中高层管理干部也实行高管培训计划和轮岗计划。2008年启动干部轮休学习计划,阿里巴巴集团COO李琪、CTO吴炯等均辞去阿里巴巴现有职务,进入学习和休整期。阿里巴巴集团还曾有多位管理层,在海内外著名的商学院进行短期或者长期的培训和学习,集团还为此成立了互联网中绝无仅有的机构,着眼于干部制度的建立和企业文化的传承。③

阿里巴巴在建立董事会制度、培养接班人和权利控制分配等方面独特的管理思维,一整套招聘、培训和考核制度,为互联网行业甚至商业领域提供了重要的参照范本,成为阿里巴巴颇具特色的制度层文化。例如阿里巴巴新进人员的招聘和培训,一般新员工入职都需经过业务主管部门、人力资源部门、分管副总裁等几个关卡的面试,应聘人员是否诚信、是否能融入企业、是否认同企业文化是公司选才用人的基本原则。④ 阿里巴巴十分强调内部培养人才,每年的新人都有完全封闭式的2～4周的培训,重点集中于公

---

① 王粒权:《阿里巴巴:梦想起飞的地方》,《人力资源》2007年第14期,第44—46页。

② 周勇、陈柳青:《价值观考核在组织绩效管理中的应用——以阿里巴巴为例》,《领导科学》2014年第23期,第44—46页。

③ 张丹:《阿里巴巴企业文化建设实例探析》,2014年四川师范大学硕士学位论文。

④ 张丹:《阿里巴巴企业文化建设实例探析》,2014年四川师范大学硕士学位论文。

司的远景目标、使命和价值观。马云每次都会花两三个小时跟每一个班的新人讲话，谈他对公司未来的期望与对新人的期望。为了冲刺更高标准的部门或个人业务，员工尽管平常都很忙碌，但还要接受各种培训，这些必须修满学分的科目包括“阿里课堂”“阿里夜谈”“阿里夜校”“百年大计”“百年诚信”和“百年阿里”等。[①] 这些价值观的反复确立，使得阿里巴巴拥有了一批有共识、归属感强的员工。

三、典范人物

阿里巴巴的成功和企业文化的吸引力与马云个人的处事风格和人格魅力紧密相关，马云以独特的管理才能，网罗了一大批优秀的人才在其麾下，成就了阿里巴巴的商业文化体系。

马云不是一个技术专家，但是他从未向任何困难低头，并且总是竭尽全力地运用影响力来说服所有的员工为组织的目标做出贡献；他关心组织作为一个整体的成长远远多过关心他个人的成长。[②] 马云所具有的感召力、激发力和决断力都是阿里巴巴文化的重要构成，是推动阿里巴巴企业不断整合发展的动力，也是阿里巴巴对外影响的一支强大辐射力：马云是第一个登上美国《福布斯》杂志封面的中国人，在世界各大著名学府进行英语演讲。通过马云及其成就出的这支忠诚尽职、优势互补、共同进退的团队的动作和作为，我们可以清晰地看到，阿里巴巴的企业文化的核心是其企业精神，而它的企业精神尤以领导者的理念与价值观为关键，并由员工的工作与活动得到贯彻落实和极力推进。[③] 马云的人格魅力与行事风格对阿里巴巴企业文化的塑造起了至关重要的作用，也成为企业凝聚力的核心所在。

四、文化沟通网络

阿里巴巴事业部采取在一个统一开放的空间里联合办公的形式，再按职责分成几个小区域。事业部内部按流程和职责分为小的工作组。在工作当中，各个小组会针对服务中遇到的问题，召开工作小组会议，讨论解决方案并实施。按照马云和阿里巴巴集团高层对未来的设想，互联网公司将不再以一个公司的形态存在，而是“网格化的自组织”[④]。这种自组织、扁平化

---

① 王粒权：《阿里巴巴：梦想起飞的地方》，《人力资源》2007 年第 14 期，第 44—46 页。

② 陈春花、刘祯：《阿里巴巴：用价值观领导“非正式经济事业”》，《管理学报》2013 年第 1 期，第 22—29 页。

③ 张丹：《阿里巴巴企业文化建设实例探析》，2014 年四川师范大学学位论文。

④ 张丹：《阿里巴巴企业文化建设实例探析》，2014 年四川师范大学学位论文。

的工作形态极大地方便了日常工作的开展，提高了工作效率，也能够让员工获得一种平等、尊重、互助的心理满足，有利于其工作积极性的提高。此外，阿里巴巴为了让员工有一个很好的工作氛围，打造了一个轻松又有活力的集体。每一个阿里人都可以在公司自发成立兴趣小组，开展自娱自乐的活动，阿里巴巴称之为“兴趣派”。其中最有名的是“阿里十派”，其中囊括了羽毛球、篮球、足球、乒乓球、音乐、“杀人”游戏、摄影、宠物、车友、电影十个五花八门的兴趣派，员工关系部在每个节日、纪念日都会送出祝福，充分利用一切可利用的资源，满足员工的各种需求。

第五节　AOL 时代华纳——一个文化融合发展的失败案例

时代华纳公司是全球第三大无线电视、影视制作及娱乐公司，并且一度成为全球最大的传媒公司。时代华纳公司于 1990 年正式成立，由当时的时代公司和华纳传播公司合并而成。目前公司的主要资产由前华纳传播公司所有。时代华纳公司的主要业务集中在电影和电视行业，但也因为出版漫画书而拥有少量出版业务。

时代华纳从一个集新闻出版和影视娱乐为一体的综合传媒集团转型成为以影视娱乐新媒体业务为主的传媒集团，分拆、出售了一部分子公司，例如时代公司后来成为全球范围内有竞争优势的独立出版公司，这得益于时代华纳对自身核心竞争力的把握，分开后的两家公司可以各自执行重点集中的竞争战略。由于时代华纳集团的大多数业务在影视娱乐相关领域，其重点影视产品如美剧《权力的游戏》、蝙蝠侠系列电影等风靡全球，各业务部门从影视生产环节到播出环节、衍生游戏开发等环节密切配合，形成产业链的关联。而时代公司的出版业务在集团内部与其他业务部门之间距离相对较大，较难获得集团战略资源的倾斜投入和其他业务部门的配合，反而增加了协调成本。而拆分之后，两家公司在今后的管理过程中可以有更多的时间和注意力来关注各自业务的特殊性，并分别提出更有效的战略。远期来看，此次拆分也降低了双方的管理成本。[①]

如何在媒介融合时代胜出？时代华纳在探索这一时代问题的时候走了

---

① 韩晓宁、翟旭瑾：《从时代华纳再次拆分看传媒集团的聚焦战略发展》，《对外传播》2014 年第 12 期，第 60—62 页。

不少弯路。为了加快与新媒体融合的步伐，与美国在线“联姻”曾是21世纪早期全球最为轰动的媒介融合案例；而且，为了突出时代华纳集团面向21世纪的目标与决心，公司名称也改为“AOL时代华纳”，尽显一个传统媒体集团与新媒体融合发展的雄心。然而，这一维系不到10年的“世纪融合”的终结，同样令世人震惊。这一过程充分昭示出媒介融合的复杂性及风险性，并再度引起人们对媒介融合现象的审视与思考。笔者在本节探讨时代华纳融合失败的案例背后的成因，旨在探索企业文化创新应规避之处，为之后传媒企业文化融合发展提供参考意义。

当初美国在线与时代华纳在宣布合并之时，无论是媒体业还是网络业都普遍看好这种新旧媒体结合的模式。其道理显而易见：网络公司需要具有吸引力的内容，而传统媒体则需要互联网——21世纪最具潜力的新媒体平台。然而，合并两年后，这一对“天作之合”，不但没有实现业界所期待的双赢局面，反而出现了负面效益。在业务方面，两家公司仍基本表现为合并前的状态，极少有互相渗透的业务。由于受到网络带宽、传输等技术方面的限制，美国在线即使有了像时代华纳这样强大的内容资源也难以将其转化为高额的收入，时代华纳的内容没有通过美国在线的网络服务出售给消费者，并建立成功的盈利模式。[①] 除此之外，如果从企业文化融合的层面来看，AOL与时代华纳融合不力的原因还在于以下两点：

一、新旧传媒文化的冲突与隔膜

受困于企业管理学中的“手表定律”，即在同一管理体系中我们不能同时挑选两种不同的行为准则或者价值观念，否则工作和生活必将陷入混乱，融合后的时代华纳与美国在线在文化上的整合不力更是影响深远，美国在线是家在短时间内迅速崛起的网络“新贵”，企业文化注重以用户接入服务为导向，以快速抢占市场为第一目标，特点是操作灵活、决策果断，勇于创新，敢于冒险；而时代华纳是家历史近百年的传媒“老店”，在长期的发展过程中有着深厚的传统媒体的文化底蕴，它注重企业信誉度，保守而稳妥，并善于从经验中吸取教训，不断推陈出新，合并后，美国在线—时代华纳没有很好地解决两种企业文化的冲突，集中两种企业文化的优势，构造更优秀的

---

① 汤莉萍、殷瑜：《做大≠做强——美国在线—时代华纳整合案例分析》，《新闻实践》2003年第2期，第12—13页。

新企业文化。① 此外，原时代华纳高层在新管理层中遭到排挤，两家公司员工之间的对峙亦成为企业文化冲突的具象化体现，新的公司价值始终未能统一，不仅使得公司宽带战略及内容整合被延误，而且最终导致新公司发展的失败。

二、内部管理理念的对立

并购是为了提高资本运作效率，而管理则是实现目标的手段。美国在线是现代媒体的代表，时代华纳是传统媒体的老将，两家企业的经营方式与企业文化存在较大差异。再加上集团管理层缺乏跨行业管理及整合的经验，双方一直存在着隔阂与冲突。此外，美国在线—时代华纳的管理层一直不稳定。特别是2003年7月，前首席运营官、美国在线首席执行官皮特曼辞职后，集团调整为媒体传播和娱乐广播两部分。美国在线实际上成为集团下属的媒体传播分部下的一家子公司。合并后的公司规模急剧扩大，管理的复杂性也随之提高，然而新公司未能将两公司的管理融为一体，而是听任两种不同管理模式各自为政，结果两家公司的员工没有相互合作，公司内部的猜忌气氛很重。在这样的情形下，很难想象合并会带来双赢的局面。②

传媒企业多元化经营往往容易导致主要优势的遗失。传媒企业具有丰富的人力资源和信息资源，在利用外延与内涵再生产两方面，信息资源是传媒企业的现有生产力，也是优势所在。因此传媒企业要想在激烈的竞争当中站稳脚跟、稳获收益，绝不可轻易放弃和丢失媒介产品和媒介市场。而很多错误在于传媒集团在其他产业上过度扩张，投资分散而无法实现规模经济，最后因信息不对称而加剧了管理难度。其结果对传媒集团的品牌建设、核心竞争力的形成和发展十分不利。③ 企业文化是否能够保证前后统一，很大程度上决定了媒体转型的成败，而从随后时代华纳对自身经验的总结与其后续战略来看，它成功实现了自身的减重，找到了核心竞争力，从而保持了较好的发展势头。

---

① 汤莉萍、殷瑜：《做大≠做强——美国在线—时代华纳整合案例分析》，《新闻实践》2003年第2期，第12—13页。

② 汤莉萍、殷瑜：《做大≠做强——美国在线—时代华纳整合案例分析》，《新闻实践》2003年第2期，第12—13页。

③ 张明海：《我国传媒企业文化整合的现实困境》，《视听界》2008年第4期，第64—66页。

第六节　当前优秀企业文化建设的特征

有学者认为传媒企业文化的特征可概括为个性化、创新性和稳定性，个性化即指其企业文化能够凸显自身的经营内容，符合企业发展的具体诉求；创新性则要求企业在发展过程中对企业文化作出与时俱进的改变；而企业文化被认为是该组织成员共同认可的观念意识与行为准则，因而具有相对稳定性，以使本企业区别于其他传媒企业并使企业文化得以传承。[①] 我们可以以上述论述为基本框架总结本章所涉及的企业文化建设案例的经验与教训。

一、个性化

企业文化是专属于一个企业自身的文化，是独特的、个性化的，笔者所总结的以上优秀企业案例中，其企业文化都具有鲜明的个性化特色，如南方报业的“担当、创新、包容、卓越”，阿里巴巴的“六脉神剑”，其个性化的文化基因深植在每一个员工心中，增强了企业的凝聚力与员工对企业的归属感。

二、创新性

中国当今的传媒环境较为开放，民营传媒集团蓬勃发展，跨国传媒集团虎视眈眈，传统媒体在应对竞争的同时，应当努力提高自身实力，在市场化运作的前提下，引入现代企业制度。处于周遭环境日新月异的发展浪潮中，企业文化势必要与时俱进，有所创新，符合时代要求。《纽约时报》就率先进行了向互联网发展的进程，其数字化转型取得了很大的成果，集团在新媒体的市场上开拓出一条属于自己的路，并在一开始就获得盈利，这可以说是企业文化创新性的外在体现。

三、稳定性

在企业塑造文化的过程中，尤为注意的是要与公司以往的文化一脉相承，从时代华纳与美国在线的媒介融合成败经验来看，传统媒体与新媒体融合后的组织，理应是一个包含了原有媒介样态，并充分发挥其各自优势的新组合形态。但时代华纳最初并没有处理好两种不同文化类型的整合，导致

---

① 王娟、蒋洁:《中国传媒企业文化建设对策分析》,《东方企业文化》2015 年第 2 期，第 5—6 页。

媒介融合失败。比较来看,南方报业传媒集团提出企业文化中的“南方基因”在企业文化建设中发挥了重要的传承作用。文化的形成是一个沉淀的过程,企业文化也是如此,缺乏一个稳定的文化传承,文化往往无法发挥应有的价值与功能。

四、开放性

开放性的企业文化特征是伴随着媒介融合的产业浪潮而形成的。传统企业文化具有两面性:一方面,文化可以作为黏合剂形成向心力和归属感,并激发团队的创新精神;但另一方面,强烈的文化烙印也会形成自我保护,并进一步成为封闭组织演化、拒绝改变的“文化堡垒”。媒介融合主导的产业演化趋势已经强烈地表现出了开放性、兼容性的特征,不同媒介形态、甚至超媒介形态的经营业务单元将成为传媒集团的诸多业务对象,如果无法形成开放性的文化,各种不同业务单元之间的文化冲突将成为“内耗”的重灾区,文人相轻的传统不良风气也会成为传媒集团文化创意产业发展的现实障碍。

媒介融合带来的最大变化就是传媒集团从垄断主导的竞争优势获取发展战略转向通过竞合战略来获得新的发展空间,合作能力的培育需要开放性的文化作为支撑。南方报业传媒集团先后依托与新媒体公司的合作推出了奥一网、大粤网等平台,而阿里巴巴打造的开放型平台更是成就了全球第一电商平台的美誉。在一个垄断、封闭日益被抛弃,开放、合作日益成为主流的新传媒时代,开放性的企业文化建设已经成为决定媒介融合能否得以成功的核心要素。

综观以上案例可以发现,成功传媒企业的企业文化往往能够保有自身的个性化、创新性、稳定性与开放性,在变与不变中,懂得衡量如何保持自有的核心竞争力以及发展潜力。在未来的发展中,传媒集团要学会吸纳成功传媒集团的企业文化,为我所用,但也不可盲目照搬,而是要和自身固有的文化相适应,确定并延续集团的核心竞争力,并以此为中心构建企业文化。范敬宜曾说:“唯有特色是永恒。”作为传媒集团,需要有自身独特的个性与定位,唯有如此,才能平稳过渡,实现成功的转型发展。

本章小结

从全书的结构来看,本部分主要是通过对国内外企业文化建设先进经验与失败教训的梳理来确定媒介融合时代传媒集团企业文化建设的知识坐标与经验地图;同时,为了更好地认识新经济时代的企业文化特征,我们又选取了阿里巴巴这一新媒体公司作为我们分析的经典案例。宁报集团企业文化建设中遇到的问题在这些传媒集团与新媒体公司发展中也曾经遇到过,它们的解决经验和创新思路能够为宁报集团企业文化建设创新提供丰富的养分和科学的参考价值。

本章选取了南方报业传媒集团、杭州日报报业集团、纽约时报报业集团、AOL时代华纳集团、阿里巴巴为案例研究的对象,通过对上述集团的企业文化建设经验进行梳理,归纳出了当前优秀企业文化的特征为个性化、创新性、稳定性、开放性。

第七章　思路与对策：宁波日报报业集团企业文化建设的创新研究

本章提要

本章基于之前章节对宁报集团企业文化要素的梳理，以及宁报集团企业文化现状的调研，尝试提出宁报集团企业文化建设创新策略建议。

本章分为三个部分，第一部分主要论述宁报集团企业文化建设创新的三个面向，分别从行业文化、地域文化、时代文化三个层面探讨了宁报集团企业文化建设的三个重要依托。第二部分则是对宁报集团企业文化核心理念的提炼。本部分基于上述对宁报集团文化发展历史的梳理，以及宁报集团企业文化现状的调研，通过梳理量化研究数据和质化访谈文本，尝试将宁报集团的企业文化进行结构化的梳理，分别对宁报集团企业文化核心理念、精神愿景、价值观、道德观等进行了提炼。第三部分为宁报集团企业文化建设的实践规划，也是本章内容的落脚点，按照企业文化建设的先后层次，本部分先后写到了如何让文化看得见、如何让文化深入人心、如何让文化沉淀，意在针对宁报集团企业文化建设提出可行性、操作化的建议。

本研究意在通过调研、梳理分析出宁报集团文化建设历程与现实效果，进而提炼出宁报集团的文化发展过程中的积淀，以及今后文化建设可以依托的元素。本章节策略性建议的提出，也是希望本研究能够有助于宁报集团将今后的文化建设落到实处。本章作为全书的最后一个章节，既是全书的总结，同时也是此研究的最终落脚点。

第一节　宁报集团企业文化建设创新的三个面向

我们认为，对于一个传媒集团而言，具备生命力的企业文化，需要在三个维度上进行界定，分别是行业性、地域性和时代感。其中，行业性和地域性是文化的归属感所在，而时代感正是集团在新时期面临新的媒体环境，解决新问题的经验的精炼表达，这也是集团企业文化得以脱颖而出，区别于其他传媒集团文化的关键性因素所在。但是，根据目前的调查数据和访谈显示，宁波日报报业集团现有的企业文化表述并没有特别凸显行业特色、地域精神和时代属性，其辨识度、关联度和联想度相对较低，难以形成有效的企业认同。其现有的企业口号"文化凝聚力量，传媒成就价值"虽然突出了传媒行业的价值追求，但是并没有显示出宁波日报报业集团的独有的企业特点。

本部分我们将从行业性、地域性和时代感三个方面界定宁波日报报业集团的企业文化。在行业性方面，宁报集团非常注重新闻专业主义精神，但是在如何建设现代传媒集团的企业文化上经验不足，集团应在强调传媒职业精神的同时尝试探索现代传媒集团的文化基因；地域性上，宁波日报报业集团现有的企业文化建设并没有突出地方特色，宁波低调务实的精神需要传承，新宁波人包容创新的精神也要吸纳；时代感上，在当前传媒行业转型和互联网与传统产业深度融合的背景下，宁报集团企业文化应紧跟时代潮流，积极推进企业文化转型，保持文化时代感。

一、行业文化特质层面

宁报集团经过十几年的发展，目前已经形成了"八报五刊一社一网站一书店"的产业格局，已经不仅仅超出了传统媒体采编、经营和发行，还涵盖了出版社、书店等多个业务板块，兼营传统媒体与新媒体行业。原社长何伟也在访谈中提到："我们不只是报社，我们产业链很长，我们要的不仅仅是报业文化，而是现代传媒集团的企业文化。"

宁波日报报业集团的本质是文化传媒集团，"文化凝聚力量，传媒成就价值"是其文化品牌的立身之本。作为文化传媒类企业，社会担当与责任是行业文化的核心所在。一个有理想、责任和担当的文化传媒集团，才能不丢失独立思考和判断的能力，才能在民众最需要的时候"铁肩担道义、妙手著文章”，才能赢得公信力。传媒业作为时代大船上的瞭望者，需要遵守“公正、客观、真实、全面”的核心精神，弘扬时代主旋律。

在历史发展过程中，相当长的时间内，报业是宁报集团最核心、最重要的业务单元，报刊新闻业务赋予了宁报集团新闻专业主义精神，成为宁报集团最为重要的文化来源之一。在调查中，“真相是传媒业追求的最重要的价值”的评分为6.02，“正直是从事新闻业必备的个人品质”的得分为6.29，在价值观认知模块中得分最高，方差最小，而在环境评价中，“‘客观、公正、真实、全面’的追求能够得到支持”的得分也非常高，这三点充分说明新闻专业主义精神为宁报集团烙下的文化印记，在建设新型文化传媒集团的背景下，这种新闻专业主义精神可以演化为一种责任意识、一种担当精神。

同时，作为新型文化传媒集团，宁报集团整体的企业文化理念需要有一定的包容度，这可以促使整个集团层面的企业文化理念成为各个子公司未来发展的DNA。课题组在问卷调研时也发现宁报集团内部对于企业文化未来走向的认同相一致，大多数员工都是希望能够在集团统一的文化脉络下，建立有特色的组织文化，既能共享集团的文化DNA，又能有针对性地建设符合自身定位和品牌特色的组织认同。因此，在此基础上，本研究所提出的宁报集团现代企业文化理念将基于三个层面：(1)体现出传媒企业从业人员的专业精神与职业操守；(2)体现出强有力的社会责任感；(3)体现出开放包容、务实创新的工作态度。

二、地域文化特质层面

宁波日报报业集团整体的文化理念应从其所处的区域文化中汲取营养。虽然宁报集团一直以来积极配合宁波城市文化建设，但是从课题组访谈的实际结果来看，各个主要负责人在接受采访时鲜有明确提及集团或者是集团下属子单位的企业文化理念是如何吸纳区域文化的养料并受其影响的。

应该说，宁报集团的诞生和发展是根植于宁波这座诚信、务实、开放的城市的。宁波文化是在海洋文化、商帮文化、浙东文化组合基础上创新形成的文化，是一种多元化文化相结合的结果。宁波城市形象别具一格，被概括为“港通天下、书藏古今”，体现出了开放、包容、继往开来的深厚城市底蕴。宁波城市精神曾被概括为“诚信、务实、开放、创新”，后又延伸出“三思三创”的新时代精神，并进一步提出“思进思变思发展，创业创新创一流”的危机意识与创新精神。甬商文化源远流长，逐步形成了以开放、开拓、诚信、创业、团结合作为核心的宁波帮精神。

宁波这座城市所孕育出的海洋文化、商帮文化、港口文化、藏书文化形成了宁波丰厚的文化底蕴,成为宁波鲜明的文化特性。自强不息、诚信务实、博纳兼容、崇文重教等精神为宁波日报报业集团企业文化建设提供了源源不断的精神财富。因此,本研究在对宁报集团企业文化的提炼和总结上,更加注重宁波城市精神的大背景,并将城市精神有机融合于宁报集团企业文化中。

在谈及宁波日报报业文化时,诚信务实、坚忍不拔都是报社员工多次强调的重要内容,这一点与宁波精神十分吻合。老宁波帮吃苦耐劳、顽强拼搏又善于开拓和经营的精神至今为人津津乐道。《宁波日报》工作者正是秉持这些精神,才将《宁波日报》越做越大,从一张报纸发展成为如今的文化产业集团。原社长何伟表示,宁报文化从宁波精神中吸取的最重要的部分就是稳健和务实。稳健、务实的行事风格在战略和决策上会强调务实,不会盲目跟风。宁波精神中的诚信、稳健和务实在宁报集团的工作中已经表现得非常明显,但是如果太过稳健,反而有制约集团创新的问题。文化缺失和文化的过度适应都是不可取的,日后的工作中,宁报集团在这一方面需要把握好尺度。与此同时,宁波城市现在所具有的开放包容的精神,应该为宁报集团所吸收发扬,促进宁报集团人才全国化乃至全球化视野的形成,推动宁报集团业务的开发并进一步谋划未来发展战略。

没有城市底蕴的企业精神是孤独的,宁波日报报业集团在秉承宁波诚信、务实的精神之上,还应该注重开放、包容、开拓、创新,吸纳优秀的理念、资源,让其企业文化兼具城市文化共性以及企业的特性。

三、时代文化特质层面

"互联网+"是当前我国企业面向未来的主导性战略。互联网的开放包容、创新突破成为时代精神的内核。企业文化的时代感指向的是宁报集团十年来所面临的新的产业环境,是对传媒业在这个时代核心问题的精彩回应,也是集团创新经验的时代价值的彰显。

近年来,传媒产业局势相当严峻,一方面,传媒的体制转轨和形态转型使得报业不得不开始注重经营和社会效益;另一方面,跨界和混搭推动的合作创新成为传媒集团竞争优势的核心源泉,新媒体对传统媒体的强烈冲击使得传统媒体面临转型和产业融合的新课题。因此,今天的报业面临事业单位与企业单位文化的冲突、传统企业文化与新经济企业文化的冲突以及传统媒体与新媒体之间的冲突。

不同时代的企业文化针对不同的企业核心问题，聚合的也是不同的创新方向和突破空间，因此，如何在宁报集团企业文化中保持和提炼时代感，是我们解决企业文化建设的重要一环。

无论是调查还是访谈中，宁波日报报业集团对创新和融合的呼声都非常高，一方面，报业需要创新，以前的经营方式显然不适合今天的媒体环境，要紧跟时代潮流和发展趋势，有效整合内部资源以适应新的产业环境；另一方面，需要融合传统媒体与新媒体，三网合一，媒介融合，探索"互联网＋"的模式，从资源到思路乃至体制，实现全面的融合。

综上所述，我们从行业、地域和时代三个方面对现有的宁波日报报业集团文化进行提炼和总结。在行业特质方面，我们强调现代传媒集团和而不同的多元文化；在地域文化方面，我们需要更加注重宁波精神中务实包容的一面；在时代精神方面，需要强调创新和融合。我们需要围绕这三个维度打造特点鲜明、与时俱进、有深度有层次的宁波日报报业集团文化。

第二节　宁波日报报业集团企业文化理念表述

企业文化是一个涵盖核心价值观、企业环境、文化沟通网络、典范人物、文化仪式与礼仪等要素的复杂系统。这里所涉及的是企业文化当中居于核心地位的企业文化理念部分，包括企业文化核心价值观、企业愿景、企业使命、企业精神、企业发展观、企业道德观等。企业文化是一个集团长期发展中沉淀下来的价值与规则，是集团对内规范、激励员工，对外承诺、留住用户的价值保证。企业文化是当前竞争力解析中唯一无法被复制的要素，是竞争过程中的最后一道屏障，因此被各个行业集团所重视。通过对宁波日报报业集团内部员工的问卷调查、深度访谈、座谈会、制度文献、发展文献等综合研究，我们摸清了宁波日报报业集团企业文化的内涵，以及内部企业文化的形成、传承、发展的过程。任何企业文化都有一个时代性的传承与演化，在经历了56年的发展和13年集团化的新历程之后，宁波日报报业集团的企业文化出现了一些新变化，形成了一些新特征。我们对此的初步概述如下：

宁波日报报业集团的企业文化核心理念：文化凝聚力量，传媒成就价值；

宁波日报报业集团的企业精神：坚韧、务实、开放、创新；
宁波日报报业集团的共同愿景：开放多元、融合创新；
宁波日报报业集团的职责与使命：肩担道义、责任以行；
宁波日报报业集团的价值观：有良知、能担当、讲务实、敢为先；
宁波日报报业集团的发展观：领先、专业、沟通、合作；
宁波日报报业集团的道德观：仰望专业星空、脚踏宁波实地。

一、宁报集团的企业文化核心理念

核心理念是企业文化的源头，也是宁波日报报业集团企业文化区别于其他传媒集团企业文化的关键标志。我们认为，企业文化不应仅仅是为了文化而文化，不能只是策划构建的过程，而更应该是发现提炼和总结的过程，这样才能深入人心，被员工所接受和认同。现有的集团口号“文化凝聚力量，传媒成就价值”自 2012 年确立以来，经过多次阐释和推广，目前已经得到了较好的传播效果，上至公司高层，下到基层员工，都能准确说出该口号，已经有非常好的认知基础。

文化凝聚力量：一方面是针对企业文化而言，好的企业文化应该是凝聚人心的，具有凝聚力和向心力，能够在关键时候让大家心往一处放、劲往一处使。这一点在传媒产业面临当前严峻的局势下尤为重要。只有人心齐了，才能携手渡过难关；另一方面，意指宁波日报报业集团作为一个现代性的文化传媒集团，其产品以精神产品为主，需要发挥其文化产品的特性，起到凝聚人心的作用。

传媒成就价值：我们从以下两个方面去界定这一点，一方面，对于传媒产业自身来说，传媒有利于实现其自身的价值，无论是新闻专业主义的追求还是新闻理想的坚持，都能在传媒产业中得到支持与实现；另一方面，对社会来说，传媒产业被赋予了非常大的社会期待，为正义呐喊，为光明奔走，让无力者有力，让悲愤者前行，传媒产业需要发挥自身特点以成就其社会价值。

二、宁报集团的企业精神

长期以来，宁波日报报业集团都秉承坚韧务实的作风，但是新时期，包容和创新也不可或缺，坚韧、务实、开放、创新是新时期宁波日报报业集团的企业精神。

坚韧：高强度的工作，职业的危险性、时间的不确定性以及当前严峻的媒体环境，呼唤一个坚韧的宁波报业媒体人的形象。不屈不挠、意志坚强、坚忍不拔，在当前传统媒体面临转型的紧要关头十分重要。之前有张登贵、沈承纪、汤碧琴，以及许许多多《宁波日报》复刊以来的新闻前辈，以他们坚忍不拔、敢于探索的精神树立了传媒典范，今天我们更需要将这种坚韧的品格发扬光大，与报业一起渡过难关。

务实：自古以来，宁波商帮就以务实诚信闻名，“白天当老板，晚上睡地板”是甬商踏实肯干、敢于吃苦的生动写照。生长于这座城市的宁波日报报业集团也深深打上了务实的烙印。王符的《潜夫论》说：“大人不华，君子务实。”务实指讲究实际、实事求是，体现了注重现实、崇尚实干的精神。务实是宁报人一贯的优良传统，少说多做、行胜于言在任何时候都是媒体的优良品质。

开放：开放是宁波人文精神的内核之一，作为沿海开放城市，宁波经济腾飞，社会快速进步，与宁波开放的人文精神密不可分，“书藏古今、港通天下”，不仅显示了这座城市的历史底蕴，也道出了宁波海洋文化包容开放的特质。而开放也正是宁报人的胸怀与气质。紧跟着改革开放的步伐，宁报集团进行了一系列尝试，开放产业格局，扩展一系列产业链，实行全国化人才招聘，现今单位的人才全国化程度很高，揽天下英才为我所用，取先进文化之精髓，开一时风气之先。大气精致，宽阔胸怀，广揽人才，吸纳国内外先进的传媒创新经验为我所用，实为开放之福利。

创新：求新求变求异是吴越文化的重要特征，最早源自良渚文化，并成为浙江精神的核心。目前而言，宁报集团创新上做得比较好的是《宁波日报》，长期以来坚持以“四个重大”为突破口进行创新。创新，是一个传媒集团保持基业长青，持续竞争优势的唯一途径。尤其是当传媒面对频繁变动的经济与社会环境，创新成为宁报集团突破自我，获得成长活力的源泉。

三、宁报集团的共同愿景

开放多元：宁波日报社在发展历程中，始终坚持“一手抓办报，一手抓经营”，从改革开放初期就开始尝试多种经营。进入新世纪以来，特别是在报业集团成立之后，集团多元化经营进入新阶段。2005 年报业集团实行国有资产授权经营，理顺了产权关系，在此基础上，集团深化内部机制改革，加快资源整合，在发展壮大新闻主业的同时，探索跨行业多元化经营，力求实现从报业出版集团向新闻传媒集团的跨越式发展。开放多元，是宁波日报报业集团的长期追求，也是新时期将宁报集团打造成现代传媒集团的必然要求。

融合创新:新时期以来,传统媒体影响力日渐式微,新媒体作用凸显,传统媒体如何转型、媒介融合如何创新都是传媒业需要普遍思考的问题。宁波日报报业集团也在积极探索融合创新之路,试水新媒体,成立中国宁波网,目前正在积极推进集团内部新老媒体的融合。融合创新,是传媒业大势所趋,也是媒体人心之所向。

四、宁报集团的职责与使命

肩担道义:“铁肩担道义,辣手著文章”曾是新闻人的自我镜像,意指传媒业应敢于匡扶正义、担当重大责任。对于任何一个有理想、有情怀的新闻从业者来说,“铁肩担道义,妙手著文章”都是其最崇高的追求。作为社会现实的记录者、观察者和传播者,新闻从业者应该有一颗公正客观的心,敢鸣不平之事,笑可笑之人,敢于透过现象解释本质,针砭时弊、激浊扬清。肩担道义,不仅是宁报集团的职责和使命所在,也是时代和公众对宁报的要求与期许。

责任以行:有担当、负责任,是传媒立足于社会,赢得尊重与实现专业价值的根本保证。为人民服务、敢于直面时代问题、追求真相、解决民生问题、成就和谐社会,是宁报集团有担当、负责任的核心使命。

五、宁报集团的价值观

有良知:良知是传媒行业的底线,唯有良知存心,专业的技巧才能受到世人的尊敬。这是老一代宁报人和新一代宁报人在价值观上最大的交集,是宁报集团的内在品格追求。

能担当:传媒业为党和人民之喉舌,为人民服务,担当党和政府沟通社会之桥梁。鞭挞丑恶,弘扬正气,不畏权贵,传扬真理,为宁报集团良知品格的外在呈现。

讲务实:务实,是宁波这座城市长期以来的精神财富,也是马克思主义哲学的要义,所谓“务实”,就是要在规律性认识的指导下,去行动、去实践。宁报集团讲求务实,就是不论在平时的采编和经营中,还是在发展战略上,都要讲求实际,崇尚实干。

敢为先:敢为天下先,追求卓越,勇于创新,突破藩篱,尝试以新的方式达成新的效率。敢做率先创新人,不为苟且模仿事,这是新时期宁报集团创新意识、危机意识、创业意识的表现。

六、宁报集团的发展观

领先:领先意味着敢于竞争,先人一步,高人一招,追求最精致、最完美的用户服务;领先意味着紧跟时代潮流,以先进文化引领传媒发展;领先也意味着不断扩大传播空间,成为目标服务的标准制定者;领先也意味着要大气开明,具有市场领导者的风范。宁波集团的发展应该着眼大局,敢为人先,追求卓越,成为行业的先驱。

专业:在任何时候,对专业精神的强调都不为过,放在传媒行业,尤其是宁波日报报业集团这样的现代传媒集团,专业不仅仅体现在对新闻专业主义的追求,其他下属单位如出版社、书城等也都要秉持专业精神,提供一流的、符合专业水准的、令人放心的服务。

沟通:沟通,是宁报集团企业文化的重要内涵。这种沟通,不仅体现在员工之间,也体现在上级与下级之间,以及横向的各单位之间。调查中,许多员工表示,现有的科层制不利于组织之间的沟通,各单位之间也相对封闭,人情冷漠,关系疏离。良好的沟通有利于实现员工与组织之间思想和情感的传递,利于思想的一致和情感的通畅,有利于实现组织共同的目的。

合作:在一个融合媒介日益发展的时代,传媒业将面临远远超过传统竞争强度的竞争环境。传媒业已经进入竞合时代,合作变得和竞争同等重要,甚至更重要。合作创新,能够有效弥补宁报集团既有的能力缺口,实现自身所无法单独完成之使命;合作,也意味着宁报集团能够进入更多前所未有的领域拓展事业。

七、宁报集团的道德观

之所以将宁波日报报业集团的道德观定位为"仰望专业星空,脚踏宁波实地",是因为我们认为道德的实现包括理想和现实两个层面。

仰望专业星空:古希腊人说,人类直立的姿势之所以是人独有的特征,是因为人与四足动物不同,不是向下盯着大地,而是能够举目凝视天空。仰望星空,是对美丽的愿景,是对目标的追寻,是对蓝图的绘制,是对自由平等的追求。当代中国普遍热议的中国梦,放在传媒行业,也是有其合理性与意义的,传媒有梦,传媒人也有其理想,这种理想是与探究事实真相、传播公平正义、为民请命、捍卫真理紧密联系在一起的。越是在当前传媒形势严峻的情况下,越是需要这样的一片星空,来指引自己前进的方向。仰望星空之所以被作为宁报集团的道德观,是因为对传媒工作者来说,一方面要坚持自己的理想,另一方面,不应局限于道德的条条框框,一个有理想有道德的宁报人绝对要爱惜自己的羽毛。

脚踏宁波实地:"合抱之木,生于毫末;九层之台,起于累土;千里之行,始于足下。"脚踏实地,立足当代中国与宁波的现实产业格局与政治环境,着眼于现在和未来,一步一步,稳健前行;是念念不忘的坚持,是不忘初心的坚守,是坚如磐石的韧性。脚踏实地,对于宁报人来说,爱岗敬业、尽职尽责自然不必言说,前有各位传媒典范奉献自我、投身本职的精神引领,后有新传媒人低调务实、默默坚守的执着,这都是脚踏实地的印证。而在新时期,敢为人先、积极创新、善于竞争更应成为宁波日报报业集团突破的关键。脚踏实地不是墨守成规,一成不变,而是应该善于确立目标,敢闯敢拼,不仅紧跟时代潮流,更成为行业的引领者,这是宁波日报报业集团应该有的胆识和魄力。

第三节　宁波日报报业集团企业文化建设的实践规划

文化是一个潜移默化的过程,是一个内化—显化—再内化的循环过程。企业文化要想发挥作用,形成对外的品牌号召力和对内的行为训导指南,需要把企业内部潜在的、人人尽知但却无法清晰表达的无形文化提炼出来,形成符合时代、地域和行业特色的文化理念和价值体系。这一过程是企业文化从内化到显化的过程。做到这一步,仅仅是企业文化创新的第一步。接下来需要做的事情是:如何将这一价值体系深入人心?这包括如何让宁波日报报业集团外部用户知道、接受、赞同,内部员工认可、遵循、内化为行动指南。这是企业文化创新的第二步,即显化的企业文化如何重新回到用户和内部员工的内心,成为维系用户、员工与宁报集团良好关系的精神动力和品牌号召力。这是一个需要精心设计的过程,而且,由于文化理解的多样性,这也是一个需要包容和耐心细致磨合的过程。例如,宁报集团《东南商报》的"满腔热情、贴心服务"的办报口号现在已经成为报业文化构建的一个成功典范,这一文化理念也是《东南商报》在多年办报活动中被逐渐认可的。文化认同是企业文化发挥作用的关键,而这一认同过程除了企业文化理念的提出要充分调研,充分了解宁报集团内部关于企业文化的共识与分歧,更需要将作为宁报集团文化共识的理念、价值等广为传播,实现更高程度的文化认同。这一过程常常通过整合营销传播实现。本部分主要阐释如何利用整合营销传播工具,推动文化认同,提高宁报集团企业文化构建的效率。

基于上述设想,本部分主要探讨如何让宁报集团的企业文化外显、内化和沉淀。外显的措施例如制定集团文化手册、设计企业形象识别系统、打造工作氛围等，让企业文化走进员工视线。内化的措施例如有效的企业文化培训、企业文化联席会议以及构筑高效的企业文化传播网络等，让宁波日报报业集团企业文化深入人心，从理念变为行动。文化沉淀的机制包括建立企业文化制度体系、举办“传媒文化高峰论坛”、打造传媒集团企业文化培训基地等，力图让企业文化变得深入而有质感，作为一种传媒精神，代代相传。

一、如何让宁报集团企业文化看得见？

让文化看得见，是文化外显、发挥作用的第一步。这包括以下几个方面：

1. 编制宁报集团企业文化手册

企业文化手册是企业文化的集中呈现，主要用于宁报集团对外交流、与外部用户沟通，形成新员工的第一认识等。既有的宁报集团介绍，主要强调组织构成和业务功能，而文化手册主要是介绍从宁报集团开创到现在的文化积淀、历史演变，以及面向未来的文化取向。和其他类型集团相比，文化对于传媒集团来说是更重要的属性。作为知识密集型产业，人文精神的彰显，会给集团品牌带来更高的公信力和亲切感。

手册内容包括十个部分：

序言：宁报集团领导谈集团企业文化品牌创新；

第一部分：宁报集团企业文化品牌理念体系；

第二部分：宁报集团企业文化沟通网络；

第三部分：宁报集团企业文化标志性人物群像；

第四部分：宁报集团企业文化标志性品牌栏目；

第五部分：核心客户眼中的宁报集团企业文化；

第六部分：员工眼中的宁报集团企业文化；

第七部分：宁报集团企业文化代表性典故与事迹；

第八部分：宁报集团企业文化活动一览表；

第九部分：宁报集团企业文化建设大事记；

第十部分：请写下您眼中的宁报集团企业文化感受。

2. 设计宁报集团企业文化标识与形象系统

宁报集团企业文化现有标识系统相对简单陈旧，而且和各个子报子刊以及其他多元化业务标识之间未形成一致性关联。可以根据时代感、地域性和行业性三个维度重新设计文化标识系统，并以此为突破口对集团各个业务单元的既有文化标识体系进行整合，显示出和而不同、人文性与专业性兼具的集团文化特征。

宁报集团企业文化形象包括产品形象、集团社会形象、用户形象、员工专业形象等,形象设计要能够显示出和而不同、人文性与专业性兼具的宁报集团企业文化特征。

3. 打造宁报集团工作环境的文化氛围

现有的宁报集团驻地,门厅已经建设有一些体现集团发展历史、先进人物的景观布置,但其空间布局和装饰风格还未能凸显传媒业的文化特质。基于此,建议突出工作环境中的传媒业文化氛围,把传媒业,尤其是报业文化的历史和现状在“移步换景”中呈现出来,通过不同楼层、不同子报区域、不同大楼的工作特点设计工作环境。这里主要就宁报集团主楼文化氛围提供一些建议:以楼层为单位,设计不同的主题,选择对传媒业文化有贡献的人物,特别是明确提出传媒业文化理念的人物、报刊、作品等;突出宁报集团企业文化的当代主题和宁报人的精神风貌;展示我国包括世界传媒业,尤其是报业的文化演变,如邵飘萍终生恪守的“铁肩担道义,辣手著文章”,史量才提出的“国有国格,报有报格,人有人格。三格不存,国将非国,报将非报,人将非人”,等等。大致包括:

(1)杰出报人:包括我国新闻史上杰出的报人,尤其是浙江籍的报人,如邵飘萍、史量才、金庸等,还包括范长江、邹韬奋、张季鸾等。画像加上介绍,尤其突出其新闻专业的主张和追求等。

(2)杰出报纸:选取杰出报纸的经典版面裱以画框,悬挂于主会议室,如《人民日报》1956年《致读者》社论版面,《纽约时报》2001年《911事件》报道头版,《宁波日报》与集团主要报纸的主要改革节点的典范报纸头版。

(3)杰出新闻摄影图片:包括荷赛奖、中国新闻奖获奖作品等,如陈庆港《走出北川》等,还包括国际上的一些著名的新闻摄影图片,渲染一种到现场的真相震撼感。

(4)增加集团建设历史陈列:在主楼特设2～3个楼层,以集团历史为主题,分为历史、当代与未来三个部分,以图片形式,简洁直观地展示宁报集团企业文化是如何经过一步步的沉淀而形成今天的面貌,面向未来又将会如何演变。

(5)让宁报集团企业文化理念触手可及:通过优秀员工图片和企业文化理念标牌以及内涵阐释等,让宁报集团企业文化的理念在工作环境中触手可及,鲜活直观地呈现在大家眼前。此类设计要有现代感,区别于之前刷大幅标语上墙的做法,要低调内敛,亲和可人,让企业文化不再是挂在墙上的标语,而是与身边人、身边事联系在一起。

二、如何让宁报集团企业文化深入人心?

视觉层面上的文化展示是文化建设的起点,如何让宁报集团企业文化深入人心呢?文化认同是一个后天习得的过程;同时,文化认同也是一个共识实现的过程。要做到这一点,需要从两方面入手,一方面是企业文化的专项培训;另一方面是要在宁报集团内部形成制度性的对话沟通交流平台,鼓励各业务单元之间进行企业文化交流。

1. 宁报集团企业文化培训

关于宁报集团企业文化的相关培训十分重要。我们在调查中发现,宁报集团现有的培训主要集中于业务培训。如何将集团的文化传统和集团当下面临的竞争环境结合起来,而不是厚古薄今的抱怨,实际上是一个悬而未决的问题。当前宁报集团正面临从强调市场独立主体竞争地位转向竞争与合作并举的时期,集团内部发展进入到一个整合的实质期,如果缺少文化这一黏合剂,各业务单元之间缺乏归属感,集团将会形同虚设,不能发挥正面积极的资源整合平台效应。

宁报集团的企业文化培训可以包含以下原则性的内容:

(1)宁报集团企业文化强调和而不同,这就需要在企业文化培训的过程中适当安排针对宁报集团企业文化模块和各业务单元自身文化建设的培训。培训师资既有来自于集团领导层、研发中心和富有研究经验的学界团队,更要有来自于宁报集团内部各个业务一线的专业标兵;除了理念层面的宣扬,也要强调通过一线员工的个人体验真实具体地使企业文化呈现落地状态,变成员工可以实践的东西。集团企业文化理念方面,可以组织专项的企业文化培训。同时,各业务骨干标兵可以从自身工作出发探讨个人对企业文化的理解。

(2)建议培训周期为每两年轮训一次。新员工培训和老员工培训适当分离,因为他们对宁报集团企业文化的理解与面临的问题不一样。

(3)建议每年做一次宁报集团企业文化培训专项调研,对企业文化建设当中的新动向进行准确把握,对大家关注的核心问题进行解答,并能够及时针对问题进行讨论。

2. 设立企业文化建设联席会议

当前传媒产业正处于多重转型的关键时刻,传媒业传统上遵循采编和经营各自运行,相互之间的沟通了解十分有限;同时,伴随着新媒体业务的引入,传统媒体和新媒体之间如何在沟通中达成共识,也是一个尚未被好好考虑的问题。集团层面的企业文化建设,需要制定覆盖各个业务单元的文化建设联席会议制度,定期由各个单位轮流介绍本单位的企业文化,或针对某些企业文化建设的主要问题进行讨论和碰撞,为达成文化共识奠定基础。从调查的情况来看,各个单位之间的隔离十分严重,单位之间的交流更多是私人层面的,日常性的沟通交流机制非常有限,这对于文化认同和融合十分不利。

3. 构建高效的企业文化沟通网络

文化属于宁报集团共同拥有的精神财富,文化若想发挥作用,只能通过共识,走向认同,最终成为品牌价值中最核心的内容。在现代集团文化构建中,有效的企业文化沟通网络至关重要。宁报集团已经初步形成了自身文化传播的体系。但是,在调研中发现,现有的文化沟通网络并非十分通畅,尤其各子单位之间的文化传播,效果十分不理想。而且一个文化沟通网络是否有效率,关键是看和外部客户的信息沟通渠道以及内部员工所使用的信息获取渠道是否能够精准对接。目前,宁报集团已经在媒介融合背景下向全媒体集团发展,但是作为文化沟通网络的内刊和网络平台却依然维持在互联网刚刚兴起时候的传播形态。因此,构建高效的企业文化沟通网络迫在眉睫。主要建构原则如下:

(1)打造具有鲜明时代感的文化沟通网络体系。尽可能使用当前主导的、充满朝气和活力的传播形态和传播工具,使用富媒体沟通平台,充分借助音频、视频、文字、图片、互动等手段,全面展示宁报集团企业文化的方方面面,并成为大家讨论问题、达成共识的一个信息交融平台。

(2)即时、互动、扁平化的沟通流程,形成"我们都是一家人"的文化氛围。利用微博平台、微信群平台等,以文化为主题,形成快速便捷的沟通渠道。

(3)创办《宁报文化》电子杂志,汇聚文化传播网络平台上的问题、共识与智慧,低成本发送给每一位员工;在宁报集团网站设立企业文化频道,用户可以通过这个平台下载这一电子杂志,实现更大范围内的传播和共享;同时,也可以向核心客户定期发送该电子杂志,以更好地推介宁报集团企业文化,为进一步的关系达成提供服务。

(4)每年一度举办"宁报集团文化主题月"活动,包括围绕企业文化建设的辩论赛、征文比赛,连续刊发集团内外对宁报集团企业文化看法的专题文章,涵盖专家学者、各层级员工、集团客户等。传统的一些文体活动也要继续发扬光大，与报业集团组织文化品牌相得益彰。

三、如何让宁报集团企业文化沉淀下来？

文化的建设是一个长期的沉淀过程，而文化本身又因为无形、内敛于组织内部而特别需要提炼、显化。因此，如何让宁报集团企业文化沉淀下来是第三步需要做的。这包括以下几个方面：

1. 建立起企业文化制度体系

没有制度保证的企业文化建设犹如一场场运动，来得快，被遗忘得也快。被制度约定而成的企业文化会成为宁报集团员工共同遵守的准则。文化理念作为集团顶层设计而发挥作用，会成为各个制度系统的基本原则，并被具体化到集团管理的各个层面。将企业文化建设纳入到绩效考核的体系当中，形成完备的考评系统。

2. 举办"传媒文化高峰论坛"

当下报业集团面临相对一致的市场环境和经营问题，联合举办主题论坛已经日渐成为各报业集团共同探索应对媒介融合、产业融合过程中的策略的方式。2014年报业演艺联盟、报业电商联盟相继出现，正是报业集团共同探索发展途径的体现。然而，国内以传媒集团企业文化建设为主题的连续性高端会议至今还没有出现，无法通过主题论坛聚合对企业文化建设有兴趣的国内外传媒集团，共同探讨遭遇到的时代问题，在与同行业的比较中，进一步明确宁报集团企业文化的品牌定位，并将其牢牢根植于宁报集团的发展战略当中。建议每次高峰论坛都设立"宁报集团企业文化建设圆桌对话"，通过宁报集团各层级代表与专家、学者、业界领先者的对话讨论，专题研究宁报集团企业文化的进展与变化，以权威性的方式肯定积极有效的做法，并沉积为宁报集团企业文化的内核。如果宁报集团可以和其他报业集团联合发起传媒集团文化建设论坛，不仅可以对外传播宁报集团企业文化建设的成就，同时可以通过高端讨论解决内部文化建设过程中遇到的问题，为企业文化的不断创新突破，推陈出新，积淀优秀文化特质提供机会。

3. 联合打造面向全国的传媒集团企业文化建设培训基地

这一基地的主要使命是将宁报集团企业文化建设的宝贵经验与国内外传媒集团分享，扩大宁报集团企业文化的影响力，同时致力于行业文化的健康快速发展。该基地启动阶段定位于行业公共服务平台，争取获得新闻出版广电总局的支持，成为其挂牌基地，服务于全国传媒业。当运行到一定阶段，可以通过企业文化建设方案、问题诊断、文化创新等专项服务来扩大收入来源。

4. 建立"传媒集团企业文化研究中心"

宁报集团可以联合复旦大学、浙江大学的研究力量，建立"传媒集团企业文化研究中心"，致力于宁报集团企业文化研究，并打造成全国性研究和国际性研究的一个平台。

5. 组织出版《宁报集团企业文化发展》系列丛书

宁报集团可以利用其出版社、书店的编辑发行优势，组织编辑出版企业文化发展系列丛书，选取文化典范和代表人物、单位，让故事和典故代代相传，成为宁报集团企业文化的精神财富。在宁报集团内部，东南商报社每年都会出版白皮书、员工论文集、报稿文丛，还出版有一套资料汇编，对报社的文化彰显、凝聚、传承起到了重要作用。此类做法可以在整个宁报集团推广开来，以文化作为主旨，将员工、子单位、集团等各个层面的各类资料整理汇编，组织出版系列文化发展丛书，对集团文化进行总结、提炼，进而达到文化彰显、传承的作用，推动集团文化的建设。

本章小结

本部分主要针对宁报集团企业文化建设的问题提出针对性的创新思路。首先从行业、地域、时代三个维度的协调出发提出企业文化建设的新思路；其次基于宁报集团发展过程中的文化积淀，提炼出宁报集团企业文化的核心要素，作为集团文化建设、弘扬的重要内容；最后，基于前文分析论述，尝试针对宁报集团企业文化建设提出可行性、操作化的建议。

作为本书的最后一个章节，本部分一方面是对我们调研中提出的问题的回应，另一方面也是宁报集团企业文化建设面向未来的新起点。

主要参考文献

[1] 特伦斯·迪尔，艾伦·肯尼迪. 企业文化——企业生活中的礼仪与仪式[M]. 李原，孙建敏，译. 北京：中国人民大学出版社，2008.

[2] 芮明杰. 管理学教程[M]. 北京：首都经济贸易大学出版社，2004.

[3] 胡正荣. 媒介管理研究——广播电视管理创新体系[M]. 北京：北京广播学院出版社，2000.

[4] 邵培仁，陈兵. 媒介战略管理[M]. 上海：复旦大学出版社，2003.

[5] 爱德华·张伯伦. 垄断竞争理论[M]. 周文，译. 北京：华夏出版社，2009.

[6] 喻国明. 变革传媒——解析中国传媒转型问题[M]. 北京：华夏出版社，2005.

[7] 赵曙光，等. 中国著名媒体经典案例剖析[M]. 北京：新华出版社，2002.

[8] 马克·唐盖特. 国际传媒巨擘品牌成长实录[M]. 许怡勤，等译. 北京：中国水利水电出版社，2007.

[9] 何伟. 现代传媒集团产业链发展研究[M]. 杭州：浙江大学出版社，2013.

[10] 克雷格·弗莱舍，巴贝特·本苏桑. 战略与竞争分析：商业竞争分析的方法与技巧[M]. 王俊杰，沈峰，杨斌，等译. 北京：清华大学出版社，2004.

[11] 定雄武. 企业文化[M]. 北京：北京理工大学出版社，2006.

[12] 林树建，林旻. 宁波商帮[M]. 合肥：黄山书社，2007.

[13] 许勤彪. 宁波历史文化二十六讲[M]. 宁波：宁波出版社，2005.

[14] 苏利冕. 宁波城建与文化[M]. 宁波：宁波出版社，2010.

[15] 特雷斯·迪尔，阿伦·肯尼迪. 企业文化：现代企业的精神支柱[M]. 唐

铁军,等译.上海:上海科学技术文献出版社,1989.
[16] 约翰·P.科特,詹姆斯·L.赫斯克特. 企业文化与经营业绩[M].李晓涛,译.北京:中国人民大学出版社,2004.
[17] 邓宏兵.区域经济学[M].北京:科学出版社,2008.
[18] 叶依广.区域经济学原理[M].南京:江苏教育出版社,2002.
[19] 朱成全.企业文化概论[M]. 大连:东北财经大学出版社,2005.
[20] 陈兵.媒介品牌论——基于文化与商业契合的核心竞争力培育[M].北京:中国传媒大学出版社,2008.
[21] 王文臣.基于企业竞争力的企业文化理论和实证研究[M].北京:经济科学出版社,2008.
[22] 朱国春.核心竞争力与企业家文化——支撑企业运营的两大支柱[M].北京:中国物资出版社,2003.
[23] 曾康霖,蒙宇.核心竞争力与金融企业文化研究[M].成都:西南财经大学出版社,2004.
[24] 谢安良.文化凝聚力量 传媒成就价值[J].新闻实践,2013(7).
[25] 李良荣.双转——中国传媒业的一次制度性创新[J].现代传播,2010(2).
[26] 吴昀国.知识经济时代的传媒企业文化初探[J].生产力研究,2009(10).
[27] 喻国明. 跨界与混搭:中国传媒业当前发展的一道景观[J].新闻与写作,2011(1).
[28] 朱春阳.传媒业的创新特征与战略方向[J].新闻战线,2011(3).
[29] 黎昀.运用层次分析法(AHP) 分析企业文化与核心竞争力之间的关系[J].企业家天地,2006(1).
[30] 魏杰.入世后中国的企业制度、企业文化和战略选择[J].中国信息导报,2002(6).
[31] 张明海.我国传媒企业文化整合的现实困境[J].中国信息导报,2008(4).
[32] 张志学,张建君,梁钧平.企业制度和企业文化的功效:组织控制的观点[J].经济科学,2006(2).
[33] 徐尚昆.中国企业文化概念范畴的本土构建[J].管理评论,2012(6).
[34] 文崇坚,帅锦平.传媒转型时期管理文化软实力构建[J].上海管理科学,2012(1).

[35] 刘年辉. 组织资本:媒体核心竞争力的平台与内核[J]. 新闻界,2006(6).
[36] 吴培明. 传媒企业文化的特征及其建设思路[J]. 上海商业,2012(12).
[37] 张道玉. 企业核心竞争力理论的动态演进研究[J]. 经济研究导刊,2013(3).
[38] 刘笑盈. 从一流媒体研究到核心竞争力研究——多元传播环境下国际传播能力建设的新思路[J]. 电视研究,2014(11) .
[39] 黄春平. 我国报业集团核心竞争力理论分歧探析——兼评当前的报业集团核心竞争力研究[J]. 中国报业,2009(8).
[40] 陈兵. 媒体核心竞争力的内涵、特征与获取[J]. 中国出版,2010(5).
[41] 朗诵真,朱晓峰,付林. 企业竞争力及其计算机评估系统研究[J]. 情报学报,1998(12).
[42] 王文臣. 论企业文化在企业竞争力中的作用[J]. 河南师范大学学报,2007(1).
[43] 陈长松. 论企业文化建设与报业组织核心竞争力的培育与提升[J]. 中国出版,2011(6).
[44] 余来文,陈明. 企业竞争能力提升的路径研究[J]. 改革与战略,2006(11).
[45] 张明海. 我国传媒企业文化整合的现实困境[J]. 中国信息导报,2008(4).
[46] 彭兰. 媒介融合方向下的四个关键变革[J]. 青年记者,2009(6).
[47] 刘小帅,张世福. 3G 时代:传媒价值链的重构[J]. 网络传播,2009(7).
[48] 胡正荣. 全媒体时代传统媒体的颠覆与重构[J]. 新闻战线,2013(2).
[49] 柳剑能. 中国报业全媒体转型的三大路径[J]. 传媒,2013(3).
[50] 蔡雯."全媒体战略"中的内容生产创新——对新形势下传统媒体转型的思考[J]. 新闻战线,2013(1).
[51] 黄艾,曹三省. 报业全媒体进程中的若干现实问题[J]. 传媒,2013(3).
[52] 高钢. 媒体融合追求信息传播理想境界的过程[J]. 国际新闻界,2007(3).
[53] 邓建国. 媒介融合:受众注意力分化的解决之道[J]. 新闻记者,2010(9).
[54] 陈国权. 报纸网站不要融合——我的"反媒介融合"观[J]. 中国报业,2010(5).

[55] 彭兰. 媒介融合时代的合与分[J]. 中国记者,2007(2).
[56] 冉明仙. "竞合螺旋":媒体分阶段发展趋势[J]. 新闻记者,2010(9).
[57] 赵星耀. 认知媒介融合的既有理念和实践[J]. 国际新闻界,2011(3).
[58] 蔡雯,黄金. 规制变革:媒介融合发展的必要前提——对世界多国媒介管理现状的比较与思考[J]. 国际新闻界,2007(03).
[59] 肖赞军. 媒介融合引致的四类规制问题[J]. 当代传播,2014(1).
[60] 肖赞军. 媒介融合中的规制框架: 两难抉择及应对思路[J]. 新闻与传播研究,2013(10).
[61] 尹连根,刘晓燕. "姿态性融合":中国报业转型的实证研究[J]. 新闻与传播研究,2013(2).
[62] 孙玉双,孔庆帅. 中国媒介融合的现状、表现形式与未来[J]. 科技与出版,2011(4).
[63] 孙琪. 试论宁波帮的文化价值取向的形成[J]. 浙江万里学院学报,2005(2).
[64] 王一川,杨新华,叶百顺. 地域文化与宁波经济发展[J]. 科技创业月刊,2006(3).
[65] 梁瑞平. 浅议新时期报业文化建设[J]. 湖南社会科学,2000(5).
[66] 李福怀. 加强报业内部管理,构建和谐的报业文化[J]. 新闻知识,2007(9).
[67] 常婧. 基于战略视角的企业文化竞争优势研究[J]. 商业时代,2011(6).
[68] 刘图德. 企业文化的力量[J]. 企业文化,2006(2).
[69] 秦德智,秦超,蒋成程. 企业文化软实力与核心竞争力研究[J]. 科技进步与对策,2013(7).
[70] 祝贺香. 企业文化建设与地域文化的有机融合[J]. 企业文化与管理,2006(9).
[71] 陈致中. 报社员工组织文化认同度及其影响之研究——以台湾联合报系为例[J]. 国际新闻界,2010(5).
[72] 王娟,蒋洁. 中国传媒企业文化建设对策分析[J]. 东方企业文化,2015(2).
[73] 文崇坚,帅锦平. 传媒转型时期管理文化软实力构建[J]. 上海管理科学,2012(1).
[74] 杨寅华. 现代传媒企业文化的新特点[J]. 传媒,2012(6).
[75] 张明海. 我国媒介集团企业文化整合现状分析[J]. 新闻知识,2008(8).

[76] 周子辉.传媒企业文化建设的探索与实践[J].企业研究,2010(10).
[77] 朱春阳,张亮宇.从封闭对抗到开放合作 ——2000—2012 年我国都市报竞争力持续的战略转型[J]. 中国报业,2012(19).
[78] 朱春阳,张亮宇,李妍.全媒体时代下的传媒集团战略创新——以报业为对象的考察[J]. 新闻传播,2013(2).
[79] 朱春阳,谢晨静.传媒业集团化 17 年:问题反思与发展方向——以上海报业集团组建为基点的讨论[J]. 新闻记者,2013(12).
[80] 刘文辉.传媒的“文化力”——关于中国 20 世纪 90 年代以来传媒发展的文化学考察[J].东南学术,2010(7).
[81] 李怀亮,罗霆,城市传媒集团在文化产业发展中的定位与经营管理创新[J].现代传播,2010(1).
[82] 周宪.传媒文化:做什么与怎么做[J].学术月刊,2010(3).
[83] 刘康.寻找新的文化认同:今日中国软实力和传媒文化[J].文艺研究,2010(7).
[84] 喻国明.“关系革命”背景下的媒体角色与功能[J].新闻大学,2012(4).
[85] 王再承.当代中国城市传媒文化的特征与趋势[J].南通大学学报(社会科学版),2011(3).
[86] 王维.现代传媒与城市文明[J].新闻战线,2012(10).
[87] 孙玮.领导者在组织文化不同发展阶段中的作用[J].安徽理工大学学报(社会科学版),2013(2).
[88] 姚雪,陈先元.南方报业传媒集团的品牌拓展战略[J].新闻记者,2006(9).
[89] 何崑.南方报业全媒体转型:方略与路径[J].中国传媒科技,2011(8).
[90] 周盼.品牌媒体,创新力量——南方报业传媒集团发展历程回顾[J].广东科技,2007(4).
[91] 张东明.解码南方报业创新机制[J].新闻战线,2012(3).
[92] 肖红慧,李岚.创新传媒集团官网强化媒体资产管理——南方报业传媒集团官方网站建设新模式[J].中国传媒科技,2013(3).
[93] 刘延军.报业集团核心竞争力研究[D].天津:天津大学,2010.
[94] 王学成.全球化时代的跨国传媒集团[D].上海:复旦大学,2003.
[95] 曾建雄,陈长松,陈致中.略论优质企业文化与报业核心竞争力的内在联系[J].文化与传播,2012(1).
[96] 赵然然.《纽约时报》的人力资源管理策略分析与启示[D].保定:河北

大学,2014.

[97] 陈锋.企业文化提升创新能力研究[J].管理工程学报,2009(S1).

[98] 周勇,陈柳青.价值观考核在组织绩效管理中的应用——以阿里巴巴为例[J].领导科学,2014(23).

[99] 张丹.阿里巴巴企业文化建设实例探析[D].成都:四川师范大学,2014.

[100] 韩晓宁,翟旭瑾.从时代华纳再次拆分看传媒集团的聚焦战略发展[J].对外传播,2014(12).

[101] 张明海.我国传媒企业文化整合的现实困境[J].视听界,2008(4).

[102] 包东喜.报业集团在制度创新中拓展媒介经营项目的多元模式[J].编辑之友,2012(5).

[103] 曾凡斌.我国报业集团的核心竞争力缺失分析[J].新闻界,2009(1).

[104] 佘世红.试论全媒体转型背景下报业集团组织再造[J].中国出版,2013(6).

[105] 崔小明,章瑞华,章宏法.打造报业集团的核心竞争力体系——访宁波日报报业集团党委书记、社长何伟[J].新闻实践,2011(10).

[106] 吴辉.报业集团信息产品差异化发展的理论与实践[J],新闻大学,2012(5).

[107] 胡振.媒体"软实力"的硬道理——关于宁波日报报业集团人才培育工程的报告[J].新闻实践,2008(11).

[108] 张秉礼,朱学文.着眼集团发展战略构建人才高地——宁波日报报业集团近年人才队伍建设新探索[J].中国记者,2006(12).

[109] VROOM V. Work and Motivation [M]. Manhattan: Jossey-Bass, 1995.

[110] GOLDING P & MURDOCK G. Culture, Communications and Political Economy[M]// GUREVITCH M & CURRAN J. Mass Media and Society . 3rd ed. London:Arnold,2000.

[111] APPELGREN E. Convergence and divergence in media:different perspectives[C]. ICCC International Conference on Electronic Publishing Brasilia, Brazil,2004.

索　　引

后　　记

企业文化往往被认为是一个不好把握的命题，这是由于有关竞争优势的解析到了这里往往就成了理论的“暗箱”。企业文化一般被认为是成功企业的核心竞争优势所在和成功的根源，模仿者可以模仿产品，模仿生产线、规章制度，但很难复制文化竞争力。企业文化之所以难以复制，是因为企业文化是长期沉淀的结果，是根植于组织中的“基因”。好的企业集团，延续多年依旧充满活力，被称为“百年老店”，就是因为有文化的强大基因确保机制的创新，得以应对市场危机与挑战。

相对于其他企业而言，报业集团有其特殊性，因为报业本身是一项文化事业，文化气息弥散在组织的每一个角落。南方报业是国内有意识地开展报业文化建设的先行者。他们的记者曾经这样描述南方系报人对自身文化的认同：在人群中，无论隔多远，都能嗅得到对方的气息。铁打的营盘、流水的兵。文化，更是报业集团这座营盘职业精神与专业理念的防护网。

从当前传媒业的发展来看，媒介融合是传媒业面临的最大考验，很多传媒集团为此伤透了脑筋。很难想象，一个缺乏创新精神的传媒集团能够在媒介融合的过程中获得机会。互联网精神中，对创新失败的宽容是非常重要的一个文化因素。马化腾提出的“灰度机制”甚至认为为了提高创新的效率，必须容忍必要的“浪费”。新形态媒体在被资本武装到牙齿的创新机器的驱动下，似乎无往而不胜，关于新媒体文化的描述新奇而古怪，仿佛只有如此才有胜出的机会；而传统媒体长期的文化沉淀与积存似乎成了传统媒体集团创新的桎梏。

其实，这是对企业文化研究的认识误区。组织的文化是组织在解决内部冲突与外部挑战中积累的智慧与情感。在传媒变革纷乱如斯的时代，见风使舵、委曲求全虽然能获得眼前的利好；但若因此丧失了文化的基因，最终也必将沦丧为新经济大海中的“孤儿”。而且，越是竞争纷乱，组织越需要特殊的文化基因凝聚人心、共渡难关。正是基于这一想法，才有了我们对传媒集团企业文化研究的初衷。复旦大学新闻学院和宁波日报报业集团有着良好的合作研究关系和往来传统，对企业文化研究价值的共同认识，为这一研究的开展奠定了非常好的基础。宁报集团同时也是国内报业中企业文化建设起步较早的单位，并率先在媒介融合领域做了很多有益的尝试。在本书行将出版之时，宁报集团融合改革工作正式启动，《宁波日报》和中国宁波网合并，成立了宁波日报报网，推出“甬派”客户端；《宁波晚报》和《东南商报》合并，成立都市报系。报业集团的企业文化在融合改革过程中，更加凸显“互联网＋”的元素和创业创新的主题，报业集团将这种文化的构建纳入到融合改革整体方案中，并作为一种推动传媒转型的重要保障。

宁波日报报业集团前社长、宁波市传媒研究基地原主任何伟对本课题十分重视，他亲自领衔，担任本课题的负责人，高屋建瓴地提出了研究的基本思路和问题框架。复旦大学新闻学院教授、博士生导师朱春阳博士负责本课题的具体开展和研究报告的统筹、审定。具体章节的负责人分别为：

第一章撰稿人为徐晔、赵明超、朱春阳；第二章撰稿人为黄筱、徐晔；第三章撰稿人为何夕、朱春阳；第四章撰稿人为陈竑机；第五章撰稿人为柳怡、陈竑机；第六章撰稿人为张潇、李妍、朱春阳；第七章撰稿人为陈竑机、柳怡。作为传媒研究基地的具体负责人，宁波日报报业集团编委办公室谢安良主任和陈琼等同志为课题的顺利进行提供了宝贵的意见，做了大量的工作，对报告中涉及的相关内容、数据作了认真的核对和补充，确保了研究的客观准确。

另外，要感谢在该课题立项与结题中为我们提供真知灼见的宁波市社科院等单位的领导和专家，他们的意见对我们启发很大，让我们受益良多。在课题调研过程中，我们也得到了宁报集团组织人事部等部门的大力支持。在此向方东华、赵全军、廖先锋、贺建国、吴伟强、张英、金君俐、刘娅姿等表示衷心的感谢。

对企业文化的研究已经汗牛充栋，但对传媒集团企业文化的系统性研究还远远不足，除了之前对南方报业传媒集团与杭州日报报业集团的相关研究外，本书可以算得上是国内该领域科学研究的开山之作。因为早，必然存在很多不足和问题。本书的出版，希望能够引起更多研究者对这一领域的关注,也恳请大方之家对我们的粗陋之作给予批评指正,我们将不胜感激。

编　者

2015 年 10 月 22 日